JN107205

スタート憲法

［第4版］

吉田仁美［編］

成文堂

第4版へのはしがき

　本書の第3版は2020年5月に出版されました。折しも、新型コロナウィルスによる未曽有のパンデミックのさ中でした。それから3年が経ちますが、依然として感染者数は増減を繰り返しています。2022年2月には、国際連合による安全保障体制をゆるがすウクライナ戦争が勃発し、今も終結への道筋を見出せていません。エネルギーや物価の高騰、さらには防衛費の急拡大など、日常の暮らしにも大きな影響を及ぼしています。われわれをとりまく状況は大きく変わりしました。

　何もかもが大きく様変わりするなか、今回、こうして第4版を刊行するはこびとなりました。初版より「はじめて憲法を学ぶ人のよきガイド」になれるようつとめてまいりましたが、こうして版を重ねることができ、執筆者一同、とても嬉しく思います。その都度、必要な範囲で資料等の差し替えを行ってきましたが、第4版では、多くの部分で構成や表題の見直し、本文の記述の修正・変更、資料の差し替えを行いました。

　先にふれた状況の変化に加え、国立社会保障・人口問題研究所の将来推計（2023年4月26日付）によれば、少子化の進展などにより2070年には日本の総人口が8700万人まで減少すること、また外国人人口が10.8％になることなど、少子高齢化、移民問題への対応が喫緊の課題であることは言うまでもありません。

　人権保障の面では、つい先頃（2023年7月）、日本は国連人権理事会による第4回のUPR（普遍的・定期的レビュー）を終え、最終結果文書が採択されたところですが、各国から実に300項目を超える指摘を受けました。日本社会において様々な人権問題が積み残されていること、また新たに生じていることを再認識し、こうした指摘・批判にこたえてゆくことが私たちに求められているといえるでしょう。

　その一助として、学生の皆さんや、それ以外にも憲法をはじめて学ぶ多くの方々が本書を活用してくださることを願ってやみません。私たちも、キャンパスで（場合によってはオンラインで）、皆さんとともに憲法について考えていきたいと思っています。

　先輩の諸先生方には、これまでのご助力やご教示に感謝し、いっそうのご教示ご鞭撻をおねがいいたしたく思います。

　最後になりましたが、長年本書の編集にお力をおかしくださっている成文堂の飯村晃弘さん、あらたに編集に加わってくださった松田智香子さんに、この場を借りて心から御礼申し上げます。

　2024年2月

吉　田　仁　美

第3版へのはしがき

　早いもので、本書の初版が最初に世に出てから、10年の月日が流れました。本書がはじめて憲法を学ぶ人のよきガイドとして役立ち続けていることは、執筆者一同にとり、とてもうれしいことです。

　本書の資料差し替えは、その都度必要な範囲で行ってきましたが、それでも、この間に各所に少し古くなって見直しが必要な記述や資料が目立つようになりました。今回の改訂は、それらの記述や資料を新たにし、本書の内容をアップデートすることが目的です。

　前回の第2版補訂版から3年の間には、いくつもの動きがありました。

　2017年3月に自民党総裁任期が3期9年に延長されました。2018年10月の総裁選で、安倍晋三氏が3選をはたし、自民一強の状況下で、佐藤栄作を超えて戦後最長の政権となっています。また、2017年6月に、天皇の退位に関する特例法が成立し、2019年4月30日に、日本国憲法の象徴天皇制のもとではじめて天皇の生前退位と、5月1日の新天皇の即位、いわゆる「お代替わり」が起こりました。また、辺野古をめぐる長い対立、外国にかかわる背景をもつ人の増加など、今後も動向を注目すべきことがらが多くあります。

　人権保障の領域に目をむけると、LGBTs の権利保障のための条例の制定が増え、ヘイトスピーチ禁止条例を制定する地方公共団体もいくつか出てきて、運用が注目されています。また、いじめ対策にも引き続き取り組みが続いています。また、東北の大震災ののちも、地震や水害の被害があいつぎ、被害を受けた人の救済が求められています。民法の成人年齢の引き下げも、2022年の施行を控えています。ビッグデータや AI の活用のあり方や、新型インフルエンザ等対策特別措置法の運用は、まさに今現在の大きな課題です。

　憲法にかかわるさまざまな動きには、目まぐるしいものがあり、引き続き注目していかねばなりません。

　本書の執筆者らは、今や、中堅の研究者となりましたが、毎年、判例や学説、資料を新たに見直して、毎年、毎学期の学生のみなさんとともに、あらためて憲法を考え始めることをわすれていません。また、本書が、「本書で学んだ」と声をかけてくださる元学生のみなさんに応えるために、常に内容を吟味してゆきたいと思っています。

　先輩の諸先生方には、これまでのご助力やご教示に感謝し、いっそうのご教示ご鞭撻をおねがいいたしたく思います。

　また、長年本書の編集にお力をかしてくださっている、成文堂の飯村晃弘さんに、この場を借りて心から御礼申し上げます。

　2020年3月

　　　　　　　　　　　　　　　　　　　　　　　　　　　　　吉　田　仁　美

第2版補訂版へのはしがき

　第2版を上梓してから、わずかに1年余しか経ちませんが、この間、安全保障関連法の成立や、選挙権年齢の引き下げ、再婚禁止期間に関する最高裁判所の違憲判決など、憲法をめぐる動きには驚くべきものがあります。

　本書では、こうした憲法をめぐる最近の状況を可能なかぎり反映させるとともに、新たに資料等を追加しています。

　　　　　　　　より多くの人が憲法を考える端緒となることを願って

　　2015年12月

　　　　　　　　　　　　　　　　　　　　　　　　　　　　　編　　者

第2版へのはしがき

　本書がはじめて世に出てから、すでに4年を超える月日が過ぎました。

　この間、2009年の自民党から民主党への政権交代、忘れがたい2011年3月11日の東日本大震災と原発事故、2012年の自民党の政権奪還をはじめ、多くの出来事が起こりました。人権保障の点で様々な前進があった一方で、国会では、批判や懸念のきわめて強い特定秘密保護法が短い審議の後に成立しました。

　本書は、増刷のたびに、さまざまな新しい事象に関する議論、対応する判例や立法、理論の動向など、新たな動きを取り込んで、内容を少しずつ更新してきました。

　しかし、このたび、版を改めて、本文と資料を更新、整理するとともに、これまで触れられていなかったいくつかの議論を「トピック」として加え、要望の多かった判例索引、事項索引を巻末に加えて、より使いやすくするなどの変更をしました。また、新たな執筆者を加え、旧版にはない視点をも加えました。

　とはいえ、本書の基本的なスタンスには全くかわりがありません。

　本書が、移りゆく社会情勢の中で、憲法を学びはじめる人の案内役となってきたことは、執筆者一同、とてもうれしく、ありがたく思っています。

　これからも、学生や市民のみなさんが憲法の学習をはじめ、憲法について考える際、本書が手がかりを与えるに足るものであるよう、私たちも研究を重ねてゆきたいと思います。

　　2014年2月

　　　　　　　　　　　　　　　　　　　　　　　　　　　　　吉　田　仁　美

はしがき （本書の使い方）

　本書は、はじめて憲法を学ぶ人や、法律を専門としない人が、例えば大学の一般教養科目や教職科目として憲法を学ぶ材料となることを念頭に置いて書いたものです。

　日本国憲法の条文はあまり多くなく、条文自体も、それほど長く詳しいものではありません。中学校や高校でも、その条文の一部を読んだことがあるはずです。

　しかし、憲法の文言は、読んだだけではよくわからず、具体的にそれが何を意味するかは、裁判所が実際の事件にどのようにその条文を適用したのかや、さまざまな研究や議論をみてみないと、あまりよくわかりません。また、条文には出ていないことに対処する必要がある場合もあり、憲法のルールをどう考えたらいいのか、議論になります。

　本書では、今のところ憲法の諸条文が何を意味すると考えられているかを、できるだけ簡単に説明することをめざしています。ただし、言い古された言葉ですが、学問に正解はありません。条文や、判例や、学説をどう考えて、憲法をどのようにとらえるかは、みなさん一人ひとりにかかっています。

　本書では、見開き毎にさまざまな資料をつけ、最高裁判所や下級審の判例を短く紹介したり、関連する法律の条文を紹介したり、実際に起こった事件に関する報道を紹介したりしてあります。特に、教職課程のみなさんのために、子どもや、教育に関わる判例を多く取り上げるようにしました。また、視覚的に捉えられるデータや表などの資料をたくさん取り上げてあります。これらの資料は、憲法や、本文に書いてある説明の意味を、実社会とのつながりをもって考えることができるようにするためのものです。

　日本国憲法の条文は、主要なものを参照条文として資料の最初に指示したほか、巻末に付録としてつけてあります。全条文が、全体として、わが国のシステムをあらわしています。条文がどの章のどこにあるか、相互の関係はどうなっているか、ときどき眺めて考えてみてください。

　そして、興味をもって今少し調べてみたいと思うときには、やはり巻末につけられた、「付録・法律や判例を調べてみよう」を参照して、さまざまな資料にあたってみて下さい。

　本書を執筆したのは、比較的若い憲法の研究者のグループで、学生のみなさんの少し先を行くに過ぎません。また、教員は、学期が始まるたびに、新たに出された研究の成果や、新しい世の動きを、それまでの研究に加えて教壇に立ちます。毎年、毎学期、学生の皆さんとともに新たに学び、考える、そうした心構えを込めて、本書の書名を「スタート憲法」としました。われわれといっしょに、学生の皆さんが、「憲法を考える」ことを「スタート」してくださることを願っています。

　最後に、若輩の研究者である執筆者らは、諸先輩方の蓄積された憲法研究の成果を、本書の目的に添って学生の皆さんにできるだけうまく伝えるよう努めました。力の及ばないところは、ひとえに編者の責任に帰し、甘んじてお叱りを受けます。ご教示ご鞭撻のほど、よろしくお願いいたします。

　2009 年 11 月

吉　田　仁　美

目　次

第Ⅳ部　平和主義

＊本書で引用したウェブページの資料は、特に断りのないかぎり、2023 年 9 月 15 日現在のものです。

コラム目次

プロローグ─憲法とは何か

1　憲法とは

憲法とは、**国家の基本構造や根本的な秩序**を定めたルール（規範）です。狭い意味で「憲法」という場合には、国家の構造や組織の基本に関するルール、わが国でいえば、国会や内閣、裁判所などの仕組みについて書かれた部分を指します。

広い意味での憲法は、国家の基礎となるルール、国のあり方を規律する究極的なルールとされます。憲法は、国家権力の濫用を押さえるもの、つまり、権力を制限し、それによって権利を保障するものです。そのため、憲法は、**自由の基本法**であり、**制限規範**であるとされます。また、国の根本規範で、国の諸機関に権限を与える**授権規範**であるとも説明されます。また、憲法は、国の最高法規です。**憲法のルールに反する法律や政府行為は、効力をもたない（無効）**と考えられます。そのような意味において、憲法は、「国の政治の基本法」です。

ほとんどの憲法は、憲法を改正しようとする場合に、根本的なルールが簡単に変更されないように、ふつうの法律よりも厳格な手続を置いています（**硬性**憲法）。法律と同じような手続で改正できる憲法（軟性憲法）もあり、状況の変化に柔軟に対応することができる利点もありますが、根本的なルールができるだけ変わらないようにするという意味では、また、憲法の最高法規性という点からは、改正しにくい方がよいと考えられます。

多くの憲法は、憲法典として文書に書かれた**成文憲法**です。一方で、いくつかの法律や根本的なルールのあつまりが、憲法（不文憲法）と考えられている場合もあります。どのようなかたちであれ、その国の基本構造や根本的な秩序が定められているならば、それが「憲法」なのです。

2　法の支配と法治国家

憲法を定めて政治を行うことは、**法の支配**と密接に結びつきます。法の支配は、権力を法で拘束し、ルールに従って権力が行使されるようにして恣意的な権力行使をおさえ、人権を守ろうとする考え方で、英米法が起源です。立法過程が民主的であること、法の内容が合理的でなくてはならないことなども含まれていると考えられています。類似の考え方に、ドイツの**法治国家**があります。かつては、国家の行為が法に従って行われることを形式的に求めるものでしたが、今では、法治国家でも、法律の内容の正当性が求められ、法の支配と大体同じ意味だと考えられています。

3　憲法の歴史

日本がモデルとした西欧型の憲法は、18世紀末の市民革命の成果としてつくられました。市民革命の前夜には、人間には、生まれながらに神から与えられた権利（**自然権**）があるとする自然権思想が、ルソーやロックなどによって唱えられました。**自然状態**では、この権利にはなんの制限もない、と考えられていました。しかし、弱肉強食の自然状態は、幼い者、老いた者、病気の者などの弱者には、生きて行きにくい社会です。そのため、皆で「よりよく生きる」ために、自然権をいくぶん制限することにはなりますが、**法（ルール）**をつくり、これに強制力を与えるために国をつくって、このルールを守らせるようにしたのだとされます（**社会契約論**）。この考え方は、1776年から89年のアメリカ諸州の憲法や、1788年のアメリカ合衆国憲法、1789年のフランス人権宣言や1791年のフランス共和制憲法に反映されました。

　これらの憲法は、**近代立憲主義憲法**と呼ばれます。立憲主義とは、**人民の主権**に基づいて、**限られた権限をもつ政府**を設立し、**権力分立**によって、政府の権限を抑制し、一方で**人権を保障**するものです。近代立憲主義憲法の人権保障は、**自由権が中心**でした。

　しかし、19 世紀になると、君主主権の国家体制を、そのまま法文に落とした「憲法」が現れます。人権の条文も規定されていましたが、法律の留保（法律によって人権を制限できる）がついており、人権保障が充分になされませんでした。こうした憲法は外見的立憲主義憲法と呼ばれ、1889年の大日本帝国憲法も、このタイプに属します。

　さらに、1919 年のドイツのワイマール憲法が、社会主義憲法の影響を受けて社会権を規定したのを初めとして、第 2 次世界大戦を経て、近代立憲主義憲法をベースとした、新しいタイプの憲法が生まれてきます。日本国憲法は、こうした憲法の一つです。

4　近代立憲主義から現代（立憲主義）へ

　第 2 次世界大戦後に作られた憲法には、社会権の規定をもつものがあります。社会権は、19 世紀の末に資本主義経済活動が活発になり、貧富の差が開いて、大きな社会問題が生じたことを背景に規定されました。幼者・老者・病者・貧者・労働者などの**社会的弱者の保護**が課題になり、新しくあらわれた労働者層の力を背景に、「**人間に値する生活**」を国が積極的に保障していこうとする**社会権**が、ドイツのワイマール憲法に初めて規定されました。また、戦争中に、男性に代わって女性が工場労働などを担い、職場に進出し経済力が向上したことを反映して、**男女の平等**が保障されるようになりました。それまで男性にしか認められていなかった参政権も、女性に拡大されてゆきました。

　人権の分野での、第 2 次大戦後の極めて大きな動きの一つは、悲惨な戦争による人権侵害の反省の中で、人権の国際的な基準ができてきたことです。**世界人権宣言**（1948）をはじめとして、加盟国に法的な拘束力をもち、多数の国が締結している**国際人権規約（社会権規約・自由権規約）**（1966）は、きわめて重要な国際的な人権保障のルールとなっています。このほか、難民の保護に関する条約（1954）、女子差別撤廃条約（1981）、拷問禁止条約（1987）、最大の 186 カ国の加盟国をもつ子どもの権利条約（1990）など、個別のテーマについての条約があります。このほか、ヨーロッパ人権条約（1953）や、米州人権条約（1978）などの地域的な人権条約もあります。憲法の人権保障を考える場合にも、これらの国際的基準は、無視できないものになりました。

　統治機構の面では、行政の肥大化が起こり、行政が政策形成をリードする**行政国家化**がすすみました。また、裁判所の判決が政策形成に大きな影響力をもつようになり（**司法国家化**）、三権のバランスが大きく変わって、立法府の復権が課題になっています。政策形成が、与党の有力な政治家や、与野党間の調整によってなされる**政党政治**も問題です。さらには、政策形成が、実際には各省庁などの官僚組織によってなされること（官僚政治）も問題になっています（→統治機構総論）。

　戦後の憲法には、日本国憲法の前文や 9 条のように、平和主義を規定し、（侵略）戦争を禁じる規定をおいたものがあります。これらの規定は、度重なる戦争の惨禍に対する反省を明文に反映させたものです。戦争が起こると、大規模な人権侵害がそれにともなって起こり、経済が打撃を受け、どんなによい国制がしかれており、りっぱな人権規定が置かれていても、皆にとって「よりよく生きる」ことはとても困難になります。国際情勢はますます厳しく、戦争や紛争は絶えないのですが、それでも、平和という価値を粘り強く守ってゆく必要があります。

第Ⅰ部　日本国憲法の成立と基本原理

（国会図書館ホームページ http://www.ndl.go.jp/
constitution/shiryo/04/131shoshi.html）

日本国憲法制定史年表

1945年

7月26日	米英中が「ポツダム宣言」を発表
8月15日	終戦の詔書を放送（玉音放送）
8月30日	連合国最高司令官のマッカーサーが厚木に到着
9月2日	東京湾の米戦艦ミズーリ上で重光葵らが降伏文書に調印
10月4日	GHQ が「自由の指令」を発令 マッカーサーが近衛文麿に憲法改正を示唆。
10月9日	東久邇宮稔彦内閣に代わり、幣原喜重郎内閣が成立
10月11日	マッカーサーが幣原首相に「憲法の自由主義化」を示唆
10月25日	憲法問題調査委員会（松本委員会）が設置される
11月22日	近衛が「帝国憲法改正要綱」を天皇に奉答
12月17日	衆議院議員選挙法改正公布（婦人参政権等）
12月26日	憲法研究会が「憲法草案要綱」を発表

1946年

1月1日	昭和天皇が「人間宣言」を行う
1月16日	内閣法成立
2月1日	毎日新聞が「松本委員会試案」をスクープ
2月3日	マッカーサーが3原則を提示、民政局に GHQ 草案の作成を指示
2月8日	日本政府が GHQ に「憲法改正要綱」を提出
2月13日	GHQ は要綱を拒否、日本側に GHQ 草案を手渡す
3月6日	日本政府、GHQ との協議に基づいた改正要綱を発表
4月10日	新選挙法による第22回衆議院議員総選挙施行
4月16日	裁判所法成立
4月17日	日本政府がひらがな口語体の「憲法改正草案」を発表
4月30日	国会法成立
5月22日	第1次吉田茂内閣が成立
6月20日	第90回帝国議会に改正案を提出
11月3日	日本国憲法を公布。国会法・内閣法・裁判所法施行
12月1日	「憲法普及会」が組織される

1947年

5月3日	日本国憲法を施行

（国会図書館ホームページ http://www.ndl.go.jp/constitution/etc/history.html）

日本国憲法の成立

　第２次世界大戦に敗戦し、アメリカを中心とした連合国軍の占領下におかれた日本は、当時の大日本帝国憲法を「改正」し、現在の日本国憲法を制定することになりました。どのような歴史的経緯があったのか、その背景をみてゆきましょう。

1　明治憲法の特色と運用

　明治憲法は、権力分立による政治の仕組みを採用し、憲法に基づく天皇の統帥権を定め、**臣民の権利**と呼ばれる人権規定を備えた、外見上は立憲主義の憲法でした。しかし、実態は神である天皇が全ての国家作用を一手に掌握し（**神権政治**）、天皇から恩恵として与えられた臣民の権利は法律の範囲で認められるに過ぎませんでした（**法律の留保**）。帝国議会は天皇の立法権を協賛する機関に過ぎず、各国務大臣は所轄の行政権について天皇を輔弼（助言）し、裁判所は天皇の名において司法権を行うにとどまりました。

　それでも大正から昭和の始めにかけての大正デモクラシーによって政党政治が行なわれ、男子普通選挙制が実現するなど自由と人権、民主主義を実現しようとする動きが盛り上がりました。しかし、天皇の統帥大権に対して議会のコントロールが及ばず、その実質的な輔弼を政府から独立した軍令機関が行なったことや、陸海軍大臣が武官であったために統帥権の範囲が拡大解釈されたことにより、軍部の勢力が次第に増大しました。その結果、日本は戦争に突入し、国内外での人権侵害をもたらしました。

2　日本国憲法の制定

　日本国憲法制定の歴史は**ポツダム宣言**の受諾の時に始まります。ポツダム宣言は、民主主義の復活・強化と基本的人権の確立、国民主権による責任政治の樹立を求めていました。しかし、**国体護持**の考え方に固執していた当時の東久邇宮内閣からは新憲法の制定への動きがなかったため、連合国最高司令官マッカーサー元帥は政府に対して憲法改正の必要性を示唆しました。しかし、これを受けて幣原内閣が発足させた憲法問題調査委員会（松本委員会）は、なお憲法改正に消極的であったため、最終的にまとめられた改正草案（**松本草案**）は、天皇主権を維持し、国民の権利の保障についても明治憲法と変わらない内容にとどまりました。

　松本草案の内容を正式発表前の毎日新聞のスクープで知った**連合国総司令部（GHQ）**は、明治憲法とあまり変わり映えしないその内容に驚きました。そこで、**マッカーサー・ノート**といわれる三原則（①国民主権と象徴天皇制、②戦争放棄、戦力不保持、交戦権の否認、③封建制度の廃止）にもとづく独自の憲法草案（**マッカーサー草案／総司令部案**）をわずか10日余りの短期間で作成し、日本政府側に提示しました。日本政府側は、これに対して尚も食い下がりましたが聞き入れられず、結局この総司令部案を基礎として憲法の改正を行なうことを受け容れました。

　翻訳と折衝を経て作られた**憲法改正草案（政府草案）**は、帝国議会での審議過程でも総司令部とのやりとりと修正を経て可決され成立しました。修正された内容としては、一院制を二院制に改めた点、**芦田修正**、財産権と生存権の保障が有名です。

3 日本国憲法の民定性

　日本国憲法は、天皇主権に基づく明治憲法の改正として制定されましたが、天皇主権から国民主権への転換は、改正によっては行えないのではないか、という問題があります。これについては、ポツダム宣言の受諾が政治体制の転換（革命）を意味し、日本国憲法は国民主権の考え方を創設していない、とする考え方があります（**八月革命説**）。したがって、日本国憲法の制定は、形式的には明治憲法の改正という手続をとりつつ、実質的には新憲法として制定されたと理解することができます。

4 憲法の自律性と押し付け憲法論

　憲法はその国の国民の自由意思に基づいて制定されなければなりません（**憲法の自律性**）。GHQ のイニシアチブのもとに制定された日本国憲法は占領の産物であり、「押し付けられた憲法」とも言われます。しかし、日本国憲法制定の契機となったポツダム宣言は、不完全ながらも連合国と日本の双方を拘束する休戦条約として日本側に受諾されました。また、その内容は実質的に明治憲法の改正を要求していたため、受諾は憲法改正への日本政府の同意を意味したと考えられています。この憲法の草案が、衆議院議員選挙法の改正によって初めて**女性も参加する完全な普通選挙**による特別議会で審議・可決された点も重要です。また、当時の知識人らによる憲法草案や世論調査は、多くの国民のマッカーサー草案への支持を示唆していました。さらに、日本国憲法が制定以来一度も改正されることなく、その内容が国民に定着している社会的事実もあり、これらを総合的に考慮すると、日本国憲法は不十分な点があるとしても、自律性のある憲法だと評価できます。

　占領の影を背負った日本国憲法は、近代立憲主義の流れを汲み、ポツダム宣言とマッカーサー原則をうけた国民主権、基本的人権の尊重、平和主義の三つの基本原理をかかげ、戦後の日本を今日まで支え続けています。

主な参照条文 1条、2条、100条

松本草案に関する毎日新聞スクープ記事 1946 年 2 月 1 日

横浜事件再審問題

　1942 年から 1945 年にかけて、雑誌の編集者や著述家 60 人余りが「共産主義を広めようとしている」として神奈川県警特高課によって治安維持法違反の容疑で摘発され、半数が起訴されて終戦直後に有罪判決を受け、拷問で 4 人が獄死した横浜事件は、戦時下最大の言論弾圧といわれる。戦後、元被告人や遺族が無罪と名誉回復を求め再審請求を行った。再審では、明治憲法と治安維持法が失効し元被告人が恩赦を受けたとの理由で免訴とされた。代わりに、刑事補償の決定に際し冤罪が認められた。

極東委員会から提示された新憲法の見直し

　日本の占領管理に関する連合国側の最高政策決定機関である極東委員会は、1946（昭和 21）年 10 月 17 日、憲法発効後 1 年以降 2 年以内に新憲法を再検討することを決定した。これを受けてマッカーサーは、1947（昭和 22）年 1 月 3 日付の吉田首相宛書簡で、連合国は必要であれば憲法の改正も含めて、憲法を国会と日本国民の再検討に委ねる決定をした旨通知した。吉田の返信（同月 6 日付）は、「手紙拝受、内容を心に留めました」というだけの短いものであった。吉田はその後、2 年の期限間近となった 1949 年 4 月 20 日の国会でも「政府においては、憲法改正の意思は目下のところ持っておりません。」と答弁した。

明治憲法起草の記念碑

（左：横浜市金沢区、右：横須賀市夏島町）

考えてみよう 1−1

主な参照条文 前文、9条、97条

外国から日本に向けてミサイルが飛んできた場合、憲法の基本原理である平和主義とその内容を具体化する9条に照らして日本政府に許される対応はいかなるものでしょうか。

1 基本原理とその相互関係

日本国憲法は、**国民主権、基本的人権の尊重、平和主義**を三つの基本原理とし、これらはとりわけ前文で明確に宣言されています。各基本原理は異なる内容を意味しますが、相互に関連性を持っています。基本的人権を尊重するためには、国民が主権者であることが必要です。また、国民が戦争やその危険のある状態に置かれることは生命の危険を意味しますから、基本的人権を尊重するためには平和が不可欠の前提となります。つまり、国民主権原理と平和主義によって基本的人権の尊重という近代立憲主義憲法としての究極の目的が達成されるのです。

2 国民主権

全ての国民の基本的人権が最大限に保障される社会を君主に任せるのではなく、国民が自らの手で作り上げようとするのが**国民主権**の考え方です。国民主権とは、国の政治のあり方を最終的に決定する権力を国民自身が行使し、国家による権力行使を正当化することを意味しています。前文は、「主権が国民に存する」ものであり、日本国民が「この憲法を確定する」（民定憲法）としてこの原理を表現しています。また、国民主権原理にもとづく**代表民主制**の原理を宣言しています。明治憲法の下できわめて強大な権力を有した天皇は、ポツダム宣言の受諾と**人間宣言**を経て神権天皇制が否定され、その地位は国民の総意に基づく日本国および日本国民の統合の象徴となりました（**象徴天皇**）。

3 基本的人権の保障

国家の基本法である憲法の究極の目的は、全ての国民をかけがえのない個人として尊重し、その生命と自由を尊重することであると考えられます。明治憲法の下で主権者である天皇の価値が絶対とされ、その臣民の権利や生命が軽視されたことは、第二次世界大戦中の状況からも明らかです。こうした苦い経験を踏まえて、日本国憲法は**基本的人権の尊重**を人類普遍の原理として採用しています。前文は「自由のもたらす恵沢を確保」する、と宣言し、日本国憲法の制定の目的が人権の保障にあることを示しています。

日本国憲法の基本的人権は、**自由権**ばかりでなく、**社会権**をも保障するものです。これは失業・貧困・労働条件の悪化等の**資本主義の弊害**から**社会的経済的弱者**を守るために、自由権だけでは不十分なことに配慮した現代的な人権保障の考え方です（→プロローグ）。

4 平和主義

日本国憲法は**平和主義**の理念を前文に、基本的なあり方を9条に定めています。**前文**が「平和を愛する諸国民の公正と信義に信頼して、われらの安全と生存を保持しようと決意した」と述べた部分は、国際的に中立の立場からの平和外交と国際連合による安全保障を念頭においたものと解されています。平和主義は多義的な言葉ですが、日本国憲法は、たとえ平和を実現するためであっても戦争をしてはならないとする徹底的な平和主義（**非武装平和主義**）の態度を打ち出しており、世界にも類のないものです。（→15 章）

9条は「**戦争の放棄**」と「**戦力の不保持**」を規定しています。戦力の不保持に関して問題になるのが**自衛隊**です。自衛隊は人員・装備・編成等の実態からみて、憲法が保持を禁じる「戦力」であ

ると考えられますが、政府は自衛に必要な最小限の防衛設備として認められる、と解釈しています。また、自衛のために正当化される自衛隊の**海外派遣**にも問題があります。湾岸戦争や国際テロ組織による攻撃によって高まった日本の**国際平和への貢献**に対する要請は、憲法上の制約との間で板ばさみを生じました。2016 年施行の**安全保障関連法**によって、**集団的自衛権**の行使が認められ、自衛隊による戦闘現場以外の他国軍の後方支援も可能になっています。さらに、2022 年末に岸田政権は安保関連 3 文書を閣議決定し、「敵基地攻撃能力」を「反撃能力」との名称で保有することを名記しました。また、防衛費の増額を盛り込んで専守防衛に徹する戦後日本の防衛政策を大きく転換させています。ウクライナ侵攻や中台関係、北朝鮮のミサイル実験等によって国際的な緊張が高まる中、今後の運用が注目されます。（→15 章）

ポツダム宣言（抜粋）

・・・

十、吾等ハ日本人ヲ民族トシテ奴隷化セントシ又ハ国民トシテ滅亡セシメントスルノ意図ヲ有スルモノニ非サルモ吾等ノ俘虜ヲ虐待セル者ヲ含ム一切ノ戦争犯罪人ニ対シテハ厳重ナル処罰加ヘラルヘシ日本国政府ハ日本国国民ノ間ニ於ケル民主主義的傾向ノ復活強化ニ対スル一切ノ障礙ヲ除去スヘシ言論、宗教及思想ノ自由並ニ基本的人権ノ尊重ハ確立セラルヘシ

・・・

十三、吾等ハ日本国政府カ直ニ全日本国軍隊ノ無条件降伏ヲ宣言シ且右行動ニ於ケル同政府ノ誠意ニ付適当且充分ナル保障ヲ提供センコトヲ同政府ニ対シ要求ス右以外ノ日本国ノ選択ハ迅速且完全ナル壊滅アルノミトス
（国立国会図書館ホームページ
http : //www.ndl.go.jp/constitution/etc/j06.html）

人間宣言

・・・朕ハ爾等国民ト共ニ在リ、常ニ利害ヲ同ジウシ休戚ヲ分タント欲ス。朕ト爾等国民トノ間ノ紐帯ハ、終始相互ノ信頼ト敬愛トニ依リテ結バレ、単ナル神話ト伝説トニ依リテ生ゼルモノニ非ズ。天皇ヲ以テ現御神（アキツミカミ）トシ、且日本国民ヲ以テ他ノ民族ニ優越セル民族ニシテ、延テ世界ヲ支配スベキ運命ヲ有ストノ架空ナル観念ニ基クモノニモ非ズ。・・・
（国会図書館ホームページ
http : //www.ndl.go.jp/constitution/shiryo/03/056/056tx.html#t001）

マッカーサー・ノート

１．天皇は国の最上位（the head of the State）の地位にある。
　皇位は世襲される。
　天皇の職務及び権能は、憲法に基づき行使され、憲法に示された国民の基本的意思に対して責任を負う。
２．国権の発動たる戦争は、廃止される。日本は、紛争解決の手段としてのみならず、自己の安全を保持するための手段としての戦争をも放棄する。日本はその防衛と保護を、今や世界を動かしつつある崇高な理想にゆだねる。
　日本が陸海空軍をもつ権能は、将来も与えられることはなく、交戦権が日本軍に与えられることもない。
３．日本の封建制度は廃止される。華族の権利は、皇族を除き、現在生存する者一代以上に及ばない。華族の地位は、今後はどのような国民的または市民的な政治権力も伴うものではない。
　予算の型はイギリスの制度にならう。
（『プリメール憲法』法律文化社（2004））

芦田修正

衆議院憲法改正小委員会長の芦田均の考案により、憲法 9 条 1 項に「日本国民は、正義と秩序を基調とする国際平和を誠実に希求し」を加え、同条 2 項に「前項の目的を達するため」という文言を挿入した。自衛戦争・自衛戦力が留保されるという憲法解釈の根拠とされる。

毎日新聞 1946 年 5 月 27 日「憲法改正草案」に対する世論調査

象徴天皇制に	賛成する	85%
	反対する	13%
戦争放棄条項は	必要である	70%
	不要である	28%
天皇制廃止に賛成する		11%

剣璽等承継の儀（2019・5・1）

新天皇即位の儀式として三種の神器（草薙剣・八尺瓊勾玉・八咫鏡）と国事行為で使用される印章である国璽及び御璽が「行為とともに伝わるべき由緒ある物」（皇室経済法 7 条）として承継された。

（首相官邸ホームページ https : //www.kantei.go.jp/98_abe/actions / 201905 / 01 sokuinorei.html）

第II部　基本的人権

表1　男女別総人口の推移（2005年～2022年）

（単位　千人）

年次	総人口 10月1日現在人口	純増減 増減数	増減率(%)	自然増減	社会増減	日本人	外国人	男 10月1日現在人口	純増減 増減数	増減率(%)	自然増減	社会増減	女 10月1日現在人口	純増減 増減数	増減率(%)	自然増減	社会増減
2005年	127,768³⁾	-19	-0.01	9	-53	-103	50	62,349¹⁾	-31	-0.05	-25	-28	65,419¹⁾	12	0.02	34	-25
2006	127,901	133	0.10	1	1	-60	61	62,387	38	0.06	-26	7	65,514	95	0.14	27	-6
2007	128,033	132	0.10	-2	4	-75	79	62,424	37	0.06	-25	6	65,608	95	0.14	23	-2
2008	128,084	51	0.04	-35	-45	-110	65	62,422	-2	-0.00	-41	-18	65,662	53	0.08	6	-27
2009	128,032	-52	-0.04	-59	-124	-77	-47	62,358	-64	-0.10	-55	-67	65,674	12	0.02	-5	-57
2010	128,057³⁾	26	0.02	-105	0	4	-4	62,328³⁾	-30	-0.05	-71	-17	65,730³⁾	56	0.09	-31	13
2011	127,834	-223	-0.17	-183	-79	-28	-51	62,207	-120	-0.19	-108	-37	65,627	-103	-0.16	-75	-42
2012	127,593	-242	-0.19	-201	-23	-56		62,080	-128	-0.21	-116	-37	65,513	-114	-0.17	-85	-42
2013	127,414	-179	-0.14	-232	14	-23	37	61,985	-95	-0.15	-129	9	65,429	-84	-0.13	-103	5
2014	127,237	-177	-0.14	-252	36	-23	60	61,901	-84	-0.14	-136	27	65,336	-93	-0.14	-115	9
2015	127,095³⁾	-142	-0.11	-275	94	-1	95	61,842³⁾	-59	-0.10	-147	63	65,253³⁾	-83	-0.13	-128	31
2016	127,042	-53	0.04	-296	134	-2	136	61,816	-26	-0.04	-156	79	65,226	-27	-0.04	-140	54
2017	126,919	-123	-0.10	-377	151	4	147	61,753	-63	-0.10	-197	87	65,165	-61	-0.09	-180	64
2018	126,749	-170	-0.13	-425	161	-3	165	61,673	-81	-0.13	-220	97	65,076	-89	-0.14	-205	65
2019	126,555	-193	-0.15	-485	209	1	208	61,588	-85	-0.14	-249	127	64,967	-109	-0.17	-237	82
2020	126,146³⁾	-409	-0.32	-501	42	21	21	61,350³⁾	-238	-0.39	-259	2	64,797³⁾	-171	-0.26	-242	40
2021	125,502	-644	-0.51	-609	-35	-7	-28	61,019	-331	-0.54	-314	-16	64,483	-313	-0.48	-294	-19
2022	124,947	-556	-0.44	-731	175	-16	191	60,758	-261	-0.43	-371	110	64,189	-294	-0.46	-359	65

注1）　前年10月から当年9月までの増減数。2020年までの増減数には補間補正数（国勢調査人口を基に算出した人口推計と、その次の国勢調査人口との差を各年に配分して算出したもの）を含む。このため、純増減は自然増減と社会増減の計とは一致しない。
　　2）　前年10月から当年9月までの増減数を前年人口（期間初めの人口＝期首人口）で除したもの
　　3）　国勢調査人口

図2　我が国の人口ピラミッド（2022年10月1日現在）

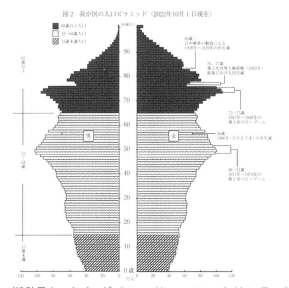

凡例：
■ 65歳以上人口
□ 15～64歳人口
▨ 15歳未満人口

男　女

83歳
日中戦争の動員による
1938年～1939年の出生減

76、77歳
第2次世界大戦終戦（1945年）
前後における出生減

73～75歳
1947年～1949年の
第1次ベビーブーム

56歳
1966年（ひのえうま）の出生減

48～51歳
1971年～1974年の
第2次ベビーブーム

（統計局ホームページ　https://www.stat.go.jp/data/jinsui/2022np/index.html　より）

基本的人権総論

1 人権とは何か

人権とは、**人間であることにより当然に有する**ものだと考えられ（固有性）、国などの**公権力などによって侵害されてはならず**（不可侵性）、**人種、性、身分によって内容が異ならない**ものだとされています（普遍性）。人権は、一人一人がかけがえのない人間であるという「**人間の尊厳**」に根ざしたもので、国のあるなしにかかわらないものだと考えられています。

日本国憲法は、ポツダム宣言をうけて、「基本的人権」を保障する規定をおきました。「基本的人権」は単に人権が基本的なものだということを示し、自然権的な人権が日本国憲法でも重ねて保障されているのだという考え方と、日本国憲法に規定された「基本的人権」は、自然権的な権利とは違う「憲法が保障する権利」と考えるべきだという考え方があります。国家賠償請求権（17条）や、刑事補償請求権（40条）は自然権としての人権からは出てこないともされ、逆に、抵抗権は自然権からくるなど、議論があります。

2 人権の内容

日本国憲法の人権は、自由権、参政権、国務請求権、社会権を含みます。初期の人権は、政府の干渉を排する**自由権**が中心です。人身の自由、思想・良心の自由、信教の自由、表現の自由などがそれです。また、国民が主権をもち、国の政治のあり方を自ら決めるしくみになったため、選挙権や被選挙権などの**参政権**も規定されました。

国務請求権（受益権）は、国の作為を求める権利であり、「人権を確保するための基本権」とも説明されます。請願権、国家賠償請求権、裁判を受ける権利、刑事補償請求権が含まれます。

もっとも新しい**社会権**は、19世紀末に**社会的経済的弱者**を保護するために登場しました。わが国でも、新憲法に、生存権、教育を受ける権利、労働基本権などの規定をおきました。

これらの権利は必ずしもはっきり区分できず、ある権利がさまざまな側面をもつこともあります。しかし、人権の分類は、どのように権利を保障していったらよいのかを考えるのに役立ちます。

3 私人間効力

憲法が国の権限に対する制限や保障として考えられたことから、もともと、憲法の人権規定の**名宛人は国**であると考えられています。日本国憲法の人権のリストの中には、奴隷的拘束を禁じた18条や、労働基本権を規定し、使用者等を視野に入れた28条など、私人に向けられているとみられる条文もいくつかあります。しかし、人権規定が想定しているのは、一般には国などの公権力による侵害だと考えられます。

そのため、社会において、私人とは比べものにならない大きな力をもつ、会社などの団体の**社会的権力**によって、人権が侵害された場合、それらに対して憲法上の権利が侵害されたと主張することができるのかどうかが問題になってきました。

社会的権力によって人権が制約される危険に対処するため、憲法を直接適用すべきだとする説（**直接適用説**）もあります。また、人権のうち「切り札」と考えられるような多数者の利益によっても制限されない権利は、国家だけでなく誰に対しても主張できるという考え方もあります。

しかし、三菱樹脂事件最高裁判決は、民法90条（公序良俗違反）などの民法の一般条項を通し

て、憲法が私人間にも適用されると判断したと考えられ（**間接適用説**）、私人間での争いは原則として私人間で解決される（**私的自治の原則**）ことに配慮しながら、憲法の人権保障の趣旨を私人間にも反映させるものと考えられています。

　一方、いくら社会的権力が強い影響力をもつといっても国家とは違うし、私的自治の原則を重視し、私人に対しては憲法上の権利の侵害を主張できないとする説（**無適用説**）も見直されています。（→5 章）

4　公共の福祉

　人権は無制限に保障されるわけではありませんが、何によって制約されるのでしょう。憲法には、12 条、13 条、22 条、29 条に「公共の福祉」という言葉があります。一般的に人権を制約するルールだと考えられているのですが、この**「公共の福祉」**とは、いったい何でしょうか。

　まず、「公共の福祉」とは、「公益」・「公共の安寧秩序」などであるという説があります（**外在的制約説**）。しかし、規制が「公益」のためである、という主張は裁判で認められやすく、法律などによる人権制限が許されやすいという問題があります。そのため、「公共の福祉」とは、人権が互いに衝突するのを避けるための人権に内在する制約だという考え方が有力です（**内在的制約説**）。どのような制約が許されるか、という具体的内容については、さらに、問題になっている人権の種類や性質、規制のなされる目的、制限される権利の性質などを考えてゆくことが必要です。

5　制度的保障

　日本国憲法の人権編は、立法によっても「制度の核心」ないし本質的内容を侵害することができない一定の「制度」を保障する規定を含んでいます。こうしたものは「制度的保障」といわれますが、保障の対象は必ずしも人権ではないため、制度さえ保障されればよしとされると、かえって制度が人権の内容を規定してしまうなどのおそれがあります。そのため、制度を限定的にとらえ、安易に「制度的保障」論に訴えず、個別の権利保障について検討してゆく必要があります。

6　日本の人権保障

　日本は、国際人権規約自由権規約・社会権規約を締結しており、規約人権委員会に定期的に人権状況についてのレポートを提出し、政府代表や NGO を交えた議論ののち、規約人権委員会が「最終見解」を出します。

　2006 年創設の国連人権理事会の UPR（普遍的・定期的レビュー）も同様です。第 1 回 UPR 指摘の問題については、障害者基本法改正（2011 年）、障害者虐待防止法（2012 年）・障害者差別禁止法（2013 年）制定がなされ、婚外子の相続分差別が違憲とされました（最大決平 25（2013）・9・4）。直近の 2023 年に実施された第 4 回 UPR の最終的意見では、日本に対し、約 300 項目の勧告が出されました。国内人権機関の設立、各条約の個人通報制度への参加、死刑廃止条約の批准、拷問禁止条約の選択議定書の批准、受刑者の処遇、男女平等と共同参画、性的少数者の保護、少数民族の権利保障、ヘイトスピーチ・ヘイトクライムを含む人種差別の禁止、セクシュアル・リプロダクティブ・ヘルス・ライツ（性と生殖に関する健康と権利の確保）、障害者の権利保障、子どもの権利保障、移民や難民・庇護希望者の権利保護などです。日本は、多くにつき、改善を約したり、部分的な改善を約したりしましたが、死刑の廃止や、中絶の非犯罪化・非処罰や配偶者同意要件の撤廃など、受け入れを拒否したものもあり、留意を表明しただけの項目もあります。個人通報制度のように、改善を約しながら、長年実現されないものもあり、批判を受け止め、人権保障を厚くしてゆく必要があります。

第2章　人権享有主体

考えてみよう2−1　　**主な参照条文** 10条

　人権とは「人間であることにより当然に有する権利」（→基本的人権総論）であることを学びました。それでは、その人間とはいつ始まり、いつ人間でなくなるのでしょうか。

1　誰に人権が保障されるのか

　憲法は、国民に基本的人権を保障していますが（憲法第三章の表題参照）、基本的人権をもつ「主体」の範囲を述べていません。そこで、外国人、団体・法人は、基本的人権が保障されるのかが問題となります。また、子ども、公務員は、各々の「特有の事情」から、大人、一般国民とは異なる基本的人権の制約に服するのかも問題となります。

2　外国人

　(1) 外国人に対する人権保障　憲法は、人間が人間である以上当然にもつ権利を基本的人権とし（11条・97条）、国際協調主義に立っています（前文・98条2項）。このことから、憲法の保障する基本的人権は、日本国籍を持たない**外国人にも及ぶ**と解されています。しかし、基本的人権の中には、**権利の性質上**、外国人には保障されないものと日本国民と同じように保障されないものがあるとされます（**マクリーン事件**、最大判昭53（1978）・10・4）。日本国内には、さまざまな法的地位の外国人が暮らしています。

　(2) 保障される人権の範囲

　(ア) 入国の自由　外国人が日本国内に入る自由（**入国の自由**）は、憲法上保障されないと解されています。外国人の入国の許否、**再入国の自由**、**出国の自由**の許否は、国際慣習法上の問題であり、国の判断に委ねられると解されています。

　(イ) 参政権　公職選挙法9条・10条は、選挙権・被選挙権を日本国民に限定しています。国政レベルにおける選挙権・被選挙権は、国民主権（→11章）の要請から、日本国民に限定されるべきであると解されています。しかし、最高裁は、地方レベルにおける選挙権は、「憲法第8章の地方自治に関する規定」の趣旨から、法律で、定住外国人に認められうるとしました（→コラム1）。参政権に関連して、地方公務員として採用された外国人に管理職選考試験の受験資格を認めなかった**管理職選考受験資格確認等請求事件**（最大判平17（2005）・1・26）があります。

　(ウ) 精神的自由権　外国人は、精神的自由権、特に政治活動の自由について、わが国の政治問題に不当な影響を及ぼさない限りで保障されると解されています（マクリーン事件）。

　(エ) 経済的自由権　外国人は、経済的自由権の領域では日本国民と異なる規制を受けています（たとえば、公証人法12条1項）。

　(オ) 生存権　生存権は、各人が属する各国の責務であることから、外国人に保障されないと解されています。しかし、法令上、外国人に生存権を保障することは可能です。日本は、1979年に国際人権規約（A規約）を、1981年に**難民の地位に関する条約**を批准しました。これらの条約に対応して、国民年金法や児童扶養手当法等の**社会保障関係法令上の国籍要件は撤廃**されました。なお、最高裁は、生活保護について、外国人は、在留状況に関係なく、生活保護法の対象外であり、生活保護の受給権をもたないとしました（最判平26（2014）・7・18）。

　(3) 出入国管理制度と憲法問題　出入国管理及び難民認定法（入管法）は、2006年の改正で、外国人犯罪、テロの予防を目的として、特別永住者等を除く16歳以上の外国人に対して、入国審査

のとき、指紋・写真等の個人識別情報を入国管理局に提出するよう義務付けました。このような出入国管理システムは、外国人のプライバシーの権利を侵害していないかどうかが問題となります。関連して、最高裁は、かつての**指紋押捺制度**（平11（1999）の外国人登録法改正により廃止）がプライバシーの権利を侵害しないとしています（最判平7（1995）・12・15）。

　なお、外国人の出入国管理制度について、2012年に在留管理制度が導入されました（入管法改正）。同制度は、中長期在留者に対して在留カードを交付し、いわゆる「みなし再入国許可」を認めました。また、中長期在留者等は、住民基本台帳制度の対象になりました（住民基本台帳法改正）。

　2021年、入管施設の被収容者が体調不良を訴え死亡し、収容施設のありかたも問われています。

（4）外国人労働者の人権保障　少子高齢化のため、日本は外国人労働者を積極的に招いています。1993年から技能実習の名目で単純労働者を受け入れてきましたが、不透明な政策は、労働者の権利などの権利侵害の温床でした。外国人受入れ政策は、2019年に特定技能（1号・2号）制度が新設され、特定2号（更新制限なし、家族帯同可能）は2022年に職種が大巾に拡大し、永住化に舵を切りました。2023年には、技能実習制度を廃止し、「育成就労制度」を設ける方針が示されました。

公職選挙法

9条　日本国民……は、衆議院議員及び参議院議員の選挙権を有する
10条　日本国民は、……それぞれ当該議員又は長の被選挙権を有する

マクリーン事件　最大判
昭53（1978）・10・4

　1969年から1年間の日本在留中、ベトナム戦争反対等の政治活動を行ったことを理由に、在留更新の申請を法務大臣から不許可とされたマクリーンが、更新不許可処分の取消しを求めた。

　最高裁によれば、憲法の保障する基本的人権は、権利の性質上、許容される限り外国人にも及ぶ。政治活動の自由は、「わが国の政治的意思決定」等に影響を及ぼさない限り、外国人に保障される。しかし、外国人には、わが国に入国し、在留し、引き続き在留する権利が憲法上保障されていない。そのため、外国人に対する入国・在留の許否は、国の裁量である。外国人に対する基本的人権の保障は、わが国に入国し、在留し、引き続き在留する権利がないことを前提とした在留制度の枠内で及

ぶにすぎない。したがって、法務大臣は、在留中の外国人による基本的人権の行使を在留更新拒否の理由とすることができる。本件では、法務大臣の裁量権の著しい逸脱はない。

管理職選考受験資格確認等請求事件　最大判
平17（2005）・1・26

　東京都の保健婦（保健師）として採用された大韓民国の国籍を持つ特別永住者である原告は、課長級への管理職選考試験を受験しようとしたところ、日本国籍をもっていないことを理由に受験を拒否されたため、受験資

格の確認と損害賠償を求めた。

　最高裁によると、地方公務員のうち、「住民の権利義務を直接形成」する行為等を職務とする「公権力行使等地方公務員」は、国民主権の原理に照らせば、「原則として日本の国籍を有する者」に限られる。東京都のように、一度管理職に任用されると、公権力行使の職につきうる任用制度の下では、管理職選考試験の資格要件を日本国籍保持者に限定することは、合理的根拠のある区別であり、憲法14条に違反しない。

在留外国人の在留資格・国籍・地域別内訳（令和4年12月末）

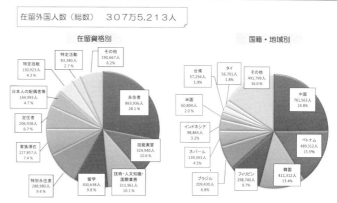

在留外国人数（総数）　307万5,213人

在留資格別

特定活動 83,380人 2.7%
その他 190,667人 6.2%
特定技能 130,923人 4.3%
日本人の配偶者等 144,993人 4.7%
定住者 206,938人 6.7%
家族滞在 227,857人 7.4%
特別永住者 288,980人 9.4%
留学 300,638人 9.8%
技術・人文知識・国際業務 311,961人 10.1%
技能実習 324,940人 10.6%
永住者 863,936人 28.1%

国籍・地域別

台湾 57,294人 1.9%
タイ 56,701人 1.8%
米国 60,804人 2.0%
インドネシア 98,865人 3.2%
ネパール 139,393人 4.5%
ブラジル 209,430人 6.8%
フィリピン 298,740人 9.7%
韓国 411,312人 13.4%
ベトナム 489,312人 15.9%
中国 761,563人 24.8%
その他 491,799人 16.0%

（出入国在留管理庁ホームページ https://www.moj.go.jp/isa/content/001335263.pdf より）

考えてみよう2-2　　**主な参照条文** 10条、15条

　結婚に興味を持っているＡさんは、「両性の合意のみに基づいて成立」（憲法24条）する婚姻の自由が天皇には保障されていない（皇室典範10条）ことを知りました。Ａさんは、天皇は憲法が保障する基本的人権の享有主体ではないのか、Ｂに尋ねました。Ｂは、どのように説明すればよいでしょうか。

1　団体・法人に対する人権保障

　憲法が保障する基本的人権は、もともと個人（**自然人**）に及ぶとされました。しかし、個人でなくても、個人がある目的のためにつくった法人は、個人と同じように法律上の権利義務の主体となることが認められ、社会的に重要な役割を果たしています。最高裁は、権利の性質上可能な限り、法人が基本的人権の享有主体となるとしました（**八幡製鉄政治献金事件、最大判昭45（1970）・6・24**）。このことから、基本的人権の中には、**権利の性質上**、法人には保障されないものと国民と同じように保障されないものがあるとされます。

　法人は、権利の性質上、個人のみを適用対象にしたと考えられている基本的人権を享有することはできません。たとえば、選挙権・被選挙権、生存権等がそれにあたります。それに対して、法の下の平等、精神的自由権、経済的自由権等は、法人に対しても保障されると解されています。たとえば、学校法人が学問の自由（23条）を、宗教法人が信教の自由（20条）を、マス・メディアが表現の自由（21条）を主張できるということです。

　法人は、基本的人権を行使する場合、個人の基本的人権を侵害してはならないと解されています。たとえば、①法人の政党への巨額の政治資金の寄附行為が、政治に影響を与えかねず、一般国民の政治参加を弱め、一般国民の政治的行為を不当に制限する効果を伴う場合、②法人の政治団体への政治資金の寄附行為が、法人の構成員の思想・信条の自由と衝突する場合をその例としてあげることができます。①について、最高裁は、八幡製鉄政治献金事件で、法人の持つ巨大な経済力・社会的影響力を考慮に入れず、法人と個人に対する政治的行為の自由の保障の程度を同一に捉えました（→資料）。②について、最高裁は、強制加入団体である税理士会による政治団体への政治資金の寄附は、会員の思想・信条の自由を侵害するとしました（**南九州税理士会事件**、最判平8（1996）・3・19）。

2　公務員の人権

　前述のように、国民は、基本的人権をもつ主体です。しかし、国民の中には、特別の法律上の理由により、一般国民とは異なる基本的人権の制約があります。たとえば、**公務員の政治的行為**について、国家公務員法は、国家公務員が人事院規則で定める政治的行為を禁止し（102条1項）、違反者を処罰するとしています（110条1項19号）。地方公務員法は、国家公務員法と同様に地方公務員の政治的行為を禁止していますが（36条）、違反者を処罰する規定をおいていません。なお、国家公務員と地方公務員に禁止される政治的行為の内容について、地方公務員法は詳細な規定をおいていますが、国家公務員法は人事院規則に委ねています。

　最高裁は、郵便局員による勤務時間外の選挙ポスター掲示行為等が国家公務員法102条1項等に違反するとして起訴された**猿払事件**（最大判昭49（1974）・11・6）において、国家公務員の政治的行為の禁止の根拠を憲法15条2項に求めました。すなわち、同条2項は、「個々の公務員が、政

治的に、一党一派に偏すること」を禁止し、公務員が政治的に中立でなければならないことを意味するとします。最高裁は、このような「政治的中立性」を損なうおそれのある公務員の政治的行為を禁止することは「合理的で必要やむをえない限度にとどまるものである限り、憲法の許容するところである」としました。しかし、表現の自由を「民主主義国家の政治的基盤」と捉える最高裁の理解からすると、国家公務員の政治的行為の禁止は、憲法 21 条 1 項に違反すると解すべきでしょう（公務員の労働基本権の制約については、10 章）。

　なお、最高裁は、社会保険庁職員による政党機関紙配布が国家公務員法違反であるとして起訴されたいわゆる**堀越事件**（最二小判平 24（2012）・12・7）において、国家公務員法 102 条 1 項にいう「『政治的行為』とは、公務員の職務の遂行の政治的中立性を損なうおそれが、観念的なものにとどまらず、現実的に起こり得るものとして実質的に認められるもの」としました。そして、最高裁は、その「おそれが実質的に認められるかどうかは、当該公務員の地位、その職務の内容や権限等、当該公務員がした行為の性質、態様、目的、内容等の諸般の事情を総合して判断するのが相当である」とし、本件被告人は「管理職的地位」にはないとして無罪としました。もっとも、最高裁は、「管理職的地位」にある国家公務員による同様の事件、いわゆる**世田谷事件**（最二小判平 24（2012）・12・7）では被告人を有罪としました。

国家公務員法 102 条 1 項

　職員は、政党又は政治的目的のために、寄付金その他の利益を求め、若しくは受領し、又は何らの方法を以てするを問わず、これらの行為に関与し、あるいは選挙権の行使を除く外、人事院規則で定める政治的行為をしてはならない

国家公務員法 110 条 1 項 19 号

　次の各号のいずれかに該当する者は、3 年以下の懲役又は 100 万円以下の罰金に処する。

十九　102 条第 1 項に規定する政治的行為の制限に違反した者

人事院規則 14−7 第 6 項 7 号、13 号

法〔国家公務員法〕第 102 条第 1 項の規定する政治的行為とは、次に掲げるものをいう。

七　政党その他の政治的団体の機関紙たる新聞その他の刊行物を発行し、編集し、配布し又はこれらの行為を援助すること。

十三　政治的目的を有する署名又は無署名の文書、図画、音盤又は形象を発行し、回覧に供し、掲示し若しくは配布し又は多数の人に対して朗読し若しくは聴取させ、あるいはこれらの用に供するために著作し又は編集すること。

八幡製鉄政治献金事件 最大判昭45（1970）・6・24

　八幡製鉄（新日本製鉄）株式会社が自民党に政治資金（350 万円）を寄附した行為につき、同社の株主が取締役の損害賠償責任を追及する代表訴訟を提起した。

　最高裁によれば、憲法が保障する基本的人権は「性質上可能なかぎり、内国の法人にも適用される」。会社は、社会の構成単位として「社会的に実在」し、社会通念上期待される行為を当然なしうる。政党への政治資金の寄附も社会通念上期待されている。会社は、国民と同様に、国や政党の政策に対する支持・不支持等の政治的行為の自由を有し、その自由の中に政治資金を寄付する行為も含まれる。法人によるこのような行為は、政治の動向に影響を与えるものであっても、一般国民によるこのような行為と区別すべきことが憲法上要請されているわけではない。

南九州税理士会事件　最判平 8（1996）・3・19

　南九州税理士会が、税理士法改正運動に必要な資金として税理士政治連盟に寄附する特別会費（5000 円）の徴収決議を行い、同会費の納付を拒否した会員の選挙権・被選挙権を停止し、役員選挙を行ったことに対して、納入義務の不存在確認と役員選挙の無効確認が求められた。

　最高裁の判断では、税理士会が法律により設立を義務付けられた強制加入団体であり、特に政治団体に対して金員の寄附をするかどうかは、会員各人の政治的思想、政治的見解等に基づいて自主的に決定すべき事柄である。したがって、税理士会がこのような事柄を団体の意思として決定し、会員に協力を義務付けることはできない。

考えてみよう2–3　主な参照条文　15条

　Aさんは、衆議院選挙に立候補した兄の選挙運動を手伝おうとしましたが、公職選挙法上、未成年者の選挙運動は禁止されている（137条の2第1項）ことを知りました。Aさんは、なぜ未成年者の選挙運動が禁止されているのか、選挙制度に詳しいBに尋ねました。Bは、どのように説明したらよいでしょうか。

1　子どもの人権

　憲法が保障する基本的人権は、子どもにも及びます。しかし、子どもは、出生後の一定期間、ものの考え方や感性等の形成につき、親・保護者等に依存せざるをえず、**保護が必要**な存在です。たとえば、「一般に青少年が、その心身の未成熟さや発育程度の不均衡から、精神的に未だ十分に安定していない」という最高裁（最大判昭60（1985）・10・23）の指摘がそれにあたります。なお、法令上は、「子ども」という用語を使用せず、「未成年者」・「青少年」等の用語を年齢により使い分けています。

　このような子ども「特有の事情」が反映された法令上の措置として、たとえば、「未成年者」の選挙運動を禁止する公職選挙法137条の2第1項、「青少年」による「有害図書」に指定された写真誌・ビデオ・コミック等の購入を禁止している青少年保護育成条例等があります。これらの法令は、一般的には「子どもの利益のため」・「子どもを保護するため」といわれますが、子どもにとっては「基本的人権の制約」でもありえます。「子どもの保護」・「子どもの利益」を目的とする法令上の措置（**パターナリズム**）は、子どもの判断能力・行為能力等を高めるためのものでなければ、憲法上正当化されてはならないと考えられています。なお、子どもの人権については、条約の動向も注目されます。日本は、1989年に国連で採択された**子どもの権利条約**を1994年に批准しました。同条約は、父母から分離されない権利（子どもの権利条約9条）、いわゆる意見表明権（同12条）、障害児の権利（同23条）等を定めています。

2　子ども基本法の制定

　2022年、こども基本法が成立しました。同法は、次世代を担う全てのこどもや若者が、将来にわたって幸せな生活ができる社会を実現するため、こども施策の基本理念を明確にし、こども施策を総合的に推進することを目的として制定されました。

　こども基本法は、「こども」を「心身の発達の過程にある者」とし、年齢で大人と子どもを区別していません。同法は、憲法上・条約上の子どもに関する権利を法律レベルで包括的に定め、国が子どもに関する基本施策を定めなければならないとしています。

3　子どもの人権の制約

(1) 自己決定権　学校の校則では、生徒の髪型を規制し、バイク通学を禁止している場合があります。しかし、生徒の「髪型の自由」、「バイクに乗る自由」等の「行動の自由」は、憲法上明記されていないので、憲法上の自己決定権の内容をなすかどうかが問題となります（→3章）。なお、これらの「行動の自由」は、学校との関連で問題となることから、学校の権限の問題として扱えばよいとする学説があります。

(2) 選挙権　憲法15条3項は、「成年制度」を予定し、未成年者の選挙権を認めていません。それは、判断能力が未成熟な未成年者の投票により、選挙結果がゆがめられ、その効果が国民にも及ぶことを防ぐためです。公職選挙法は、これまで20歳以上を投票権者としてきましたが、2015年の改正で憲法改正の国民投票と同様に18歳以上を投票権者としました。

(3) 表現の自由　前述のように、各都道府県には、青少年による有害図書の購入等を禁止する**青少年保護育成条例**があります。岐阜県青少年保護育成条例事件（最判平元（1989）・9・19）では、「有害図書」に指定された図書の自動販売機への収納禁止の合憲性が争われました。最高裁は、「思慮分別の未熟な青少年の性に関する価値観に悪影響を及ぼ」す「有害図書」が青少年の健全な育成に有害であることは「社会共通の認識」であるとし、問題となった条例は青少年に対する関係において憲法21条1項に違反しないとしました。最高裁は、問題となった条例は、成人に対する関係においても、「有害図書」の流通を幾分制約することになるが、「青少年の健全な育成を阻害する有害環境」を除去するための必要やむをえないものであるとして、憲法21条1項に違反しないとしました。また、最高裁は、最近でも、「有害図書」の自動販売機への収納を禁止している福島県青少年保護育成条例の合憲性を認めました（最判平21（2009）・3・9）。これらの条例は、憲法21条1項が保障する青少年や成人の情報受領権（→6章）を侵害し、同条2項が禁止する「検閲」（→7章）にあたる可能性が高く、同性愛など（→4章）規制対象となる内容との関係でも議論になっています。

　また、2008年の青少年が安全に安心してインターネットを利用できる環境の整備に関する法律（青少年インターネット利用環境整備法）（→7章）についても表現の自由の制約にあたらないか、検討されるべきでしょう。

子どもの権利条約

12条　締約国は、自己の意見を形成する能力のある児童がその児童に影響を及ぼすすべての事項について自由に自己の意見を表明する権利を確保する

各種法令等による「子ども」の年齢区分

法律の名称	呼称等	年齢区分
少年法	少年	20歳未満の者
刑法	刑事責任年齢	満14歳
児童福祉法	児童	18歳未満の者
	乳児	1歳未満の者
	幼児	1歳から小学校就学の始期に達するまでの者
	少年	小学校就学の始期から18歳に達するまでの者
民法	未成年者	18歳未満の者
労働基準法	年少者	18歳未満の者
	児童	15歳に達した日以後の最初の3月31日が終了するまでの者

青少年保護育成に関する都道府県条例規制事項

都道府県	制定年月日	有害図書等の販売制限	有害興行等の観覧の制限	有害図書等の自販機販売制限	みだらな性行為、わいせつ行為の制限	深夜外出等の制限
北海道	S30.4.2				◎	◎
栃木	S51.7.6	◎	○	◎	◎	◎
千葉	S39.11.1	◎	○	◎	◎	◎
東京	S39.8.1	◎	◎	◎	◎	◎
神奈川	S30.1.4	◎	◎	◎	◎	◎
長野	H28.7.7				◎	◎
岐阜	S35.11.10	◎	◎	◎	◎	◎
滋賀	S52.12.23	◎	○	◎	◎	◎
京都	S56.1.9	◎	○	◎	◎	◎
大阪	S59.3.28	◎	△	◎	◎	◎
鳥取	S55.12.25	◎	△	◎	◎	◎
広島	S54.3.13	◎	○	◎	◎	◎
福岡	S31.6.30	◎	◎	◎	◎	◎
長崎	S53.4.1	◎	◎	◎	◎	◎
沖縄	S47.5.15	◎	◎	◎	◎	◎

◎：罰則付きの規制事項がある　○：規制事項はあるが罰則はない　△：自主規制のみ
　列挙されていない県には、5種全てに罰則付きの規制事項がある。
注）長野は「子どもを性被害から守るための条例」として規制

（こども家庭庁ホームページ　https://www.cfa.go.jp/policies/youth-kankyou/hikouhigai-research/より）

地 方 自 治

　大学進学や就職を機に故郷を離れ、生活の場を都会に移した方もおられることでしょう。「今は都会に住んでいても、自分を育んでくれた『ふるさと』に、自分の意思で、いくらかでも納税できる制度があっても良いのではないか」。そうした想いからうまれたのが「ふるさと納税制度」です（総務省「ふるさと納税ポータルサイト」）。

　「納税」という言葉が使われますが、実際には都道府県や市区町村への「寄附」です。総務省によれば、全国の自治体が受け入れたふるさと納税の寄付総額は9654億円（2022年度）です。財政状況の厳しい自治体にとっては、重要な「予算の柱」になっています。もっとも、自治体間の過度な「返礼品競争」や、高所得者層ほど多くの返礼品を受け取り、税も優遇されるという公平性の問題など、この制度には課題も少なくありません。高額返礼品で寄付を集めたことを理由に、国が一部自治体をふるさと納税の対象から外したことの違法性が法廷で争われたこともあります。このように地方自治の問題は、私たちの日々の暮らしに密接に関わっています。

◆1　地方自治の仕組み

(1) 地方自治の本旨　日本国憲法は、第8章で「地方自治」について定めています。地方自治の一般原則として92条は、「地方公共団体の組織及び運営に関する事項は、地方自治の本旨に基づいて法律でこれを定める」と述べています。法律とは**地方自治法**のことです。「**地方自治の本旨**」とは、身近な地域の事柄については、そこに住む私たちで決めるというものであり（**住民自治**）、また私たちの住んでいる自治体が、国から独立して自らの意思と責任で仕事を行うこと（**団体自治**）を意味すると解されています。

(2) 地方公共団体の機関　地方自治法によれば、地方公共団体は**普通地方公共団体**と**特別地方公共団体**とに分けられます。前者には都道府県や市町村が、また後者には東京都23区（特別区）などが当てはまります（地方自治法1条の3）。

　各地方公共団体には、議事機関として**議会**が置かれます。国会とは異なり、ここでは一院制が採用されています。議会の議員は、その地域の住民によって選ばれます（憲93条2項）。

　また、行政的事務を執行する機関として、都道府県の場合には、**知事**（市町村の場合は、市町村長）や副知事（同じく、市町村の場合には副市町村長）、会計管理者、委員会（例えば、教育委員会など）等が置かれています。執行機関の長も住民の選挙によって選ばれます。

(3) 地方公共団体の権能　地方公共団体は様々な事務を行いますが、それを実施するに際して条例を制定することができます。国の一元的な法律だけでは、地域の特性に応じた政策を実施することが難しい場合もあるでしょう。そこで憲法94条では、それぞれの地方公共団体の議会に、「法律の範囲内で条例を制定すること」を定めています。全国各地に、それぞれ「お国柄」を感じさせるユニークな条例がたくさんあります。条例案の多くは執行機関が提出し、それを議会で審議・議決するのが一般的です。例えば、美星町（岡山県井原市）では、「生活に必要な夜間照明を確保しつつ、光害から美しい星空を守ることを目的」とした光害防止条例が適用されています。

　条例制定権の範囲や限界については様々な問題があります。例えば、公害が深刻な地域で、国が

法律で定める規制基準よりも厳しい基準を条例で定めてよいでしょうか。今日この種の条例（「**上乗せ条例**」といいます）も認められる傾向にあります。今後は、各地方公共団体がそれぞれの地域の特性やニーズを適切にとらえ、積極的に「条例」を活用していく方向で検討されるべきでしょう。

◆2　住民の権利

(1) 住民の政治参加　「地方自治は民主主義の学校である」と言われます。地方レベルでは国政レベルと異なり、その地域の住民が自治体の意思決定に直接参加する機会が数多く認められています。それは長や議員の選挙にとどまりません。例えば、**条例の制定改廃請求**や長や議員の**解職請求（リコール）、議会の解散請求**など、地方自治法には**直接民主制的要素**が色濃く反映されています。

また、自治体行政の適否を問う意味をもつ**住民訴訟**も、住民であれば誰でも提起することができます。さらに今日では、原子力発電所設置の是非や市町村合併の是非など、特定の事項に対して賛否を問う**住民投票**が行われることがあります。

(2) 外国人住民の政治参加　「住民」には日本に暮らす外国人（日本国籍を有しない者）も含まれるのでしょうか。外国人も、日本国民と同じように税金を支払い、地域の学校に登校し、さらに清掃活動など様々な地域行事に参加しています。国籍の有無にかかわらず、住民なら誰もが地域の事柄に対して無関心ではいられません。だとすると、このような外国人に対しては、日本国民と同じように**参政権**（主に選挙権・被選挙権）が認められてもよさそうです。

しかし現在までのところ、日本国籍をもたない彼（女）らに対して、国政レベル・地方レベルを問わず参政権は認められていません（→2章）。もっとも最高裁判所は、外国人のうちでも永住者等その居住する区域の地方公共団体と特段に緊密な関係をもつものには、「法律をもって、……選挙権を付与する措置を講ずることは、憲法上禁止されているものではない」と述べています（最判平7（1995）・2・28）。国会では、定住外国人に対する参政権付与法案が提出されましたが、成立には至りませんでした。この問題の解決には、少子化等による労働力不足の問題や国籍のあり方など、多くの複雑な事情を考慮する必要があります。一部の自治体では、条例によって外国人に住民投票権を認めており、実際に市町村合併の際などで投票を行っています（例えば、滋賀県米原市）。

(3) 地方分権と住民の役割　1999年の地方分権一括法の公布以降、国から地方公共団体に対して大幅に権限が委譲されるなど、地方分権の推進が図られています。独自に課税措置を講じることも可能となりました。自治体の財政破綻が現実のものとなった以上、財源の委譲はもとより、住民に最も身近な自治体が創意工夫に取り組むことのできる体制作り、ならびに住民の声を適切に施策に反映させる仕組み作りが急務の課題となっています。

諸外国における外国人への参政権付与の状況

	対象者の国籍	国政レベル		地方レベル		要件等
		選挙権	被選挙権	選挙権	被選挙権	
イギリス	英連邦諸国 アイルランド	○	○	○	○	
	EU加盟国	×	×	○	○	
	その他	×	×	○	×	
フランス	EU加盟国	×	×	○	○	6ヶ月以上の居住又は5年以上直接地方税を納入している者。
	その他	×	×	×	×	
ドイツ	EU加盟国	×	×	○	○	ラント（州）の参政権は対象外で郡及び市町村のみ。一部のラントは首長の被選挙権を除く。
	その他	×	×	×	×	
ベルギー	EU加盟国	×	×	○	○	
	その他	×	×	○	×	5年以上の居住。
ロシア	全ての国	×	×	○	○	永住者。首長の被選挙権は除く。
アメリカ	全ての国	×	×	△	△	シカゴでは、子どものいる外国人に教育委員選挙の選挙権・被選挙権を付与している。
ニュージーランド	イギリス	○	×	○	×	
	その他	○	×	○	×	1年以上居住している永住者。
韓国	全ての国	×	×	○	×	永住資格取得後3年以上が経過した者。

○：一定期間の居住又は永住取得を条件として付与している（要件が書かれていない場合は、短期間の居住又は一時的な滞在を条件として付与している）
△：居住又は永住権取得以外の要件を条件としている。
×：付与していない。
（佐藤令「外国人参政権をめぐる論点」国立国会図書館調査及び立法考査局「総合調査　人口減少社会の外国人問題」（2008年1月）の付表をもとに一部改変）

考えてみよう3−1　　主な参照条文　13条

　Y県は、一部の親や教職員らの声をもとに、子どもを「ネット・ゲーム依存症」から守ることを目的として「ゲーム条例」を策定した。ネットやゲームに没頭することで、子どもの学力や体力の低下、さらにはひきこもりや睡眠障害、視力障害等が生じているとして、条例では子どもらのゲーム時間を60分、スマホ使用は午後9時までなどと規定されている。

　県内の高校に通うXとその保護者は「ゲーム時間は自分で決める」「家庭内の教育のことに口をはさむな」「これは権利の侵害だ」と主張している。Xらの言い分は認められるだろうか。

1　個人の尊重と公共の福祉

　日本国憲法13条前段は、「すべて国民は、個人として尊重される」として、私たち一人ひとりがかけがえのない存在であることを謳っています。そこでは、民族や共同体のために、自らを犠牲にするという考え方が断固として拒否されています。

　同条後段では、個々人の「生命、自由及び幸福追求に対する国民の権利」（**幸福追求権**）が、国政上、最大限尊重される旨が定められています。もちろん、現代社会に生きる私たちは多くの人々と共生しています。そうなると、互いに人々の権利を侵害しないよう努めなければならないという要請がうまれます。これが**公共の福祉**による制限です。

2　憲法13条の法的性格

　憲法13条の幸福追求権は**包括的基本権**とも呼ばれ、14条以下に定められた個々の人権規定の総論的な意味をもっています。13条が保護する対象は広範に及ぶと考えられますが、精神的自由、経済的自由、社会権などの個別の規定があるところでは、それを補うものとして、自己決定にかかわる事案や名誉・プライバシーにかかわる場面など、規定のないところでは、独立して効力をもちます。

　何をもって「幸福」と考えるかは人によって異なります。憲法13条は「幸福」という言葉によって何を保障しているのでしょうか。13条は、どんな具体的な法的権利を導き出すことができるのでしょうか。このような疑問について、憲法学では、大きく分けて**一般的（行為）自由説**と**人格的利益説**という議論の対立があります。一般的自由説とは、個人の行動の自由はひろく保護されなければならないという考え方です。それによれば、例えば散歩や登山、ペットの飼育、そして危険な運転をする行為にも13条の保障が及ぶと解されます。なかには、殺人や窃盗なども含めて、あらゆる行為が一応は保護の対象となるとする主張もありますが、そうした行為は明らかに他者に対する危害であり、一般的自由説でもそこまでは認められないとする見解が有力です。

　これに対して、人格的利益説とは、憲法13条は個人の人格的生存に不可欠な利益を内容とする権利のみを保障していると解するものです。こちらの説に立てば、先ほどの殺人のような行為は、そもそも幸福追求権には含まれないことになります。もっとも人格的利益説にも、人格的生存に不可欠な利益とはいかなるものか、その当否を誰が判断するのか、裁判所がそれを判断するとすれば、その判断が恣意的なものになるおそれはないかなどの疑問も少なくなく、両説の実際上の相違はそれほど大きくありません。

　上記いずれの学説に立ったとしても、幸福追求権のなかに**生命に対する権利（生命権）**が含まれることに異論はないでしょう。国際的にも、第2次世界大戦の教訓を踏まえ、憲法で「生命権」についての規定をおく国が見受けられます（例えば、ドイツ、スイス、ロシアなど）。

3　社会の移り変わりと新しい人権の登場

　憲法13条の幸福追求権は、「生命」「自由」「幸福」など、すべての権利を集約したような表現を用いていることから、それらを根拠に種々の具体的な権利・利益の主張がなされるようになりました。それらを**新しい人権**と呼びます。新しい人権の代表例として、プライバシー権や環境権などがよく知られています。

　こうした主張の背景には、憲法制定当時には予想し得なかった情報化社会の進展や環境汚染・破壊の深刻化といった問題があります。つまり、現代社会において重要な人権だと考えられるものの、その種の規定が憲法には明記されていない場合、その不備を補うものとして13条が活用されるのです。もっとも新しい人権が、明確な基準もないままに、何でも13条から導き出されうるとすれば、単なる個人の趣味や嗜好にすぎないものまで人権とみなされることになりかねません。その結果、従来から定められている古典的な人権が軽視されることにもなりかねず、注意が必要です。

生命に対する権利

　最近では、生命に対する権利を幸福追求権から分離して、独自の人権と捉える見解も唱えられている。この権利が直接的に問題となるのは、例えば死刑制度の是非や胎児の人権享有主体性が争われる場面、さらには臓器移植法における脳死判定をめぐるような場面においてである。生命科学技術の発達により、今日では「人」の定義そのものが揺らいでおり、憲法学は新たな難問に直面している。

　なお、最高裁が「生命は尊貴である。一人の生命は、全地球よりも重い。」（最大判昭23（1948）・3・12）と述べたことはよく知られている。

犯罪に対する不安？

　内閣府の調査によれば、治安に関する認識として、「ここ10年間で日本の治安はよくなったと思いますか」との質問に対して、「よくなったと思う」が44.0%、「悪くなったと思う」が54.5%（5年前、平成29年の調査ではそれぞれ35.5%と60.8%）であった。

　自分や身近な人が犯罪に遭うかもしれないと不安になる場所として、最も多く挙げられたのがインターネット空間（53.9%）であり、次いで、繁華街（47.9%）、路上（50.7%）、電車・バス・飛行機などの乗り物（37.0%）となっている（内閣府政府広報室「治安に関する世論調査」の概要（令和4年3月）https://survey.gov-online.go.jp/hutai/r03/r03-chian/r03-chian.pdf）。

臓器提供の意思表示

　臓器移植法の改正に伴い、平成22（2010）年7月より新しいカード付リーフレットが配布されている。意思表示カードには、「臓器を提供する」という意思だけでなく、「臓器を提供しない」という意思も示すことができ、どちらの意思も尊重される。被保険者証や運転免許証でも、臓器提供の意思が記載できる。インターネットからも意思表示ができる。

　それでは、実際に意思表示を行っている人はどのくらいであろうか。内閣府による2021年調査によれば、4割近い人が臓器提供の意思をもっているものの（39.5%）、何らかのかたちで実際に「意思表示をしている」と答えた人は10.2%にとどまる（以上、日本臓器移植ネットワーク（https://www.jotnw.or.jp/）のHPを参照）。

いじめ防止対策推進法（平成25年法律第71号）

第1条「この法律は、いじめが、いじめを受けた児童等の教育を受ける権利を著しく侵害し、その心身の健全な成長及び人格の形成に重大な影響を与えるのみならず、その生命又は身体に重大な危険を生じさせるおそれがあるものであることに鑑み、児童等の尊厳を保持するため、いじめの防止等（いじめの防止、いじめの早期発見及びいじめへの対処をいう。以下同じ。）のための対策に関し、基本理念を定め、国及び地方公共団体等の責務を明らかにし、並びにいじめの防止等のための対策に関する基本的な方針の策定について定めるとともに、いじめの防止等のための対策の基本となる事項を定めることにより、いじめの防止等のための対策を総合的かつ効果的に推進することを目的とする。」

考えてみよう3-2　[主な参照条文] 13条

　高齢のＳさんは、近ごろ体調を崩して床に伏しがちです。Ｓさんの家の前には市民公園があります。公園には「球技を禁止する」旨のルールがありますが、多くの子どもが夜遅くまで野球やサッカーを楽しんでいます。休日には、朝早くからサッカー・チームの練習が行われています。子どもたちの掛け声、保護者らの歓声、さらに送迎の際の車の音など、終日途切れることはありません。Ｓさんは、市に対して公園のルールが守られていないことや騒音に対する苦情を申し出たのですが、改善される様子はありません。どうしたらよいでしょうか。

1 新しい人権とは？

　ここでは、前節で触れた新しい人権の内容について、少し詳しくみていくことにしましょう。新しい人権の主張は多岐にわたります。代表的なものとして、プライバシー権、自己決定権、環境権、人格権、名誉権などが挙げられます。さらに最近では、喫煙権、静穏権、景観権、平和的生存権（→15章）、自然の権利、犯罪被害者の権利なども、新しい人権に含まれるのではないかと主張されています。

　もちろん新しい人権が主張されたからといって、それらが即座に権利として承認されるわけではありません。この問題を考えるにあたっては、何よりも国会と裁判所との役割分担という視点が欠かせません。新しい人権を承認する場合、本来的には国会が国民のコンセンサスを得て、法律によって一定の権利を形成していくのが基本的な筋道です。

　裁判所が自らの価値判断に基づいて、容易に新しい人権を承認することになれば、憲法改正も行われないままに憲法上の権利が創設されてしまうという事態が生じます。そこでは当然のことながら、他の人権規定との衝突も起こりえます。したがって、裁判所が13条を根拠に新しい人権を認めるのは例外的な場面にかぎられます。

　とはいえ今日、個別の人権規定で救済されない被害者（少数者）を、裁判所が新しい人権を承認することで救済すべきである、という現実の要請も無視できません。だとすると、例外的とはいえ、時には積極的に新しい人権を承認する姿勢が裁判所には求められているといえます。裁判所によって新しい人権として承認されるには、権利の内容や主体が明確であるとともに、少なくとも、①自律的な生のために不可欠な利益であること、②その利益の確保が非常に困難となっていること、つまり侵害の危険性が高くなっていること、などを論証する必要があります。

2 新しい人権に対する裁判所の姿勢

　先に挙げた新しい人権の多くは、実際に裁判でも主張されています。もっとも、概して裁判所はその権利性を認めることに消極的です。

　ただ、下級審判決のなかには、かなり踏み込んだ判断を示すものもあります。景観権について、「法的な景観利益」が認められる場合もあるとした判決（東京地判平14（2002）・12・18）、あるいは自衛隊のイラク派遣に関する裁判のなかで、平和的生存権の具体的権利性を認めた判決（名古屋高判平20（2008）・4・17、岡山地判平21（2009）・2・24）などがあります（→15章）。

　これに対して、最高裁判所が真正面から認めた事案は、実際上ほとんどありません。最高裁は、警察官が違法なデモ行進の状況を確認するために行った写真撮影の合憲性について、憲法13条の趣旨に基づいて、何人も「その承諾なしに、みだりにその容ぼう・姿態を撮影されない自由」を有するとしました（**京都府学連事件**、最大判昭44（1969）・12・24）。裁判所は明言を控えましたが、

実質的には**肖像権**と呼ばれる新しい人権を承認した数少ない判決のひとつといってよいでしょう。

このほか、弁護士会による前科犯罪歴の照会に対して行った区役所の回答の適法性が争われた事件で、最高裁は「前科等のある者もこれをみだりに公開されないという法律上の保護に値する利益を有する」（**前科照会事件**、最判昭56（1981）・4・14）と述べています。

> **3　環境権**

環境権は、1960年代に全国各地で提訴された公害事件（水俣病、四日市ぜんそく、など）を契機に、国民の環境意識の高まりのなかで定着していった考え方です。現在、自治体への苦情件数が多くなっている公害問題の一つが騒音です。環境権の内容は、論者によって様々ですが、水や大気、日照などの自然環境に限定する見解が有力です。根拠規定として、13条のほか25条なども援用されます。だれが「環境」に対する権利を主張できるのかについても様々な立場があることから、裁判所はこれまで環境権を真正面から認めていません。

新しい人権について学ぶことは、児童・生徒の目を人権が生成される過程や社会状況の変化に向けさせることにつながります。それは、「自由・権利と責任・義務との関係を広い視野から正しく認識させ」る（『中学校学習指導要領』平成29年告示）ための適切な素材になることでしょう。

喫煙者の割合

厚生労働省の調査によると、たばこを「毎日吸っている」「時々吸う日がある」（あわせて「現在習慣的に喫煙している者」と定義）と回答した者の割合は、下図の通り17.7%である。

図：現在習慣的に喫煙している者の割合の年次推移（20歳以上）

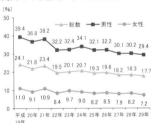

出典：厚生労働省「平成29年国民健康・栄養調査結果の概要」（https://www.mhlw.go.jp/content/10904750/000351576.pdf）

受動喫煙防止の義務化

「誰かのたばこの煙を吸うだけで喫煙者と同様のリスクがあります」「『たばこ臭がする』と感じたら、もう被害にあっています」（日本医師会）とされているように、受動喫煙の防止に向けた取り組みが喫緊の課題となっている。

受動喫煙の防止を徹底するために、2018年7月、改正健康増進法が成立した。改正法は、「すべての人に罰則付きで禁煙場所での喫煙を禁じ、これまで努力義務だった同法の受動喫煙防止を義務化する。」（朝日新聞2018年7月18日）。

大阪空港公害訴訟　最判昭56（1981）・12・16

大阪空港周辺の住民が、航空機の騒音や振動、排気ガスにより、身体的・精神的被害を被ったとして、人格権ないし環境権を根拠に空港管理者である国を相手取って起こした訴訟である。2審の大阪高裁は、午後9時以降の飛行機の発着禁止を含めて原告の主張をほぼ全面的に認めたが、最高裁は民事手続による航空機離着陸の差止請求は不適当であり、本件差止請求を却下し、過去の被害に対する損害賠償請求のみを認容した。

「被害者の人権」規定

犯罪被害に遭う可能性は誰しもあるもの。例えば韓国では、次の通り、憲法のなかに犯罪被害者の権利が規定されている。

大韓民国憲法27条⑤　刑事被害者は、法律の定めるところにより、当該事件の裁判に際して陳述することができる。

同30条　他人の犯罪行為によって、生命、身体に対する被害を受けた国民は、法律の定めるところにより、国家から救助を受けることができる。

ハンセン病訴訟

ハンセン病患者を隔離していた旧らい予防法の合憲性が争われた事件で、裁判所は「〔患者は隔離されたことによって、〕人として当然に持っているはずの人生のありとあらゆる発展可能性が大きく損なわれるのであり、その人権の制限は、人としての社会生活全般にわたるものである。このような人権制限の実態は、単に居住・移転の自由の制限ということで正当には評価し尽くせず、より広く憲法13条に根拠を有する人格権そのものに対するものととらえるのが相当である」とした（熊本地判平13（2001）・5・11）。別の裁判では、こうした隔離政策等によって、患者と患者家族が「一定期間離れ離れとなり日常生活を共有できず」「家族関係の形成を阻害されたことが認められ」るとして、裁判所は原告らの「家族関係を形成する権利」の侵害を認めたことが注目される（熊本地判令元（2019）・6・28）。

考えてみよう 3-3

主な参照条文 13条、21条

　生活の様々な場面でAI（人工知能）技術が活用されています。大学2年のAさんは、大学主催の就職ガイダンスに参加したところ、「あなたの『個人のスコア』は低いので、希望する職に就ける可能性はおおよそ20%くらい」だと診断されました。どうやら友人のために行ったネット上の調べものや、別の友人が誤ってSNSに書き込んだ私のアルバイト履歴などが「信用スコア」に影響を与えたようです。診断に納得いかないAさんは、異議を申し立てたいと考えましたが、はたしてそのようなことは可能でしょうか。

1　プライバシーの権利

　プライバシーの権利は、現在最もよく知られている権利の一つでしょう。もともとは、19世紀末のアメリカで主張され始めたものです。背景には、当時の新聞・雑誌において、有名人の私生活を暴露する記事が頻出したという事情があります。そうしたなかで、「ひとりで放っておいてもらう権利（right to be let alone）」として、プライバシー権が主張されました。

　日本国憲法には、プライバシー権に関する明文の規定はありません。だからこそ、憲法改正をめぐる議論では、必ずといってよいほどプライバシー権の明記が唱えられます。この考え方が、わが国でひろく注目されるきっかけとなったのは、三島由紀夫のモデル小説『宴のあと』をめぐる裁判です（「宴のあと」事件、東京地判昭39（1964）・9・28）。裁判所は、プライバシーを「私生活をみだりに公開されないという法的保障ないし権利」として捉え、憲法上の権利として保障されているとしました（→6章）。なお、プライバシーも名誉も人格権の一種と考えられます。両者は似ていますが、このうち名誉は人の社会的評価を、プライバシーは社会的評価にかかわりない私的領域のことを指すとして使い分けられています。

　「宴のあと」事件を契機にプライバシーへの関心が高まりました。現在では、学説上もプライバシーの権利を新しい人権の一つとして認めるのが通説です。ただし内実をみると、そこには**表現の自由との調整**という問題がありますし、「プライバシー」の定義一つをとっても依然として論者によって広狭様々な捉え方がなされています。救済のあり方と並んで、今後の検討課題となっています。

2　公人・有名人とプライバシー

　政治家等の公人と一般人とでは、プライバシー権の保障範囲が異なります。裁判所も、公人ないし公職の候補者については、その公的な存在・活動に伴う範囲、及びそれに対する評価を下すに必要な範囲で、その者の私生活を報道、論評することは認められるとしました（「宴のあと」事件）。

　タレントの場合はどうでしょうか。好きな芸能人（タレント）のことをよく知りたいと思うのは、ファンとして当然の心理です。タレントという職業柄、その日常生活のある部分をひろく公表されることも場合によってはやむを得ないところもあるでしょう。この点に関して、通学中の姿を撮影した写真や、実家の所在地等を示唆する写真等を掲載された芸能人らが、雑誌出版社とその発行人を相手取って提訴した事案があります。裁判所は、「純然たる私的な言動ないし活動についてまで『公共の利益』に関わるとしてそのプライバシーが制限されるという結果が肯定されることになるとは、到底認められない」と述べています（東京高判平18（2006）・4・26）。

3　個人情報の保護

　プライバシーと関連して、最近特に社会一般に認識されるようになってきたのが、個人情報の保護という問題です。情報化社会の進展にとも

ない、個人の情報が公権力もしくは第三者によって、容易に収集・保有（管理）・利用されるようになりました。こうした状況下では、自己に関する情報を個人が自らコントロールできることが重要となります。有力な学説によれば、プライバシー権とは「個人が道徳的自律の存在として、自ら善であると判断する目的を追求して、他者とコミュニケートし、自己の存在にかかわる情報を開示する範囲を選択できる権利」（**自己情報コントロール権**）と解されています。近年、人工授精によって生まれた子どもの「出自を知る権利」に注目が集まっています。精子の提供者（ドナー）にとっては生まれてくる子どもに自らの情報をどこまで知らせるべきか、子どもにはどの範囲の個人情報の開示を求めることができるかなど、様々な論点があります。

　2021 年には、「**個人情報の保護に関する法律**」（2003 年制定）が大幅に見直されました。同法は、個人情報の適正な取扱いに関して、国や地方公共団体の責務等を定めるとともに、個人情報取扱事業者及び行政機関等に対して、利用目的の特定や本人からの開示に応じることなど、様々な義務や対応について規定しています。あまりに個人の権利利益を優先すると、例えば政治家の個人情報を扱う報道機関等に、過度の萎縮効果を及ぼすことにもなりかねません。その点では、報道機関が「報道の用に供する目的」で個人情報を取扱う場合などには、同法の適用が除外される（同法 57 条）として、一定の調整を図っています。2013 年 5 月、国民一人ひとりに 12 桁の番号を割り振り、税や社会保障などの情報を効率的に管理する**マイナンバー（個人番号）制度**を定めた法律が成立しました。AI をはじめとするデータの利活用が進むなかで、私たちのプライバシーや個人情報はどのように保護されるべきでしょうか。「個人の尊重」を基軸に、社会全体で取り組んでいくべき課題です。

「宴のあと」事件　東京地判昭 39（1964）・9・28

　都知事選に立候補した原告（元外務大臣）をモデルにした小説で、私生活を暴露するかのような「のぞき見」的描写が、原告のプライバシーを侵害するか否か争われた事件。裁判所はプライバシー侵害に対して法的救済が与えられるには、①私生活上の事実か事実らしく受けとられる事柄で、②一般人の感受性を基準にして当該私人の立場に立った場合公開を欲しないであろうと認められ、③一般の人々に未だ知られていない事柄であることを要するという三要件を示し、被告（作家・出版社）に損害賠償支払いを命じた。

早稲田大学江沢民主席講演会名簿提出事件　最判平 15（2003）・9・12

　早稲田大学では、中国の江沢民主席による講演会を開催するにあたり、参加を希望する学生に事前に名簿に学籍番号や氏名を記入させたが、その名簿を学生の同意を得ることなく、警備上の理由により警察に提供した。このことがプライバシーの侵害にあたるとして損害賠償を請求したのが本件である。最高裁は「〔記入させた情報は〕個人の識別等を行うための単純な情報であって……秘匿されるべき必要性が必ずしも高いものではない。……しかし、このような個人情報についても、本人が、自己が欲しない他者にはみだりにこれを開示されたくないと考えることは自然なことであり、そのことへの期待は保護されるべきものであるから、本件個人情報は、原告らのプライバシーに係る情報として法的保護の対象となる」とした。

住基ネットからマイナンバー制度へ

　住基ネットとは赤ちゃんも含めたすべての国民に、一人ひとり異なる 11 桁の番号（住民票コード）が割り振られ、住所・氏名・性別・生年月日と、これらの更新履歴を蓄積し、それらの情報を国や自治体が必要に応じて利用できるようにネットワークでつないだシステムのことである。希望すれば、身分証明書として使える住基カードを発行してもらえる（2014 年 3 月 31 日現在、普及率約 5.2％、総務省調べ）。マイナンバー制度の導入により、住基カードの発行は 2015 年 12 月で終了した。住基ネットをめぐっては、プライバシーの侵害にあたるとして裁判も起こされたが、最判平 20（2008）・3・6 は合憲とした。

「Society5.0 で実現する社会」

(https://www8.cao.go.jp/cstp/society5_0/)

考えてみよう3-4　| 主な参照条文 | 13条

あなたは新設中学校の初代校長に選ばれました。あなたは学校の責任者として、どのような校則をつくりますか？

その場合、あなたの学校には、いろいろな行動をとる生徒たちが300人も400人もいることを想像してみてください。何か事件が起きたり、問題が生じたりしたときには、校長であるあなたが責任をとらなければなりません。生徒の保護者からは、しばしば学校にクレームが寄せられています。（苅谷剛彦『学校って何だろう』（2005年、ちくま文庫）88-89頁を改変）

1　個人の尊重と社会のルール

皆さんが通っていた学校には、様々な校則があったはずです。校則は私たちがはじめて自覚する社会的な規範（きまり、ルール）です。校則とは、生徒として生活指針となる学習上・生活上の心得ですが、なかには「校則でどうしてここまで決められなければならないの？」と疑問に思うものも少なくありません。校則による髪型や服装等に関する規律をめぐって、これまでしばしば裁判が起こされてきました（パーマ禁止校則が争われた最判平8（1996）・7・18など）。

「自分のことは自分で決める」ということは、人としての基本的な欲求です。今日では、個々人が自らの事柄について公権力から干渉されずに自律的に決定できる自由、すなわち自己決定権（人格的自律権）は、13条の幸福追求権に含まれると解されています。

2　自己決定権の内容

個人を尊重するということは、一人ひとりが自らの生き方を決定するという考え方を尊重することでもあります。国が「画一的な生」を押しつけることは絶対に許されません。では、自己決定権の内容として、どのようなものが挙げられるでしょうか。

具体的には、①ライフスタイルにかかわる事柄（服装、身なり、生活様式に関するもの）、②リプロダクションにかかわる事柄（妊娠や出産、中絶など生殖作用に関するもの）、③家族の維持形成にかかわる事柄」（結婚・離婚の自由や家族関係の形成に関するもの）、④自己の生命・身体の処分にかかわる事柄（治療拒否や安楽死、自殺に関するもの）、そして⑤その他、危険な行為にかかわる事柄（喫煙や登山の自由、台風のときの遊泳、ヘルメットやシートベルトの不装着など）等が挙げられます。これらの分類は、あくまで一つの目安にすぎません。すべてが自己決定権の内容として、憲法上認められるわけではないことに留意が必要です。

自己決定権の大切さについて異論はみられないでしょう。しかしながら、社会生活を営む上で、ある種の規律（規制）が予定されている場合があることも事実です。学校などでは、教育的な配慮から、生徒の活動に対する一定の制限が認められます。

では、いったいどの程度まで自己決定権が認められるのでしょうか。例えば、輸血をしないと生命の危険にかかわる場合に、輸血を伴う医療行為を拒否することは認められるでしょうか。裁判所は、他者の権利や公共の利益・秩序等の関連を指摘しつつも、「〔輸血拒否は〕各個人が有する自己の人生のあり方（ライフスタイル）は自らが決定することができるという自己決定権に由来する」と述べました（東京高判平10（1998）・2・9）。医療の世界では、**インフォームド・コンセント**（説明を受けたうえでの承諾）という考え方が定着しています。裁判所の判断は一つの考え方ですが、学説では自己決定権の内容やその範囲について、いまだ明確な判断基準を示せておらず、さら

なる検討課題となっています。さしあたり規律（規制）の目的やその程度、規律方法など、個々の事案ごとに慎重な検討を行っていくよりほかありません。

　なお、認知症などによる将来の能力の減退に備え、まだ元気なうちに事前に自らの意思で、後見人の選任や代理行為の内容を決定し、契約をするという**任意後見制度**が始まっています。**法定後見制度**も含めて、これら**成年後見制度**は自己決定権を尊重するとともに、意思能力の不足を補い本人保護を実現することとの調和を図った制度といえます。

3　子どもと自己決定

　自己決定権が争われた裁判のなかでも、特に目を引くのが、学校関連の事案の多さです。これまで、校則による**服装・髪型の規制**や、**バイクに乗ることの規制**等が、児童・生徒の自己決定権を侵害するのではないかと争われてきました（→2章）。こうした事案からうかがえるのは、子どもに対する自己決定権の保障が特別な意味をもつということです。子どもの自己決定権は、心身の未成熟性といった理由から、ともすれば制限されがちです。生徒の髪型や服装等の規律は、自己決定権の制約というほど重大な問題とはいえないのではないか、とされることがあります。しかし、子ども自らが決定を行い、そしてその結果は自らが負うという認識をもつことには大きな意味があると考えられます。子どもは、こうした行動を重ねることで、権利の担い手として成長発達していくからです。だとすると、事細かに規律されている校則がすべて本当に必要なのでしょうか。子どもの自己決定権の観点から、あらためて問い直される必要があるでしょう。

ユニークな校則例

①挙手の仕方

「右手四五度右斜め前へ、ツマ先揃えて」（青森県・中学）

「左手を真上に挙げる」（茨城県・中学）

②清掃

「無言でしよう」（福島県・中学）

③廊下歩行

「原則として二列以上にならない」（宮崎県・中学）

（伊藤博義『若者たちと法を学ぶ』1993、有斐閣）

「看護職の倫理要領」（2021年、日本看護協会）

4　看護職は、人々の権利を尊重し、人々が自らの意向や価値観にそった選択ができるよう支援する。

5　看護職は、対象となる人々の秘密を保持し、取得した個人情報は適正に取り扱う。

性同一性障害特例法に対する違憲判断（最大決令5（2023）・10・25）

「生殖機能を無くす手術を性別変更の条件とする性同一性障害特例法の要件の憲法適合性が争われた家事審判で、最高裁大法廷（裁判長・戸倉三郎長官）は25日、生殖不能手術要件は個人の尊重を定めた憲法13条に反し、無効とする決定を出した。最高裁が法令を違憲とするのは史上12例目で、性的少数者（LGBTなど）の権利に関しては初めて。国会は特例法の見直しを迫られる。」（毎日新聞2023年10月26日朝刊）

旧優生保護法による強制不妊手術

平成8（1996）年まで、不良な子孫の出生を防止する等の目的で不妊手術が強制されてきた。手術を強いられた人々が、近年各地で損害賠償を求め提訴している。仙台地裁は賠償請求を退けつつも、「子を産み育てるかどうかを意思決定する権利（リプロダクティブ権）」を認め、旧優生保護法を憲法13条違反とした（仙台地判令和元（2019）・5・28）。

成年後見制度の概要

	任意後見制度	法定後見制度		
判断能力	今は判断力あり	判断力が不十分	判断力が著しく不十分	ほとんどない
本人の同意	○	○	○	―	―
代理行為	あらかじめ定めておいた、自己の生活、療養、看護および財産上の管理に関すること	申し立て時に選択した特定法律行為および重要な法律行為	申し立て時に選択した特定法律行為	重要な法律行為	すべての法律行為
			重要な法律行為		
支援する者	任意後見人	補助人	保佐人		成年後見人

　「後見」が開始された本人については、公職選挙法の規定により、これまで選挙権が制限されていた。しかし、裁判所の違憲判決（東京地判平成25（2013）・3・14）を受け、5月27日に「成年被後見人の選挙権の回復等のための公職選挙法等の一部を改正する法律」が成立したことで、当該制限はなくなった。なお「保佐」及び「補助」が開始された本人については、従来から選挙権の制限はない。

考えてみよう 4−1　　主な参照条文　14 条

　Ａさんは、長い間医師を志して、Ｂ県立医科大学を受験しました。合格最低点は超えていたと自信を持っていたＡさんでしたが、結果は不合格でした。その後、Ｂ県立医科大学において女子が不利となる得点操作を行っていたことが発覚しました。Ａさんは、Ｂ県立医科大学関係者が「女性は結婚や出産で長時間勤務ができない」ことを理由として説明したことに疑念を深め、入試における女子差別は憲法 14 条 1 項により違憲であり、Ｂ県立医科大学への入学を許可してほしいと訴えるつもりです。Ａさんの訴えは認められるでしょうか？

1　「平等」の観念

　「平等」の観念は、哲学的もしくは政治学的には、古くは古代ギリシアの頃に存在し、すでに議論が行われていました。中世ヨーロッパ期には、国家に対する個人の権利とまでは考えられていませんでした。それが近代に入り、「法の前の平等」として、**ルソーに代表される自然法学者**によって、法論理的に人間の平等が説かれたのです。

　「平等」の文言が法文の中に明確に見られるのは、18 世紀後半以降です。自然法思想の影響を受けて、旧体制の特権的な階級を排除し、市民の権利を求める革命は、その宣言において人間の平等を明らかにしました。1776 年の**アメリカ独立宣言**は、「われわれは、自明の真理として、すべての人は平等に造られ、造物主によって、一定の奪いがたい天賦の権利を付与され、そのなかに生命、自由および幸福の追求の含まれることを信ずる。」として、人間の平等を高らかに唱えました。フランスでは、革命で掲げられた「**自由・平等・友愛**」のスローガンが、現在も同国の憲法 2 条 4 項において明記されています。

　日本では、明治憲法の下で公務員の平等が明記されていたのみでした。日本国憲法が制定される段階で、ようやく一般的な平等原則が宣言されたのです。

　では、14 条 1 項によって保障される「法の下の平等」の「法の下」とは何を意味するのでしょうか？また、「平等」とは何を指すのでしょうか？前者の問題については 2 で、後者の問題について 3 および 4 で取り上げます。

2　法適用の平等と法内容の平等

　法適用の平等とは、法の定める要件が該当すれば、常に法の定める効果が発生することです。すなわち、行政府が法律を適用する際に、恣意的に異なる判断をしてはならないことを意味します。他方、**法内容の平等**とは、立法府に対して法律の内容上の平等保護を要請することです。

　そこで、本条は行政府と司法府を拘束するだけか、それとも立法府も拘束するのかが問題となります。法律さえあれば人権を制約できる意味での「**法律の留保**」が定着していた 19 世紀には、平等原則については、法内容の平等までは要求されず、法適用の平等に留まっていました。しかし、「法律の留保」を脱却し、裁判所による法律の**違憲審査権**が認められている今日、法内容の平等も含むものと解されます。

3　絶対的平等と相対的平等

　絶対的平等とは、すべての人に対してすべての法的側面において絶対的に等しく取り扱うことです。それに対して、**相対的平等**とは、本質的には人は平等であり、平等の取扱いが国家機関に対して要請されるけれども、個人的な特質による差異がある場合には、その差異を差異として取り扱うことです。

　個人的な特質、例えば年齢等に基づく差異も、画一的・均一的に平等（絶対的平等）に取り扱えば、かえって不合理となるために、合理的な理由に基づく限り、異なる扱いをすることが許容されます（相対的平等）。

4 形式的平等と実質的平等

　形式的平等とは、人に存在する差異に目を向けず、一律に平等の取り扱いをすることです。すなわち、機会の均等を意味します。それに対して、**実質的平等**とは、人に存在する差異に目を向けて、その差異による不合理を解消することです。すなわち、条件の平等を意味します。

　18世紀後半の革命期には、平等は形式的平等を意味していましたが、機会の均等が進んだ結果、貧富の差など個人の不平等を生み出したために、実質的な公平を目指し、条件の平等が図られることとなりました。さらに発展して、「結果の平等」という徹底した平等論の考え方が出てきました。

国際人権条約Ｂ規約（1966年）

26条　すべての者は、法律の前に平等であり、いかなる差別もなしに法律による平等の保護を受ける権利を有する。このため、法律は、あらゆる差別を禁止し及び人種、皮膚の色、性、言語、宗教、政治的意見その他の意見、国民的若しくは社会的出身、財産、出生又は他の地位等のいかなる理由による差別に対しても平等のかつ効果的な保護をすべての者に保障する。

国家公務員の各役職段階に占める女性の割合の推移

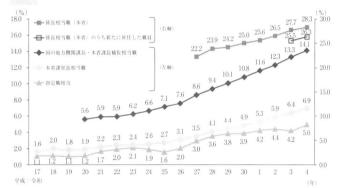

（出典：内閣官房内閣人事局「女性国家公務員の登用状況のフォローアップ」（令和4年12月6日）https://www.cas.go.jp/jp/gaiyou/jimu/jinjikyoku/pdf/20221206_siryou7.pdf）

13歳から29歳の若者にとっての自国社会の問題

	1位	2位	3位	4位	5位
日本	まじめな者がむくわれない	学歴によって収入や仕事に格差がある	よい政治が行なわれていない	貧富の差がある	性別によって差別がある
	39.8（％）	35.9	32.9	32.9	30.2
韓国	貧富の差がある	就職が難しく、失業も多い	学歴によって収入や仕事に格差がある	まじめな者がむくわれない	性別によって差別がある
	58.9（％）	54.0	48.7	46.4	45.8
アメリカ	人種によって差別がある	性別によって差別がある	信じる宗教によって差別がある	身分や家柄が重要視されすぎている	貧富の差がある
	49.4（％）	41.7	36.4	35.8	34.7
イギリス	貧富の差がある	人種によって差別がある	学歴によって収入や仕事に格差がある	信じる宗教によって差別がある	身分や家柄が重要視されすぎている
	36.2（％）	34.2	29.0	28.1	27.8
フランス	貧富の差がある	学歴によって収入や仕事に格差がある	就職が難しく、失業も多い	よい政治が行なわれていない	まじめな者がむくわれない
	50.3（％）	44.4	40.3	40.2	39.0

（参照：内閣府「我が国と諸外国の若者の意識に関する調査（平成30年度）」（令和元年6月）https://www8.cao.go.jp/youth/kenkyu/ishiki/h30/pdf-index.html）

考えてみよう4−2   主な参照条文 14条

外国籍のラグビー選手であるＡさんは、出自であるＢ部族の伝統としてタトゥーを神聖なものと考え、身体にデザインを描いていました。20XX年、ラグビーの国際大会が日本で開催されることとなり来日していたＡさんは、宿泊施設近くの公衆浴場であるＣ湯に入ろうとしたところ、入り口に「タトゥーのある方は入浴をお断りしています」というプレートが掲げられており、入浴を断られてしまいました。そこで、Ａさんは、Ｃ湯に対して人種差別による人格権侵害などを理由に損害賠償を求めました。Ａさんの訴えは認められるでしょうか？

1 平等の具体的内容

「平等」の具体的内容は、14条1項の後段に列挙されている「人種、信条、性別、社会的身分又は門地により、政治的、経済的又は社会的関係において、差別されない」ことです。歴史的に差別されてきた事由がここに列挙されているといえます。

では、現在、どのような問題が生じているかについて、項目ごとに見ていきましょう。

2 人種

人種とは、皮膚、頭髪、身長などの生物学的な特徴によって区分される集団を指します。民族は、文化、言語、宗教などの伝統を共有することによって区分される集団ですが、本条の「人種」に含むと解されます。国籍の問題は取扱いを異にします。

古くから多人種国家においては、人種による差別が起こり、時に大きな政治問題にまで発展しました。現在に至るまで、多くの国で**人種差別問題**が根深く残っていることは、2009年1月にアメリカ合衆国初のアフリカ系アメリカ人（黒人）大統領としてオバマ大統領が誕生した際の就任演説にも表れていました。

日本では、北海道のアイヌ民族の問題が存在します。二風谷ダム訴訟（札幌地判平9（1997）・3・27）が起きた1997年に、アイヌ文化振興法が制定されました。2019年には「アイヌの人々の誇りが尊重される社会を実現するための施策の推進に関する法律」が制定され（これによりアイヌ文化振興法は廃止）、初めて法律でアイヌ民族が「先住民族」と明記されました。

日本では年々、在留外国人の数が増え、2023年6月末時点には約322万人となりましたが、特定の人種、民族等を理由に嫌がらせを行うなどのレイシャル（人種）ハラスメントは社会問題になっています。2019年に改正された労働施策総合推進法は、職場におけるパワーハラスメントに対して事業主に防止措置を講じることを義務付けており、その対象には「外国人」も含まれています。

3 社会的身分

社会的身分の解釈は、多岐にわたります。大きくは三説に分かれ、社会的身分の範囲を①狭く解する見解、②広く解する見解、③中間をとる見解があります。狭く解する見解は、社会的身分を出生によって決定され、自己の意思では離れることのできない地位と解し、被差別部落出身者や婚外子（嫡出でない子）などを指します。中間をとる見解は、後天的に社会で一定の評価が伴われる地位と解します。これに対して、1964（昭39）年5月27日最高裁大法廷判決は、社会的身分を「人が社会において継続的に占める地位」と広く解しました。

尊属・卑属関係が、社会的身分にあたるかどうか争いはありますが、刑法には長らく、卑属（本

人）の直系尊属（本人の父母や祖父母など）に対する犯罪を加重して罰する規定が設けられていました。例えば、刑法旧200条の尊属殺重罰規定は、刑罰として死刑と無期懲役しか定めていませんでした。しかし、尊属殺重罰規定に関する1973（昭48）年4月4日最高裁大法廷判決は、当該規定について、尊属殺は高度な社会的道義的非難に値するため、強く禁圧しようとした立法目的は合理的であるが、その立法目的の達成手段としては不合理であるとし、違憲としました。20数年据え置かれた後、1995年に当該規定は廃止されました。

4　信条

信条とは、宗教上の信仰のほか、さらに広く解し、宗教以外の思想上および政治上の主義なども含みます（最判昭30（1955）・11・22）。信条による差別の問題は、19条における思想・信条の自由の問題と重なり合います（→5章）。

信条に関する取扱いの差異は、採用・解雇など労働関係上、問題となっています。民間企業においては私的自治の認められる余地がありそうですが、信条を理由とした公務員の差別的な取扱いは、国家公務員法27条、地方公務員法13条において禁止されています。

オバマ米大統領就任演説（抜粋）（2009年1月20日）

私たちは、南北戦争と人種隔離という苦い経験をし、その暗い歴史の一章から、より強く、より結束した形で抜け出した。それがゆえに、我々は信じる。古い憎悪はいつか過ぎ去ることを。種族的な境界は間もなく消え去ることを。世界がより小さくなるにつれて、共通の人間性が姿を現すことを。そして、アメリカは、新たな平和の時代を導く役割を果たさなければならないことを。（朝日新聞2009年1月21日夕刊）

ウポポイ（民族共生象徴空間）

（提供：（公財）アイヌ民族文化財団 https://ainu-upopoy.jp/download/）

ウポポイは、アイヌ民族の文化の復興・創造等の拠点となるナショナルセンターとして、2020年7月に開業しました。写真の通り、ポロト湖のほとりの自然豊かな地に築かれています。「ウポポイ」とは、アイヌ語で「（おおぜいで）歌うこと」を意味しています。（参照：ウポポイ https://ainu-upopoy.jp/）

昭和38〜47（1963〜1972）年の尊属殺人の認知件数の推移

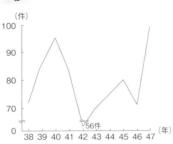

（出典：警察庁「昭和48（1973）年版警察白書」）

婚外子相続分規定訴訟　最大決平25（2013）・9・4

民法900条4号但書で、嫡出でない子（婚姻関係のない父母から生まれた子）の法定相続分が、嫡出子の2分の1と定められていることについて、最高裁は、遅くとも平成13（2001）年7月当時において憲法14条1項に違反していたと判断した。その理由について、最高裁は、相続制度は家族のあり方と密接に関係しており、我が国および諸外国における婚姻・家族の実態の変化、国民の意識の変化などを総合的に考えると、家族のあり方に関して個人の尊重がより明確に認識されてきたと述べている。

障害者差別解消法などの人権三法施行

2016年には差別を解消するために3つの法律が施行されました。4月1日に障害者差別解消法、6月3日にヘイトスピーチ解消法、12月16日に部落差別解消法です。

障害者差別解消法では、障害者に対する「不当な差別的取扱い」を禁止し、「合理的配慮の提供」が求められています。例えば、「障害がある」という理由だけで学校の受験や入学を拒否することは「不当な差別的取扱い」と考えられ、禁じます。また、「合理的配慮」として、講演会場では障害のある人には障害の特性に応じて座席を決めることなどが求められます。

ヘイトスピーチ解消法や部落差別解消法では、それぞれの差別を根絶する社会の実現を目指して、国や自治体にはこれらの法の理念に基づいた施策を行うことが求められます。

（参照：内閣府及び法務省の各施策・啓発活動のホームページ）

考えてみよう4-3　［主な参照条文 14条］

　AくんとBさんは結婚を考えていますが、ともに婚姻後も戸籍上の姓を変えず元の姓を名乗り続けたいと思っていました。結婚式当日、2人は市役所で婚姻届を出す際に、「婚姻後の夫婦の氏」の欄を空白にして提出しましたが、受理されませんでした。そこで、AくんとBさんは夫婦同姓について規定している民法750条は憲法14条に反しているので、この婚姻届を受理してほしいと訴えを起こしました。AくんとBさんの訴えは認められるでしょうか？

| 1 性別──男女平等に関する現在の取組み |

　日本国憲法が制定され、そのなかに14条の一般原則、15条における**成年普通選挙**、24条における**夫婦同権**が明記され、ようやく男女の平等が保障されることになりました。

　民法上の性別に基づく差別規定は戦後大きく改正されましたが、長らく問題とされた女性の6ヶ月の**再婚禁止期間規定**（民法733条）について、最高裁は、100日を超える部分を憲法14条と24条に違反すると判断しました（最大判平27（2015）・12・16）。翌年、再婚禁止期間は100日に改正されました。2022年の民法改正で、再婚禁止期間は廃止となり、嫡出推定については、婚姻解消等の日から300日以内に子が生まれた場合でも、母が前夫以外の男性と再婚した後に生まれた子は、再婚後の夫の子と推定することとしました（施行は2024年）。

　さて、現在の男女平等に関する取組みとして、具体的に、以下の2点を取り上げます。

（1）男女雇用機会均等法、男女共同参画社会基本法

　1980年に**女性差別撤廃条約**が調印されると、1985年には**男女雇用機会均等法**が施行されるなど、男女平等の保障は促進されました。また、2000年には**男女共同参画社会基本法**が施行され、その目的を実現させるために、内閣府に男女共同参画局が設置されました。

（2）間接差別の禁止

　男女雇用機会均等法の2006年改正により、**性別による**間接差別について禁止規定が設けられました。性別による間接差別とは、外見上性別による区別を行っていないルールが、割合の上では多くの女性に、男性よりも不利な影響を与える場合を指します。今改正では、募集や採用の段階で身長や体重を要件としたり、募集や採用の段階で転勤を要件としたりすることは禁止されました。

| 2 積極的差別是正措置 |

　長く差別を受けてきた人種や性別の問題は根深く、なかなか解消されません。そのため、入学や雇用などにおいて優遇するなどその問題を克服するよう促す措置を、**積極的差別是正措置**といいます。アファーマティブ・アクション（affirmative action）、ポジティブ・アクション（positive action）と呼ばれます。

　各国でその捉え方は異なりますが、具体的には、アメリカ合衆国では、人種・民族的マイノリティおよび女性に対して大学入学や雇用を優先的に認めてきました。フランスにおいては、2000年にパリテ（parité：均等）法を制定することで選挙の候補者を男女同数に立てることが義務づけられました。日本でも、2018年に候補者男女均等法が施行されました。選挙において男女の候補者数ができる限り均等となることを目指していますが、日本では努力を求めることに留まっています。

　しかし、このような措置に対しては、従来の差別問題が解消されてくると、**逆差別**に当たるのではないかとの懸念も抱かれています。

3　後段列挙事由と審査基準

14条1項に関して憲法に反するか否かの審査基準について、最高裁は、「人種、信条、性別、社会的身分又は門地」の同項後段列挙事由を、単なる例示と見て、それ以外の事由に基づく場合も同様に、差異ある取扱いに合理的根拠があるか否かを判断する立場をとります（最大判昭39（1964）・5・27）。

そして、その合理的根拠の有無について、いわゆる「**合理性の基準**」を採用します。

尊属殺重罰規定判決で最高裁は、区別を設けた**立法の目的**に合理的根拠があるか否か、その目的達成のための**手段**が**合理的関連性**を有しているか否かを検討し、違憲と判断しました。

また、最高裁は、子の国籍取得の要件に父母の婚姻を必要とする国籍法3条1項について、父母の婚姻によって日本社会との結びつきを密接にするという目的と、国籍取得の際に「父母の婚姻」を要件とする手段との間には、現代社会の変容によって合理的関連性は認められないとし、違憲としました（最大判平20（2008）・6・4）。

4　家族生活における個人の尊厳と両性の平等

憲法24条は、1項で婚姻の自由と夫婦の「同等の権利」、2項で家族に関する法律は「個人の尊厳と両性の本質的平等に立脚して」制定されなければならないことを規定しています。

夫婦同氏制を定める民法750条について、最高裁は、「婚姻をすることについての直接の制約を定めたものではない」などとして憲法24条に違反しない等と判断しました（最大判平27（2015）・12・16）。令和3（2021）年6月23日最高裁大法廷判決は2015年判決をほぼ踏襲する形でしたが、いずれの判決にも複数の反対意見が付けられていることは注目されます。

LGBTs（レズビアン、ゲイ、バイセクシャル、トランスジェンダー、その他の性的マイノリティー）に関しては、2023年6月には、**LGBT理解増進法**が公布・施行され、性的思考及びジェンダーアイデンティティの多様性に対する国民の理解の増進に関する施策の推進が図られています。

2001年にオランダで同性婚に関する法律が施行されると、G7参加国をはじめ、世界各国で**同性婚**が認められてきています。日本では、2015年4月に東京都渋谷区が自治体として初めて同性パートナーシップを認め、その後、各自治体で同性パートナーシップ制度が導入されています。しかし、同性婚が法的に認められていないために各地で訴訟が提起され、地裁レベルでは憲法14条1項や憲法24条2項を根拠に違憲や違憲状態と判断しています（札幌地判令3（2021）・3・17他）。

諸外国の国会議員内の女性の割合の推移

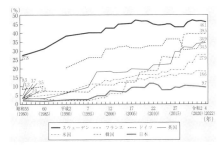

（出典：内閣府男女共同参画局「男女共同参画白書　令和4年版」https://www.gender.go.jp/about_danjo/whitepaper/r04/zentai/html/zuhyo/zuhyo01-03.html）

性、年齢階級別賃金

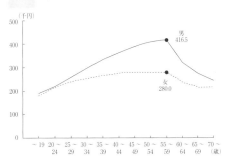

（出典：厚生労働省「令和4年賃金構造基本統計調査の概況」https://www.mhlw.go.jp/toukei/itiran/roudou/chingin/kouzou/z2022/dl/13.pdf）

考えてみよう5−1　　主な参照条文　19条

あなたの勤務先の小学校に教育委員会から文書が届き、君が代の歌詞を暗記している児童の人数の調査と報告を求められています。この調査に回答しなければならないでしょうか。

1　内心の自由

精神的自由は、個人の人格形成に直接関わる重要な人権であり、経済的自由よりも優位にあると考えられています。日本国憲法では思想・良心の自由（19条）、信教の自由（20条）、表現の自由（21条）、学問の自由（23条）が精神的自由として保障されます。対象となる精神活動には、ものを考えたり、信じたりする内面的な部分と、考えたことを発表したり、考えにもとづいて行動したりする外面的な部分があります。

　内心の自由（内面的精神的自由）はこのうち前者を保障する人権であり、いかなる制約にも服さない絶対的な自由です。通常、心の中で何を思うかは他人からはわからず、あえて憲法で規定するまでもないように思われます。実際、諸外国の憲法では思想・良心の自由は表現の自由や信仰の自由の一部分として理解され、別個の規定を設けて保障する例はほとんど見られません。しかし、日本では明治憲法の時代に、国家にとって不都合な考えを持つ人々が治安維持法によって弾圧された歴史があります。こうした過去を踏まえて、日本国憲法は精神活動の自由の基礎である思想・良心の自由を明確に規定し、保障しています。

2　思想と良心

思想・良心とは、「その人の人格に関わるような世界観や主義」と狭くとらえることもできますが、一般には「心の中でのものの見方や考え方」として広く理解されています。また、思想・良心のうち良心を倫理的側面のかかわる思想として区別することもできますが、「思想・良心」として一体的にとらえるのが普通です。

3　保障内容

思想・良心の自由は、世界観や信条等個人の思想・良心に国家が干渉してはならないことを意味します。具体的には、①特定の思想・良心を持つよう強制したり、反対に禁止したりすることは許されません（**思想強制の禁止**）。また、②個人の思想・良心を理由に、その者に不利益を与えることは許されません（**思想に基づく差別の禁止**）。更に、天皇制への支持・不支持等を問うアンケート等を通じて③自分の思想・良心の告白を強制することは許されません（**沈黙の自由**）。

4　限界

心の中で思ったり、考えたりすることが絶対的な自由である一方、そのような内心の働きに基づいて行動する自由（例えば、考えた内容を書いたり、他人に話したりすること）は、思想・良心の自由の保障範囲を外れ、外面的精神活動にかかわる表現の自由等の問題となります。社会にはさまざまな思想・良心をもつ人々がいるため、思想・良心にもとづく行動は他人の利益や権利との調整のために一定の制約を受けます。しかし、行動はあくまでもその人の思想・良心の表れであるため、規制には十分に慎重な配慮が必要です。

5　日の丸・君が代問題

1999年には**国旗国歌法**が成立し、**日の丸・君が代**が国旗・国歌であることが法制化されました。しかし、この法律は国旗掲揚や国歌斉唱を義務づけるものではありません。

　他方、1958年に日の丸・君が代を初めて規定した学習指導要領は1970〜80年代に改訂され、公立学校の入学式・卒業式での日の丸・君が代の強制が次第に強化されました。応じない教員を職務命令違反で処分することが思想・良心の自由への侵害にあたるかどうかを争う裁判では、多くの下

級審判決が教員側の主張を斥ける中、日の丸・君が代をめぐる歴史的事実を踏まえて原告教員側の主張を認めた例もあります（東京地判平18（2006）・9・21）。最高裁は、音楽専科の教諭に君が代のピアノ伴奏を命じる職務命令が特定の思想の強制・禁止には当たらず、特定の思想の有無を告白させるものでもない、として原告教諭側の主張を斥けました（最判平19（2007）・2・27）。

　その後も卒業式での国歌斉唱に関する校長の職務命令は、原告教員の思想及び良心の自由への間接的な制約となる面はあるが、命令の内容と目的に照らせばその制約を許容しうる必要性・合理性がある、という最高裁小法廷による合憲判断が続いています（最判平23（2011）・5・30、同平23（2011）・6・6、同平23（2011）・6・14、同平23（2011）・6・21）。さらに、最高裁は職務命令違反に対する懲戒処分の適法性に関して、戒告よりも重い減給・停職処分とする場合には慎重に考慮する必要がある、として厳罰化に歯止めをかける判決を下しました。（最判平24（2012）・1・16）。しかし、都立高校の教職員が卒業式などで国歌斉唱時に起立しなかったことを理由とする再雇用拒否について、最高裁は都の裁量の範囲として容認しました。（最判平30（2018）・7・19）。

国旗国歌法（抜粋）

1条　①国旗は、日章旗とする。
2条　①国歌は、君が代とする。

小学校学習指導要領における国旗掲揚・国歌斉唱

昭和33（1958）年10月1日告示　「国民の祝日などにおいて儀式などを行う場合には、児童に対してこれらの祝日などの意義を理解させるとともに、国旗を掲揚し、君が代をせい唱させることが望ましい」

平成29（2017）年3月31日告示　入学式や卒業式などにおいては、その意義を踏まえ、国旗を掲揚するとともに、国歌を斉唱するよう指導するものとする。」

（いずれも下線は筆者。）

国旗国歌条例

　2011年6月、大阪府議会は、公立小中高校などの教職員に対し、学校行事で君が代の起立斉唱を義務づける全国初の条例を可決成立させた。また府の施設での日の丸の掲揚も義務化した。2012年2月には大阪市でも同様の条例が可決成立した。

　同条例の下で、卒業式で君が代を起立斉唱しなかった府立支援学校の教員の減給処分を争った裁判では「慣例上の儀礼的な所作で、ただちに人の内心に踏み込むものではない」として教員側が敗訴した。（最決平29（2017）・3・30）

謝罪広告事件　最大判昭31（1956）・7・4

　選挙の候補者が別の候補者の名誉を毀損したために裁判所から謝罪広告の公表を命じられたことが思想・良心の自由の保障に反するかどうかが争われた事件。最高裁は「単に事態の真相を告白し陳謝の意を表するに止まる程度」であるため、被告の思想・良心の自由を侵害するものではない、と判示した。

麹町中学内申書事件　最判昭63（1988）・7・15

　中学校在学中の政治活動を内申書に記載されたために全ての高校入試に失敗した、として生徒が損害賠償を求めた事件。最高裁は政治活動をしていた事実の内申書への記載は、この生徒の思想・信条そのものの記載ではなく、そこから生徒の思想・信条を知りうるものともいえず、また生徒の思想・信条を入学者選抜の資料として提供したものとはいえない、として19条違反の主張を斥けた。

三菱樹脂事件　最大判昭48（1973）・12・12

　大学在学中の学生運動歴を履歴書に記載しなかった等を理由に試用期間後の本採用を就職先企業に拒否された新入社員が労働契約関係の存在確認を求めて訴えた事件。最高裁は、企業側には憲法上、採用の自由が保障されており、特定の思想・信条を有することを理由にその者の雇入れを拒否しても当然に違法とはならないと判断した。

道徳の教科化

　従来「教科外の活動」として実施されてきた道徳が小中学校で教科化され、教科書が作成され、評価が必須となった。これによって国が子どもに特定の道徳観を押し付けることを危惧する見方もある。

考えてみよう5-2　　主な参照条文　23条

　防衛省は、軍事への応用が期待できる基礎研究に対して、研究費を支給することになりました。A教授がこの研究費に交付申請することには、どのような問題があるでしょうか。

1　学問の自由の意義

　学問は真理を発見・探究する精神作用です。新しい発見のためには今ある常識への挑戦も必要であり、それが国家の政策や方針とぶつかる場合もあります。例えば、地動説を支持してローマ皇庁の弾圧を受けたガリレオが有名です。学問の自由の保障は、学問をする個人の真理探究の欲求にこたえるのみならず、学問の成果による人間生活の向上を通じて社会全体の利益にもかかわるものといえます。

　明治憲法には学問の自由の規定がありませんでした。諸外国の憲法にもこれを規定する例は多くありません。しかし、明治憲法の下で政府の考え方に合わない学説が国家権力に弾圧された歴史（滝川事件・天皇機関説事件）を踏まえ、日本国憲法は学問の自由を特に規定しています。最近では、日本学術会議の推薦した会員候補の一部について、政府が理由を明らかにしないまま任命拒否する問題が生じており、学問の自由と公権力の緊張関係に注目が集まっています。

2　保障内容

　学問は大学を中心として行なわれてきたことから、学問の自由は大学という場を念頭においています。保障される内容には個人の①**学問研究の自由**の他、②**研究成果発表の自由**と、研究成果の学生に対する③**教授の自由**が含まれます。

　学問研究の自由のうち、内面的精神活動の部分は思想・良心の自由（19条）によって、外面的精神活動である研究成果発表の自由は表現の自由（21条）によって、それぞれ保障されています。さらに23条で学問の自由を保障したのは、学問研究には特に高い程度の自由が要求されるためだと考えられています。また、教授の自由が大学のみならず初等中等教育機関の教員にも保障されるかどうかについては見解が分かれます。最高裁は**旭川学力テスト事件**（最大判昭51（1976）・5・21）において、普通教育に携わる教師にも教授の自由は一定程度認められる、と判示しています。これは児童・生徒が大学生とは異なり、教師の教授内容を批判する能力がなく、教師の強い影響力・支配力の下に置かれることを考慮したためです（→10章）。

3　大学の自治

　学問の自由を保障するために、大学のあり方（研究者人事・施設管理・学生管理・予算管理等）は外部からの干渉を受けず、教授会を中心に内部で維持される必要があります。もっとも、近年では学長権限を強化する学校教育法等の改正により、学長の諮問機関である教授会の権限は教育・研究に限定されるようになっています。権限を持つものに変化しています。

　大学の自治は特に警察権力との関係で問題になりますが、これは大学に治外法権的地位を与えるものではありません。同じ警察権力であっても、すでに発生した犯罪に関する**司法警察活動**と、犯罪を未然に予防するための**公安警察活動**（ポポロ事件）は区別されます。したがって、大学の自治は犯罪捜査のために警察がキャンパス内に立ち入ることを否定するものではありません。こうした場合、警察は大学側の許可や立ち合いを条件として入構することになります。

4　学問の自由の制約

　学問の自由は人類の知己の向上と、技術の進歩を通じて社会に利便をもたらした反面、核兵器や遺伝子組み換え作物など社会の安全にとっての脅威となり、倫理的に問題がある成果を産んだことも否定できませ

ん。例えば、遺伝子レベルで全く同じ人間を人為的に発生させるクローン技術は人間の尊厳に反するものとして禁止されています（**クローン規制法**）。医科学研究についてはこの他に多くの**内部規制・ガイドライン（ソフト・ロー）**が策定されています。専門性が高く、日進月歩の研究のあり方を研究者の自治によってコントロールし、適宜そのルールを変更できる点で、これらは**法律（ハード・ロー）**による研究規制よりも優れているとされます。他方で、相次ぐ研究不正を受けて、臨床研究の適正な実施と推進のための臨床研究法も制定されました。

　学問の自由に大きな影響を与え、現実的な脅威となりうるのが研究助成です。多額の費用を必要とする研究では、スポンサーの影響が問題になります。例えば、原子力や公害研究では、国の方針との相違が研究費の分配や人事待遇を左右する懸念があります。最近、政府が防衛方針の転換と経済力の強化のために、ドローンやAI、ロボット技術等、軍民両用（デュアルユース）の先端技術研究の推進を表明し、そうした分野への多額の公的資金の投入が、研究費を求める研究者への呼び水となって、軍事研究を行わない戦後の研究者の方針が揺らぐことが危惧されています。

天皇機関説事件（1935年）

　東京大学教授で憲法学者の美濃部達吉が唱えた天皇機関説（天皇は国家の機関である)が、天皇を国体とする当時の政府の見解に背く学説であるとして著書が発禁処分となり、その学説を唱えることも禁止された事件。

東大ポポロ事件　最大判昭38（1963）・5・22

東京大学公認のポポロ劇団が学内で主催した演劇発表会において偵察活動をしていた私服警官を学生が見つけ、暴行を加えたことが刑事事件になった。最高裁は演劇が真に学問的な研究発表ではなく、「実社会の政治的社会的活動」であったことを理由に学生の行為は学問の自由や大学の自治の保障を受けないと判示した。

クローン規制法（抜粋）

1条　この法律は、ヒト又は動物の胚又は生殖細胞を操作する技術のうちクローン技術ほか一定の技術（以下「クローン技術等」という。）が、…人の尊厳の保持、人の生命及び身体の安全の確保並びに社会秩序の維持（以下「人の尊厳の保持等」という。）に重大な影響を与える可能性があることにかんがみ、…クローン技術又は特定融合・集合技術により作成される胚を人又は動物の胎内に移植することを禁止するとともに、クローン技術等による胚の作成、譲受及び輸入を規制し、…社会及び国民生活と調和のとれた科学技術の発展を期することを目的とする。

3条　何人も、人クローン胚、ヒト動物交雑胚、ヒト性融合胚又はヒト性集合胚を人又は動物の胎内に移植してはならない。

16条　第三条の規定に違反した者は、十年以下の懲役若しくは千万円以下の罰金に処し、又はこれを併科する。

研究規制ガイドラインの例

「ヒトES細胞の樹立及び使用に関する指針」
「ヒトゲノム・遺伝子解析研究に関する倫理指針」
「特定胚の取扱いに関する指針」
「疫学研究に関する倫理指針」
「臨床研究に関する倫理指針」
「遺伝子治療臨床研究に関する指針」
「ヒト幹細胞を用いる臨床研究に関する指針」
（https://www.mhlw.go.jp/stf/seisakunitsuite/bunya/hoka-bunya/kenkyujigyou/i-kenkyu/index.html）

大学のあり方と国の政策

　少子化で定員割れする大学が出る中、2016年から大規模大学に対する定員管理が厳格化された。これにより各大学の定員に対する入学生数に応じて私学助成金が増減額される。また、若者の東京への一極集中を防いで地方の活性化を図る地方大学振興法が2018年に成立し、東京23区内の大学の定員増が10年間認められなくなった。

　2020年度からは、低所得層の進学支援によって格差の固定化を解消するため、高等教育無償化が開始した。このために、大学は一定割合以上の実務家教員による授業科目の配置や、外部人材の理事への複数任命等を求められている。

　2015年に文部科学大臣が全国の国立大学学長に対して入学式や卒業式での国旗掲揚と国歌斉唱を要請したり、2020年の東京オリンピック・パラリンピック開催に際して学生ボランティアを確保するために、文部科学省とスポーツ庁が大学に対して大会と重ならない授業や試験日程の調整や、学生のボランティア活動に対する単位認定を求めた例もある。

考えてみよう5-3　　主な参照条文　20条

中学校の学習指導要領が改訂され、保健体育で武道が必修化されました。公立中学に通うA君は、絶対的平和主義を信仰上の信念とする立場から、格闘技には参加できません。A君の信教の自由を侵害しないために、学校側にはどのような対応が必要でしょうか。

1　信教の自由の成り立ち

20条1項前段・2項は信教の自由を定めています。信教の自由は明治憲法の下でも保障されましたが、その保障の範囲は限られていました。特に「神社は宗教ではない」として事実上の国教的地位にあった神社神道（**国家神道**）と両立する限度でのみ認められていました。国家神道は戦争中に国家主義や軍国主義の精神的支柱となったことから、連合国軍総司令部は戦後すぐに国教分離の指令（神道指令）を発して、信教の自由の確立を要請しました。その後、天皇の**人間宣言**を経て、天皇とその祖先の神格性が否定され、神道の特権的な地位が消滅しました。こうした沿革を踏まえて日本国憲法は信教の自由を厚く保障し、同時に国家と宗教の分離を明確にしています。

一般に日本人は「一生に三回宗教を変える」などと言われ、神社へのお宮参りで誕生を祝い、キリスト教会で結婚し、仏教でお葬式をあげる例も珍しくありません。信仰の程度は別として、これは1人の人が複数の信仰を肯定することの表れでしょう。しかし、近年、グローバル化の流れの中でこれまで日本では馴染みの薄かった宗教との摩擦も生じており、多様な宗教との共存が問われています。

2　信教の自由の保障内容

信教の自由には、信仰の自由、宗教的行為の自由（礼拝の自由）、宗教的結社の自由が含まれます。**信仰の自由**は、宗教を信じ、あるいは信じないこと（**無信仰の自由**）、信じる宗教を選択し、または変更することを保障しています。これは内心の自由であるため、国家の干渉は許されません。信仰の自由から派生する信仰告白の自由には信仰を外部に告白し、あるいは告白しないこと（沈黙の自由）が含まれます。したがって、踏み絵などによって信仰を告白させることは許されません。**宗教行為の自由**は、祭壇を設けて礼拝や祈祷などの儀式や行事を行なうこと、布教活動や宗教教育を行なう自由を保障しています。ここには宗教行事への参加を強制されない自由も含まれます。**宗教的結社の自由**には、宗教団体を結成し、そこに参加したり、脱退したりする自由が含まれます。

3　宗教とは何か

信教の自由が想定している宗教とは、仏教やキリスト教、神道のような**既成宗教**だけで、**新興宗教**と総称されるさまざまな宗教は対象外でしょうか。憲法は宗教とは何かを明確に定義していません。この点について下級審は、宗教とは**自然や人間を超える存在、すなわち神、仏、霊等の存在を確信して、畏敬崇拝する信条と行為**である、として宗教を広くとらえる見解を示しています。（津地鎮祭訴訟控訴審判決、名古屋高判昭46（1971）・5・14）したがって、人が宗教であると信じるものは全て宗教として取り扱われ、信教の自由は、既成宗教のみならず、新興宗教と呼ばれるさまざまな宗教をもその対象とするというのが一般的な理解です。なお、政教分離の原則における宗教については、「何らかの固有の教義体系を備えた組織的背景をもつもの」としてやや狭く理解されます。

4　信教の自由の制約

　信教の自由のうち、内心の自由である信仰の自由は、個人の心の中の問題ですから、絶対的な保障を受けます。これに対して心の中で信じる宗教を外部に行動として表す宗教行為や宗教上の結社の自由は、信仰に関してさまざまな見解を持つ人々からなる社会において共同生活を行なうために制約を受けることになります。しかし、これらは行動の自由とはいえ内面的な信仰の自由に深くかかわるため、安全・秩序・道徳といった一般的な理由で安易に規制されてはなりません。

　信仰上の理由から必修科目である体育の剣道実技を拒否して原級留置・退学処分になった市立工業高等専門学校の生徒をめぐって、学校における信教の自由が問題となった**剣道不受講事件**においては、生徒の拒否が「信仰の核心部分と密接に関係する真摯な」理由にもとづくものであり、他の種目などの代替的な方法によっても教育目的は達成できたにもかかわらず、それをせずに退学処分とした学校側の措置は「社会通念上著しく妥当を欠」き、「裁量権の範囲を超える違法なもの」であると判示しました（最判平8（1996）・3・8）。

加持祈祷事件　最大判昭38（1963）・5・15

　精神病治癒のために、線香護摩による加持祈祷を施して被害者を熱傷等によって死亡させた事件で、最高裁は僧侶の行為が著しく反社会的なものであるため、信教の自由の限界を逸脱したものである、と判示した。

滝行事件　熊本地判平25（2013）・3・22

　心身不調の女子中学生を僧侶が除霊のための滝行と称して拘束して顔面に水を浴びせて窒息死させた事件。熊本地裁は当該行為が、被告人の所属する宗教団体でも認められない方法であり、危険性が非常に高く、正当な宗教行為とはいえない、として懲役3か月6か月の実刑判決を言い渡した。

日曜日授業参観事件　東京地判昭61（1986）・3・20

　教会の日曜学校に出席するために、日曜日開催の授業参観を欠席した児童と両親が「欠席」の取扱いを争った事件。宗教的行為の自由も合理的な根拠に基づく一定の制約を受ける、として裁判所は訴えを斥けた。

オウム真理教事件　最決平8（1996）・1・30

　1995年3月、猛毒ガスのサリンを組織的に生成し、地下鉄中で散布して多くの死傷者を出したオウム真理教が、宗教法人法81条に基づいて裁判所から解散命令を受けた。裁判所は解散命令が教団の世俗的側面を対象にしており、信者の精神的・宗教的側面に容喙する意図ではなく、制度の目的も合理的であるため、必要でやむをえない法的規制だとした。

　オウム真理教に対しては破壊活動防止法の適用が見送られ、「無差別大量殺人行為を行った団体の規制に関する法律」（団体規制法）による観察処分が後継団体について更新・継続している。

世界平和統一家庭連合（旧統一教会）問題

　親の高額献金で生活が破綻した「宗教二世」と呼ばれる信者の子が旧統一教会への恨みを募らせた末の凶行とされる2022年7月の安倍晋三元首相銃撃事件をきっかけに、同教会が信者に求める高額献金や、選挙支援等による政治との癒着が明るみに出た。同教会には過去にも霊感商法等数多くの金銭トラブルと訴訟があり、政府は2023年10月に東京地裁に解散命令を請求した。

多様な宗教との共存

宗教上の戒律・生活習慣

主な宗教の戒律等

区分	信者数の人口比率		戒律・習慣
ムスリム（イスラム教徒）	インドネシア マレーシア パキスタン トルコ バングラデシュ	（87%） （61%） （96%） （99%） （88%）	○禁止又は嫌悪されている食材の例 ・豚及びアルコール（料理酒、みりん等も含む。）、宗教上の適切な処理が施されていない肉 ○その他 ・一日五回の礼拝を行う。 ・食事では、食材、血液、厨房、調理器具が教義に則っているかということに対して非常に敏感 ・イスラム暦9月に1か月の断食期間があり、期間中は夜明けから夜まで一切の飲食が禁止 ・女性は、家族以外の男性に対して髪を隠すことが礼儀正しい。 ・偶像崇拝が禁じられている。 ・イスラム教国では、金曜日が集団礼拝の日として休日になることが多い（安息日ではない）。
ヒンドゥー教徒	ネパール インド	（81%） （80%）	○禁止又は嫌悪されている事項 ・食材:肉全般、牛、豚、魚介類全般、卵、生ものなど ・左手を使うことは避ける。
ユダヤ教徒	イスラエル	（75%）	○禁止又は嫌悪されている事項 ・食材:豚、血液、イカ、タコ、エビ、カニ、ウナギ、貝類、ウサギ、馬、宗教上の適切な処理が施されていない肉、乳製品と肉料理の組合せなど ・安息日（7日を1週とする時の周期の最後の日:土曜日）には、一切の労働が禁じられている。

（注）1　信者数の人口比率は、外務省（http://www.mofa.go.jp/mofaj/area/index.html）及びJETRO（https://www.jetro.go.jp/world/asia/pk/basic_01.html）の数字を使用
　　　2　戒律・習慣は、「多様な食文化・食習慣を有する外国人客への対応マニュアル」（平成20年2月国土交通省総合政策局観光事業課作成）を参考として、当局が作成
　　　3　同宗教であっても、国や地域によって戒律の水準に差があり、また、個人によって解釈が異なる。

（総務省「宗教的配慮を要する外国人の受入環境整備等に関する調査 —ムスリムを中心として— の結果」平成29年12月11日）

考えてみよう5−4

主な参照条文 20条、89条

　市立Ａ小学校では夏の恒例行事である七夕祭を例年どおり計画し、学年通信に記載しました。すると一部の保護者から政教分離原則に違反するから中止すべきだ、とのクレームがありました。公立学校での七夕祭は憲法違反でしょうか？

1　政教分離原則と信教の自由の関係

　憲法が信教の自由を保障していても、国家が特定の宗教と結びつけば宗教的差別や圧迫を導き、個人の信教の自由が侵害されることは明治憲法下の日本を振り返れば明らかです。日本国憲法は20条1項後段及び3項で、国家の宗教的中立性を確保するために政治と宗教を分離する政教分離原則を規定しています。また、89条はこの原則を財政面から裏付けています。日本国憲法における政教分離の原則は国際的に見ても国家と宗教を厳格に分離する立場を採っています。

2　政教分離の内容

　政教分離原則は、国家が宗教的に中立であることを要請しますが、その具体的内容として、①**宗教団体が国から特権を受けること**を禁止しています。特権とは、特定の宗教団体を国教と定めたり、公認したりする他、あらゆる優遇的地位や利益を意味します。これに関して、宗教法人に対する法人税法や地方税法による非課税措置が問題になります。しかし、公益法人や社会福祉法人も同様に優遇されており、宗教が国民の生活において果たす役割が積極的に評価できることから、税制上の優遇は許容されると考えられています。

　また、政教分離原則は、②**宗教団体が政治上の権力を行使すること**も禁じています。この場合の、「政治上の権力」は、立法権・課税権といった統治的権力を意味し、政治活動そのものは禁じられていません。さらに、③**国やその機関が宗教教育その他の宗教活動を行なうこと**も禁じられています。ここでの宗教教育とは特定の宗教や宗派の布教・宣伝等のための組織的活動を意味しており、宗教的情操教育をおこなうことまでが禁止されているわけではありません。最後に、財政面からの担保として、④**宗教上の組織・団体への公金を支出すること**が禁止されています。

3　目的効果基準と政教分離原則の限界

　国と宗教の結びつきを一切禁止するといっても、両者の間に一切の関係が認められないとすれば、現実社会の運営に支障をきたします。例えば、多額の費用がかかる寺社仏閣の歴史的建造物の維持管理には国から補助金が出ています。また、私学助成金は、キリスト教系や仏教系の学校も対象です。刑務所・拘置所での教誨活動にも宗教者が関わっています。そこで、あらゆる国と宗教の結びつきを否定するのではなく、政教分離原則に照らして許されるかかわりか否かを判断することが必要になります。

　最高裁は、津地鎮祭事件判決において、宗教とのかかわりあいをもたらす行為の目的が**宗教的意義**を持ち、その効果が宗教に対する**援助、助長、促進または圧迫、干渉等**になる場合に、その行為は政教分離原則に違反する宗教的行為となる、という「**目的・効果基準**」を示しました。この基準により、忠魂碑移転・再建に伴う社会的儀礼としての慰霊祭に対する公金の支出が肯定された例（最判平5（1993）・2・16）の他、靖国神社・護国神社の例大祭への公金支出を違憲とした愛媛玉串料事件判決もあります。最高裁は、後の砂川空知太事件で総合的判断による手法を用いましたが、半年後の白山ひめ神社事件では再び目的と効果に言及しました。最近、市の管理する公園内に儒教の祖である孔子等を祀る孔子廟の設置を許可し、その敷地の使用料を全額免除したことを、最高裁は

総合的な判断によって違憲と判断しており（最大判令3（2021）・2・24）、目的・効果基準の取り扱いには議論があります。

　靖国神社については閣僚の公式参拝が問題になります。中曽根康弘首相による靖国神社公式参拝について、裁判所は公式参拝による信教の自由の侵害は否定しつつも、公式参拝が制度的に継続して行なわれれば靖国神社を援助、助長、促進する効果をもたらすので違憲の疑いがあると傍論で述べました。（福岡高判平4（1992）・2・28）大阪高裁も公式参拝をめぐる諸事情を総合判断して違憲の疑いが強い、と述べています。（大阪高判平4（1992）・7・30）最高裁は2006年に小泉純一郎首相による公式参拝について憲法判断を示さずに原告側の訴えを退け、2017年と2019年には安倍晋三首相の参拝についても、同様に合憲か違憲かの判断は示さず、「首相の参拝が原告らの信仰を妨げたり干渉したりするものではなく、損害賠償の対象とはならない」とした下級審の判断に対する原告側の上告を棄却しました。（最決平29（2017）・12・20、最決令元（2019）・11・21）

津地鎮祭事件　最大判昭52（1977）・7・13

　三重県津市が市立体育館の起工にあたって神式の地鎮祭を行い、公金を支出したことの合憲性が問題になった事件。最高裁は、政教分離原則が信教の自由の保障を間接的に確保するための制度的保障である、とした上で、地鎮祭は、工事の安全を願う世俗的（非宗教的）な目的で行われるものであり、効果においても神道を援助・助長したり、その他の宗教を圧迫・干渉したりするものではない、ため合憲とした。

砂川空知太事件　最大判平22（2010）・1・20

　北海道砂川市の市有地が神社に無償提供されていることの合憲性が争われた事例。最高裁は89条の禁止する公の財産の利用にあたるかどうかは、その宗教施設の性格、土地の無償提供の経緯と態様、これに対する一般人の評価などを考慮し、社会通念に照らして総合的に判断すべきである、とした上で、土地の無償提供は宗教施設への長期間の継続的な特別の便益提供に該当するため違憲と判示した。

　また、本件ではどのように違憲性を解消するかが注目された。氏子集団が神社施設の一部を移設あるいは撤去等し、市がその市有地の一部を氏子集団の総代表に適正な賃料で賃貸するとの当事者間の合意がそのための「合理的で現実的な手段」として認められた。（最判平24（2012）・2・16）

白山ひめ神社事件　最判平22（2010）・7・22

　石川県白山市長が市内にある神社の鎮座2100年の大祭奉賛団体の発会式で祝辞を述べた行為の合憲性が問題となった事件。最高裁は、その行為が市長としての社会的儀礼を尽くす目的で行われ、宗教的色彩を帯びない儀礼的行為の範囲にとどまる態様のものであり、特定の宗教に対する援助、助長、促進になるような効果を伴うものでもなかった、として合憲とした。

愛媛玉串料事件　最大判平9（1997）・4・2

　愛媛県が靖国神社・県護国神社に対して「例大祭」等のために玉串料等（22回に渡り計166000円）を支出したことが争われた。最高裁は目的・効果基準に照らして①その目的には宗教的意義があり、②その効果が神道に対する援助、助長、促進になる、として憲法の禁じる宗教的活動に該当する、と判示した。

皇室行事と政教分離

　「大喪の礼」や「即位の礼」のような神道の信仰に基づく皇室の行事に対して公金である宮廷費（平成30年度91億7145万円）を支出することの是非が問題になっている。平成31年5月の天皇の退位と新天皇の即位には35億6千万円が予算計上され、うち皇位継承に伴う「即位の礼」などの儀式関係費は16億5300万円が見込まれている。
［即位の礼でのさまざまな儀式］

即位礼正殿の儀

即位礼正殿の儀（松の間）

即位礼正殿の儀（松の間）

（宮内庁ホームページ http://www.kunaicho.go.jp/about/seido/seido06-ph.html）

考えてみよう6-1　主な参照条文　21条

　中学生の子どもがいるAさんは、あるテレビのバラエティ番組が子どもに悪影響を与えると考えて、放送を中止させてほしいと考えました。このような規制を国が行うことは可能でしょうか？

1 表現の自由とは

　思想・良心、信仰などの**内面的精神活動**は、外部に表明されて初めてそれをきっかけに意見の交換が始まるなど、社会的効用を発揮します。その意味で、表現の自由は非常に重要な権利です。

　表現の自由には、表現活動を通じて個人の人格を発展させるという個人的な価値（**自己実現**）だけではなく、主権者である国民が言論活動を通じて政治的意思決定に関与するという、社会的な価値（**自己統治**）があります。そのため、表現の自由は、最大限尊重しなければなりません。

2 知る権利とアクセス権

　表現の自由は、他者とコミュニケイトする自由であり、対等な市民が思想・意見を自由に交換するイメージが前提とされていました。しかし、20世紀になると、マス・メディアが発達し、表現の「送り手」としてのマス・メディアと、「受け手」としての一般国民という役割が固定化されてきました。また、情報化社会の到来により、個人や社会にとっての情報の役割が飛躍的に増大しました。そこで、情報の「受け手」である国民が、情報の受領を妨げられない権利（**知る権利**）が主張されるようになりました。知る権利には、政府の情報を求める権利（**情報公開請求権**）という側面もあります。主権者である国民が、国政に関する情報を十分に持っていてはじめて、有権者としての判断を下すことができるからです。しかし、国家が膨大な情報を有する現代では、いかなる情報をどのような範囲で開示するかは、法令により具体化する必要があると考えられています。そのため、最初は多くの地方公共団体で情報公開条例が制定され、国政レベルでは、1999年に**情報公開法**が制定されました。ただ、情報そのものが存在しなくては、情報公開法は絵に描いた餅となるため、2009年には公文書管理法が制定され、政府文書そのものの管理保存について定めるようになりました。

　この点に関連し、2013年に成立した、いわゆる特定秘密保護法は、日本の安全保障に関する情報のうち、特に秘匿することが必要な情報（特定秘密）を漏らした者に対する罰則が強化しました。これに対して、国民の知る権利を侵害する、特定秘密の範囲が不明確であるなどの批判があります。

　情報の受け手である国民が、情報の送り手であるマス・メディアに対して自己の意見を発表する場を求める権利（**アクセス権**）が主張されることがあります。インターネットの発達により、一般国民が意見を発表する場が増えてきていますが、それでも情報の影響力には大きな差があるため、アクセス権はこのような状況を是正すると考えられています。ヨーロッパでは、多くの国が、新聞などで批判された者が無料で反論文の掲載を求めることのできる権利（**反論権**）を法律で認めています。ただし、私企業であるマス・メディアは編集権を有しています。最高裁は、反論権の制度は、公的事項に関する批判的記事の掲載を躊躇させ、表現の自由を間接的に侵すおそれがあるとしています（最判昭62（1987）・4・24、サンケイ新聞事件）。

3 報道の自由（取材の自由）

表現の「送り手」と「受け手」との分離が顕著である現在では、国民が自己実現や自己統治のための情報を得るためには、マス・メディアの役割が欠かせません。最高裁も、テレビ局に取材フィルムの提出を命じることの合憲性が争われた**博多駅事件**において、「報道機関の報道は、民主主義社会において、国民が国政に関与するにつき、重要な判断の資料を提供し、国民の『知る権利』に奉仕する」と述べて、報道機関の報道の重要性を指摘しています（最大判昭44（1969）・11・26）。また、報道のためには取材が不可欠ですが、最高裁は、「憲法21条の精神に照らし、十分尊重に値する」と述べるにとどまっています。国民に判断材料を提供するためには、政府機関に対する取材が必要になりますが、このような取材は、公務員の守秘義務と衝突します。最高裁は、取材の方法が、「法秩序全体の精神に照らし相当なものとして社会観念上是認されるもの」であれば、正当な業務行為として違法性が阻却されると述べています（外務省秘密漏洩事件、最決昭53（1978）・5・31）。

4 放送の自由

マス・メディアのなかでも、「放送」については、新聞などの印刷メディアと比べ、様々な制約が課されています。最も問題となるのが、放送法4条が定める、放送は政治的に公平でなければならないなどとする公正原則です。放送用の電波が限られることや、強い社会的影響力を持つことが様々な規制が許される理由とされています。しかし、衛星放送やケーブルテレビなどの新しいメディアの出現や、放送と内容面で類似したサービスが通信の分野で提供されるなど、近年、メディア環境が大きく変わってきています。そのため、放送法4条を撤廃すべきであるとの意見もありますが、撤廃には慎重な意見も多くあります。

5 インターネット

今日ではインターネットが普及して、日常生活で必要不可欠なものとなっています。SNSなどを通じて、誰でも容易に情報を発信することができるため、一般国民が表現の「受け手」の地位を回復する可能性を持つものといわれています。他方で、侮辱や名誉毀損などの情報が大量に発信されるなどの問題も起きており、規制の是非も争われています。

外務省機密漏洩事件　最決昭53（1978）・5・31

日米での沖縄返還交渉についての密約を裏づける外務省の極秘電文が、外務省の女性事務官から毎日新聞記者へ流れたとして、事務官が国家公務員法109条12号、100条1項違反、記者が同法111条違反の容疑で逮捕・起訴された。

同法111条は、公務員が職務上知り得た秘密を漏らすように、そそのかした者を処罰する規定であるが、「報道機関の国政に関する取材行為は、国家秘密の探知という点で公務員の守秘義務と対立拮抗するものであり、時としては誘導・唆誘的性質を伴うものであるから、報道機関が取材の目的で公務員に対し秘密を漏示するようにそそのかしたからといつて、そのことだけで、直ちに当該行為の違法性が推定されるものと解するのは相当ではなく、報道機関が公務員に対し根気強く執拗に説得ないし要請を続けることは、それが真に報道の目的からでたものであり、その手段・方法が法秩序全体の精神に照らし相当なものとして社会観念上是認されるものである限りは、実質的に違法性を欠き正当な業務行為というべきである。」

BPO（放送倫理・番組向上機構）

放送については、NHKと民放連によって設置された第三者機関であるBPOという自主規制機関が、放送への苦情や番組倫理上の問題を審理・審議している。

BPOのHP（http://www.bpo.gr.jp/?page_id=912）より

考えてみよう6-2　　主な参照条文　21条

　児童ポルノに対する批判の高まりを受けて、児童ポルノ法が改正されて、未成年者が性的行為に従事しているらしくみえる写真、漫画、アニメ、CGなどの作成、所持、頒布が禁止されました。漫画家であるAさんは、同法が、作品の幅を狭め、表現の自由を侵害するのではないかと考えて、法学部出身の友人Bさんに尋ねました。Bさんは、どのように説明したらよいでしょうか。

1　わいせつ表現

　表現の自由があるからといって、どんな表現でも許されるわけではありません。わいせつ表現、名誉毀損的表現などは、その内容自体が保護すべき法益を侵害するものであり、憲法21条が保障する表現の範囲に入らないと考えられていました。しかし、そのように考えると、わいせつや名誉毀損を法律がどのように定義するかによって、本来許される表現まで規制されてしまうおそれが生じます。そこで、あらかじめ表現の自由の価値と規制する公共的利益のもつ価値とを類型的に衡量し、規制される表現の範囲をできるだけ限定して定義して、その定義に該当しない限り憲法の保障を及ぼす必要があると考えられるようになりました（**定義づけ衡量**）。

　わいせつ物の頒布については、刑法で罰則が定められています（刑法175条）。最高裁は、わいせつ性を「徒に性欲を興奮又は刺戟せしめ、且つ普通人の正常な性的羞恥心を害し、善良な性的道義観念に反するもの」と定義づけた**チャタレイ事件**（最大判昭32（1957）・3・13）以降、わいせつ概念を明確化しようとしています。「悪徳の栄え」事件（最大判昭44（1969）・10・15）では、わいせつ性は文書全体との関連性で判断すべきだとしました。さらに、「四畳半襖の下張」事件（最判昭55（1980）・11・28）では、わいせつ性は、文書における性描写の程度や比重、芸術性や思想性による性的刺激の緩和などを考慮して全体的に判断するとしました。そして、メイプルソープ写真集税関検査事件（最判平20（2008）・2・19）では、このような総合考慮の手法によって、男性の全裸写真を含む現代芸術家の写真集のわいせつ性を否定しています。

　関連して、児童ポルノの問題がありますが、具体的な児童という被害者が存在する点で、わいせつ表現とは性質が異なるため、より広い規制がなされています。また、漫画やアニメ、CGによる児童ポルノの規制も主張されていますが、これらには被害者がいないので、別に考えなければいけないとの批判もあります。

2　名誉毀損・プライバシー侵害

　名誉・プライバシーは憲法13条により保護されると考えられているので、表現との調整が必要になります。

　名誉毀損については、刑法で罰則が定められています（刑法230条）。しかし、歴史的にみれば、名誉毀損に関する法令は政府批判を取締まる口実として用いられてきたため、安易に規制を認めるわけにはいきません。そこで、戦後、刑法230条の2が設けられ、①事実が公共の利害に関係し、②その表現が専ら公益を図る目的でなされた場合には、③事実が真実であることの証明がされれば免責されるとしました。しかし、③の要件を満たすことは非常に困難であったため、最高裁は、③′「事実が真実であることの証明がない場合でも、行為者がその事実を真実であると誤信し、その誤信したことについて、確実な資料、根拠に照らし相当の理由があるとき」は、名誉毀損の罪は成立しないとしました（夕刊和歌山事件、最大判昭44（1969）・6・

25）。

　政治家などの私生活を暴露するなど、プライバシーを侵害する表現については、たとえ「私事」でも、公共の利益に関する情報であるとして、プライバシー保護の対象外となることがあります。特に、政治家などの公人のプライバシーが問題になる場合は、表現の自由が重視されます。これに対して、一般人のプライバシーが問題となった場合には、「石に泳ぐ魚」事件（最判平14（2002）・9・24）にみられるように、最高裁は、プライバシーを広く保護する傾向にあります。

　近年では、インターネット上における名誉毀損や侮辱が大きな問題となり、③´の要件を緩めるべきだとの意見もありますが、最高裁はこれを否定しています（最判平22（2010）・3・15）。2022年には侮辱罪の法定刑が引き上げられました。また、犯罪履歴など、インターネット上における自己の情報の削除を求める権利（忘れられる権利）や、リベンジポルノなども近年大きな問題となっています。

3　営利的表現

　商業広告のような営利的表現は、もともと経済的自由の問題と考えられていました。しかし、国民が消費者として様々な情報を受け取ることの重要性から、営利的表現も憲法21条の保護を受けると解されています。ただし、表現の自由の重点は、自己統治の価値におかれると考えられているため、営利的言論の保障の程度は、非営利的言論（政治的言論）よりも低いとする見解が有力です。最高裁は、営利的言論を、表現の自由の問題として捉えていません（最大判昭36（1961）・2・15）。

長崎教師批判ビラ配布事件　最判平元（1989）・12・21

　長崎の公立小学校教師は、他の教師らについて、校長の指示に従わずに通知表を作成したため、児童に通知表が交付されなかったとして、自らの認識により他の教師らを批判し、彼らの個人情報を載せたビラを配布した。そこで、他の教師らはこの教師に対して、名誉毀損に当たるとして、訴えた事件である。「公共の利害に関する事項について自由に批判、論評を行うことは、もとより表現の自由の行使として尊重されるべきものであり、その対象が公務員の地位における行為である場合には、右批判等により当該公務員の社会的評価が低下することがあっても、その目的が専ら公益を図るものであり、かつその前提としている事実が主要な点において真実であることの証明があったときは、人身攻撃に及ぶなど論評としての域を逸脱したものでない限り、名誉侵害の不法行為の違法性を欠くものというべきである。」

メイプルソープの写真集

ヘイトスピーチに焦点を当てた啓発活動

法務省 HP より

わいせつ概念の変化？

　昭和32年の大法廷判決後、「チャタレイ夫人の恋人」は、裁判で問題となった箇所を削除したものが出版されていたが、昭和48（1973）年以降、完訳版が出版されるようになった。このように、「社会通念」は変化するものであり、わいせつ性の判断基準として妥当か否かも議論されている。

「石に泳ぐ魚」事件　最判平14（2002）・9・24

　モデル小説『石に泳ぐ魚』は、主人公の容姿や生活から自分だとわかるように描かれているとして、公人でない女性が、名誉とプライバシー権が侵害されたと訴え、差止めが認められた。「公共の利益に係わらない被上告人のプライバシーにわたる事項を表現内容に含む本件小説の公表により公的立場にない被上告人の名誉、プライバシー、名誉感情が侵害されたものであって、本件小説の出版等により被上告人に重大で回復困難な損害を被らせるおそれがあるというべきである。したがって、人格権としての名誉権等に基づく被上告人の各請求を認容した判断に違法はなく、この判断が憲法21条1項に違反するものでない」。

考えてみよう6-3　　主な参照条文　21条

　A県の公立小中学校の教職員組合Bが、教育研究集会を開催するために、A県立中学校の施設を使いたいと申請しました。しかし、昨年度の研究集会でBと対立する団体が押しかけて、周辺住民から苦情が出たことがあったので、使用を拒否されました。Bは、使用の拒否は憲法21条に違反すると考えていますが、Bの訴えは認められるでしょうか？

1　集会の自由

　多数人が共通の目的をもって同一の場所に集まり、目的実現に向けた行動を行うことを**集会**といいます。集会は、表現の「受け手」であることが多い一般人が表現行為を行うのに最も手頃な手段であり、憲法21条は、言論・出版と並んで集会の自由を保障しています。

　集会の自由を行使するためには場所が必要となり、他の人の権利や自由と衝突することもあるため、それを調整するために規制を受けることもあります。他方で、集会に利用できるような場を持つ人は多くないため、集会の自由を実質的に保障するためには、道路や公園などの公の場所への自由なアクセスや、公の施設を利用できることが重要となります。地方自治法244条は、地方公共団体は「正当な理由がない限り、住民が公の施設を利用することを拒んではならない」としています。この点について、最高裁は、人の生命、身体又は財産が侵害され、公共の安全が損なわれる「明らかな差し迫った危険の発生が具体的に予想される」場合にのみ利用を拒むことができるとしました（泉佐野市民会館事件、最判平7（1995）・3・7）。日本教職員組合（日教組）が、教育研究集会のために、ホテルと宴会場の使用などを内容とする契約をしたが、ホテル側が、右翼の街宣などで周囲に迷惑がかかることを理由に一方的に宴会場の使用拒否をした事件では、東京地裁は、「集会は、その参加者が様々な意見や情報等に接することにより自己の思想や人格を形成、発展させ、また、相互に意見や情報等を伝達、交流する場となるものであるから、参加者は、集会に参加することについて固有の利益を有し、かかる利益は法律上保護されるべきである」として、損害賠償を認めました（東京地判平21（2009）・7・28　控訴審は東京高判平22（2010）・11・25）。

　近年では、不当な差別的言動を行う集団に対して、公の施設の利用を拒むことができるとするガイドラインを作成する自治体もありますが、これが集会の自由の不当な侵害とならないかが問題となっています。

2　集団行動の自由

　デモ活動などの集団行動は、「表現の自由」と捉えるか「動く集会」と捉えるかで意見が分かれますが、いずれにせよ21条1項で保障された権利となります。ただし、集団行動は、それが行われる地域の公共や安全にとって脅威となることもあるので、純粋な言論とは異なる調整が必要となります。道路を利用するデモ活動は、公衆の移動や身体の安全への配慮が必要となるため、公安条例は、集団行動を行う際に公安委員会へ届出ることまたは許可を受けることを求め、またその際にさまざまな条件を課す権限を公安委員会に与えています。最高裁は、一般的な許可制を定めることは許されないとしつつ、特定の場所や方法について合理的かつ明確な基準の下で許可制をとることは憲法上許されるとしています（最大判昭29（1954）・11・24）。ところが、東京都公安条例事件（最大判昭35（1960）・7・20）では、最高裁は、「平穏静粛な集団であっても、時に昂奮、激昂の渦中に巻きこまれ、甚だしい場合には一瞬にして暴徒と化」す危険が存在することは、「群集心理の法則と現実の経験に徴して明らかである」

とする、いわゆる集団暴徒化論に基づいて曖昧な許可基準の条例を合憲としました。

3　結社の自由

多数人が共通の目的をもって継続的に集まることを**結社**といいます。結社の自由は、団体を結成しそれに加入する自由、団体を結成しない自由、団体に加入しない自由、脱退する自由を意味します。ただし、弁護士会や税理士会など、専門的、技術的、公共的性格を有する団体などの場合には、**強制加入制**が許されることもあります。また、地域の自治会も事実上の強制加入団体であるといわれています。

結社の自由に基づき設立された団体は内部統制権を持ちますが、構成員の自由と衝突することもあります。最高裁は、労働組合の意向に反して市議会議員選挙に立候補した組合員を処分したことは、組合の統制権の限界を超え違法であると判断しました（最大判昭43（1968）・12・4）。

結社の自由は、一定の内在的制約に服します。例えば、犯罪を行うことを目的とする結社は認められません。破壊活動防止法は、公共の安全を確保するために、暴力主義的破壊活動を行った団体に対し、公安委員が集会や機関誌の印刷・頒布を禁止したり、団体の解散を行ったりできると定めています。これに対し、基本的人権の制限の範囲が広すぎるとの批判もあります。同法は、かつてオウム真理教への適用が検討されましたが、適用要件を欠くと判断されました。

広島市暴走族追放条例事件　最判平19（2007）・9・18

市内の広場で、数名と許可を得ないで周りに恐怖を与えるような集会を行った者が市の条例に基づいて立ち退くように命令を受けたが、その行為を続け、命令に違反した事件である。

「限定的に解釈すれば、本条例16条1項1号、17条、19条の規定による規制は、広島市内の公共の場所における暴走族による集会等が公衆の平穏を害してきたこと、規制に係る集会であっても、これを行うことを直ちに犯罪として処罰するのではなく、市長による中止命令等の対象とするにとどめ、この命令に違反した場合に初めて処罰すべきものとするという事後的かつ段階的規制によっていること等にかんがみると、その弊害を防止しようとする規制目的の正当性、弊害防止手段としての合理性、この規制により得られる利益と失われる利益との均衡の観点に照らし、いまだ憲法21条1項、31条に違反するとまではいえない。

反韓デモとカウンターデモ

（朝日新聞 2013年4月6日朝刊）

新潟県公安条例事件　最大判昭29（1954）・11・24

無許可で路上に集まり、デモを指導した者らが、逮捕・起訴された事件である。最高裁は、集団行動は、本来は自由な行為のため、条例で一般的な許可制を定めて事前に抑制することは許されないとした。しかし、特定の場所または方法について、合理的かつ明確な基準の下であれば、許可制とすることも憲法に反せず、さらに集団行動が、公共の安全に対し明らかな差迫った危険を及ぼすことが予見されるときは、許可せず禁止することも許されるとした。

暴力団と集会の自由

2012年に「暴力団員による不当な行為の防止等に関する法律」が改正され、市民に重大な危害を加え、更に同様の行為を繰り返すおそれがある暴力団を「特定危険指定暴力団」に、また、危険な抗争行為を起こし、更に同様の抗争行為を繰り返すおそれのある暴力団を「特定抗争指定暴力団」に指定して、指定された区域内での事務所の使用を制限し、また、不当な要求行為を行った者を、中止命令なしに逮捕できるようにした。これに対し、同法が結社の自由を侵害するのではとの主張もなされている。福岡地裁は、同法は公共の福祉の観点から必要かつ合理的な規制であると判断した（福岡地判平27（2015）・7・15）。

考えてみよう 7−1

主な参照条文　12 条、21 条、22 条

　Ａ県は、青少年の保護を理由に、暴力的な内容を含むゲームを 18 歳未満の子どもに販売・頒布することを禁止する条例を制定しました。中学生のＢ君は、大好きなゲームの続編が買えなくなり、不満に思っています。このような規制は許されるのでしょうか？

第7章　表現の自由の制限

1　表現の自由は無制約ではない

　前章では、表現の自由は非常に重要な権利であることを確認しました。しかし、表現の自由も、絶対的なものではなく、他者の人権との関係で制約されることがあります。

　そのため、国や自治体は、表現の自由を規制することがあります。たとえば、刑法は、他人の名誉を毀損するような表現に対して罰則を定めています。また、近年では、ヘイト・スピーチが大きな社会問題となっており、これを規制するかどうかについて議論がなされていますが、川崎市の条例を除いて、刑事罰を科す法令はありません。

　このような規制が正当なものであるかどうかには、注意しなければなりません。表現は、公権力を批判するための手段となります。そのため、歴史的に、公権力は自己に都合の悪い表現を規制してきました。刑罰を科される危険を冒してまで政府を批判するインセンティブは弱く、表現の自由は非常にもろい権利だと言われています。事前に表現活動を規制することは許されないというのは、基本的な原則です（**事前抑制の原則禁止**）。

2　公共の福祉と比較衡量論

　すべての人権は、公共の福祉による制約を受けます（→基本的人権総論）。表現の自由も例外ではありません。最高裁は、表現の自由は「極めて重要なものではあるが、……公共の福祉によって制限される」と述べています（最大判昭 32（1957）・3・13）。

　しかし、公共の福祉という言葉は具体的に何を指しているのか明らかではありません。公共の福祉の名のもとに、表現の自由が不当に侵害されてしまうおそれがあります。そのため、人権制約が「公共の福祉」に基づいているといえるかどうかを判断する基準が必要となります。そこで、具体的な事件の中で、人権の制限によって得られる利益と失われる利益とを比較して、得られる利益の方が大きい場合に限って制限を合憲とするという方法が考えられました。これは**比較衡量論**と呼ばれる考え方です。最高裁も、公務員の政治活動の自由の規制の合憲性が争われた事件（**猿払事件**）で、規制が公共の福祉に基いた必要かつ合理的なものとして是認されるかどうかを判断するには、「禁止の目的、この目的と禁止される政治的行為との関連性、政治的行為を禁止することにより得られる利益と禁止することにより失われる利益との均衡の三点から検討することが必要である」であるとしました（最大判昭 49（1974）・11・6）。

3　二重の基準論

　表現の自由を規制する法律の合憲性は慎重に審査されなければなりません。しかし、比較衡量論には、①比較の基準が明確ではない、②国家の利益と個人の利益を比較する場合、国家の利益の方が重視されがちとなる、などの問題があります。そこで、現在広く支持されているのが「**二重の基準論**」という考え方です。二重の基準論とは、表現の自由などの精神的自由を規制する立法の合憲性は、経済的自由を規制する立法の合憲性より厳格に審査されなければならない、とする考え方です。厳格に審査するとは、規制立法が違憲である可能性が高いとの基本姿勢で臨むことです。これに対し、経済的自由を規制する法律の場合

は、議会の判断を尊重して緩やかな審査で足りると考えられています。

二重の基準論の根拠としては、様々なものが挙げられますが、まず表現の自由は民主主義の政治過程を維持するのに不可欠である点が挙げられます。経済的自由を侵害する立法ならば、政治過程、つまり選挙や世論形成を通じて、規制立法を廃止することができます。しかし、精神的自由を侵害する立法の場合は、それにより民主主義の政治過程が阻害されてしまうので、選挙や世論形成を通じて廃止することが困難になります。そこで、非政治機関である裁判所が救済する必要があります。また、経済的自由を規制する立法の合憲性を判断するには、諸利益の調整と政策的な判断が必要です。裁判所は、その組織・権限の特性からみて、そのような問題を判断する能力に乏しいため、議会の判断を尊重すべきだと考えられています。

二重の基準論は、もともとはアメリカで生まれた考え方です。最高裁は、**小売市場事件**や**薬事法違憲判決**（→9章）などにみられるように、不十分ながら二重の基準を受け入れていると考えられています。ただし、最高裁は、「職業の自由は、……いわゆる精神的自由に比較して、公権力による規制の要請がつよ」い（最大判昭50（1975）・4・30）として、経済的自由には厳格な審査は必要ないと述べているだけで、精神的自由には厳格な審査が必要であるとは述べていません。

日本における表現の自由

2023（令5）年の報道の自由度ランキングでは、日本は180か国中68位で、G7の中で最下位だった。また、2016（平成28）年に「表現の自由」国連特別報告者が訪日して、メディアの独立やヘイトスピーチなど、日本の表現の自由に関するさまざまな問題についての報告をまとめ、日本政府に対して、特定秘密保護法を改正することなどを勧告した。

人権侵害の内容

「人権が侵害されたことがある」かどうかという問いに対する回答のうち、回答数の多かった順に5項目は以下の通り。

1	あらぬ噂、他人からの悪口・陰口	54.4%
2	職場での嫌がらせ	30.1%
3	名誉・信用毀損、侮辱	22.9%
4	プライバシーの侵害	18.8%
5	学校でのいじめ	18.1%

（内閣府大臣官房政府広報室「人権擁護に関する世論調査」（令和4年8〜9月調査）をもとに作成）

青少年インターネット利用環境整備法の概要

2008（平20）年に制定された「青少年が安全に安心してインターネットを利用できる環境の整備等に関する法律」（平20法79）は、18歳未満の青少年が適切にインターネットを活用する能力を身につけるように必要な措置を講ずるとともに、ネット上の有害なサイト等の閲覧を制限するフィルタリングの普及などを通じて、青少年が安全に安心してインターネットを利用できるようにすることを目的としている（→2章）。

同法は2018（平30）年に改正され、フィルタリング義務の対象機器を携帯電話端末だけでなく携帯電話回線を利用してインターネットを閲覧できる機器に拡大した。

青少年が安全に安心してインターネットを利用できる環境の整備等に関する法律の概要

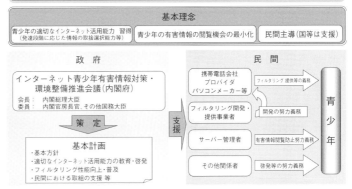

（内閣府「モバイルインターネット環境の法整備状況と展望」（平成21年3月3日）より　http://www8.cao.go.jp/youth/youth-harm/koho/pdf/090303.pdf）

考えてみよう7-2　主な参照条文 21条

Aさんは、ある法案に反対しており、その意見を多くの人に伝えたいと考えていました。そこで、自分の主張を記載したビラをマンションの集合ポストに投函していたら、住居侵入罪で逮捕されてしまいました。しかし、そのポストには、ピザなどの出前のビラも配られていました。Aさんはどのような主張ができるでしょうか？

1　表現の自由に対する規制

表現の自由を規制する立法の合憲性は厳しく審査されるべきだと考えられています。しかし、表現の内容や規制立法の態様は様々です。これらを同じように扱ってよいのか、という問題があります。

個人の内面にとどまる思想とは異なり、表現は外部への働きかけを伴います。そのため、他人の権利と衝突することがあります。そこで、国や自治体は、他人の権利や利益を守るために、特定の表現を規制しようとしています。これらの規制立法の合憲性は厳しく審査されるべきだと考えられています（二重の基準論）。しかし、それだけでは、様々な表現の内容や規制立法の態様に即した扱いができません。そこで、表現の種別や規制立法の態様の違いに応じた、異なる審査基準が必要になります。表現の自由の規制類型は、①検閲・事前規制、②漠然不明確または過度に広汎な規制、③表現内容規制、④表現内容中立規制、の4つに大別されます。

2　検閲・事前抑制

検閲は、公権力が、ある表現が規制の対象になるかを発表前に審査するものであり、判断が恣意的になってしまうため、公権力にとって不都合な表現が妨害されやすくなります。その意味で、検閲は表現の自由に対する最も強い規制といえます。そこで、憲法は、別個の条文を設けて検閲を禁止しています（21条2項）。

判例は、検閲の主体を行政権に限るなど、検閲の概念を狭くとらえています。輸入書籍等が輸入禁制品にあたるとされたことを不服として税関検査の合憲性を争った**税関検査事件**（最大判昭59（1984）・12・12）で、最高裁は、検閲とは「行政権が主体となって、思想内容等の表現物を対象とし、その全部又は一部の発表の禁止を目的として、対象とされる一定の表現物につき網羅的一般的に、発表前にその内容を審査した上、不適当と認めるものの発表を禁止すること」と定義しました。そして、この定義に該当する検閲は絶対に禁止されるとしました。

また、最高裁は、検閲にあたらない場合でも、公権力が表現を発表前に禁止することは、憲法21条1項により原則的に禁止されるとしています。この点で問題となるのが、裁判所による事前差止めです。裁判所による事前差止めは、公正な法の手続によるものなので、表現を差し止めないと人の名誉やプライバシーに取り返しがつかないような重大な損害が生じる場合など、例外的な場合には、厳格かつ明確な要件のもとで許されると考えられています。最高裁は、雑誌の印刷・販売の差止めが問題となった**北方ジャーナル事件**において、①内容が真実ではなく、②専ら公益を図るものではないことが明らかで、③取り返しのつかない重大な損害が生ずる場合には、事前の差止めが許されるとしました（最大判昭61（1986）・6・11）。

3　漠然不明確または過度に広汎な規制

表現を規制する法律は、明確でなければなりません（**明確性の理論**）。なぜなら、何が処罰対象となるかどうかがわからないような不明確な規制の場合、処罰を恐れて表現が差し控えられてしまうからです（**萎縮効果**）。そこで、規制の文言が漠然としており、どんな表現が規制

されるのかわかりにくい法令の規定は、文面上無効となります（**漠然性ゆえに無効の法理**）。また、明確な規定でも、規制の範囲が広すぎる可能性がある規定もまた文面上無効となります（**過度の広汎性ゆえに無効の法理**）。

4　内容規制と内容中立規制

内容規制とは、ある表現を、それが伝達するメッセージを理由に制限する規制です。内容規制は、権力者が自己に都合の悪い表現内容を規制したのではないかという疑いが強く、表現行為への影響が大きいと考えられています。そこで、内容規制には**厳格な審査**を用いるべきだとされます。この場合、立法目的が「やむにやまれぬ必要不可欠な利益」を促進するかどうかや、手段が目的を達成するための必要最小限度であるかどうかが審査すべきだと考えられています。

内容中立規制とは、混雑する時間帯や場所でのビラ配りの規制、大音量のスピーカー規制など表現をそれが伝達するメッセージの内容や伝達効果に直接関係なく、時、場所、方法などの表現の態様に着目した規制です。この場合、表現の他の回路（ほかの時間、場所、方法など）が存在すること通常で、表現行為に対する影響も内容規制よりは小さいと考えられています。そのため、表現内容規制と比べ、制約の審査基準は緩やかでよいとされます。この場合、立法目的が重要なものであるかどうかや、その目的を達成するために「**より制限的でない他の選びうる手段（LRA）**」がないかどうかが審査すべきだと考えられています。

ただし、ある特定の内容のビラだけが特定の場所から締め出されるなど、内容中立規制が実質的に内容規制として適用される場合もあります。近年では、露骨な内容規制は少なくなり、内容中立規制という形で巧妙な規制がなされることが多くなっています。また、ある手段や場所で表現するからこそ意味があるという場合もあります。これらの理由から、内容中立規制であっても、裁判所は慎重に審査するべきだという意見もあります。

検閲と教科書検定

学校では、文部科学大臣の検定を経た教科用図書（教科書）を使用するものとされているが（学校教育法34条）、この教科書検定が「検閲」に当たらないのか争いがある（家永訴訟、高嶋訴訟）。

教科書という性質上、記述内容につき中立・公正・一定水準の確保、子どもの発達段階に応じた配慮等の必要性を認めざるを得ず、検定それ自体が違憲であるとまではいえない（最判平5（1993）・3・16）。ただし、思想内容等に審査が及ぶ場合や、教育に対する不当な介入が生じたときには「適用上の違憲」となる余地もあろう（東京地判昭45（1970）7・17［杉本判決］）。

2014年の検定基準の改訂により、政府見解がある場合にはそれに基づいた記述にすることなどが求められる。2021年4月27日の閣議において、「従軍慰安婦」ではなく「慰安婦」という単語を用いることが適切である旨示されたため、教科書会社はこれに沿った訂正申請をすることとなった。

教科書採択をめぐる問題

2011年、教科用図書八重山採択地区協議会で、次年度の中学の公民教科書として、自虐史観の克服などを掲げる育鵬社版が選ばれた。これに反対する竹富町教育委員会は、独自に東京書籍版を選んだ。同じ地区では同じ教科書を使う決まりがあるため、混乱が起こり、文部科学省が竹富町教育委員会に対して是正要求を出す事態に発展した。最終的には、2014年に教科書無償措置法が改正され、市町村単位で教科書を選べるようになり、竹富町が独自に教科書を選ぶことが可能になった。

警視庁検閲課の様子1938（昭和13）年

（写真週報14号。画像は、国立公文書館アジア歴史資料センター（http://www.jacar.go.jp）より）

考えてみよう 7-3

主な参照条文 13条、21条2項

Aさんはある事件の加害者と同姓同名であるために勘違いされ、ある掲示板でひどい誹謗中傷を受けました。そこで、Aさんは損害賠償を求める訴訟を提起しようと思いました。しかし、誰が発言者なのかわからないため、Aさんは、プロバイダに対し、発言者の情報の開示を請求しました。Aさんの請求は認められるでしょうか？

1 通信の秘密の意義

憲法21条2項後段は、**通信の秘密**を保障しています。通信とは、手紙や電話、Eメールなど、個人間で相互に意思や情報を伝達しあうことを意味しています。通信は、他者に対して意見を伝達するという、一種の表現行為といえます。しかし、21条1項が保障する表現の自由とは違い、特定人の間の意思の伝達を保護することを主な目的としていると考えられています。その意味で、通信の秘密の保障は、プライバシーの権利（憲法13条）及び住居の不可侵の原則（憲法35条）とその趣旨を同じくするものと解されています。このような通信の秘密の保障は、通信の内容だけでなく、その差出人（発信者）・受取人（受信者）の氏名や住所、通信の日時や個数など、通信の存在自体に関する事柄にも広く及ぶと考えられています。今日では、通信技術の発達とともに、通信の秘密を侵害する手段が巧妙になっています。そこで、通信の秘密の保護が重要な問題となっています。

2 インターネットと通信の自由

近年、インターネット上での名誉毀損や誹謗中傷が大きな問題となっています。そのような問題に対応するためには、発信者が誰なのかを被害者が知る必要があります。そのため、プロバイダ（インターネット接続事業者）に対して、発信者情報の開示を求めることになりますが、プロバイダは「通信の秘密」を守る義務を課せられています。そこで、2002年に**プロバイダ責任制限法**を制定し、個人の権利の侵害がある場合には、プロバイダは発信者情報の開示と書込みの削除ができるようになりました。ただし、通信の秘密を考慮して、開示が認められるためには厳しい要件が定められています。この法律により、プロバイダが名誉毀損などの被害者や、情報の発信者に対して責任を負う場面が限定されました。誹謗中傷などの問題に対応するために、同法は2022年に改正され、発信者情報の開示を1つの手続で行うことを可能とする「新たな裁判手続」（非訟手続）の創設や開示請求を行うことができる範囲の見直しなどが定められました。

3 通信の秘密の限界

通信の秘密は手厚く保護されていますが、それにも限界はあります。たとえば、刑事捜査のための郵便物の押収や、破産法による破産者宛ての郵便物の破産管財人による開封、関税法による郵便物の差押えなどがあります。これらの規制の合憲性については、十分に検討されていないのではないかとの疑問も示されています。

受刑者が新聞社に宛てて、刑務所内の受刑者の処遇について取材を求める手紙を発信しようとしたところ、刑務所長がそれを許可しなかった事案では、最高裁は、監獄法46条（現、刑事収容施設及び被収容者等の処遇に関する法律127条、128条）の趣旨に基づき、必要がある場合に信書の発受を制限することは憲法21条2項等に反しないとしました（最判平18（2006）・3・23）。ただし、裁判所は、「憲法21条の規定の趣旨、目的にかんがみ……、監獄内の規律及び秩序の維持、受刑者の身柄の確保、受刑者の改善、更生の点において放置することのできない程度の障害が生ずる

相当のがい然性があると認められる場合に限って、これを制限することが許され……、その制限の程度は、上記の障害の発生防止のために必要かつ合理的な範囲にとどまるべき」としています。最高裁は、「信書の発受の必要性は広く認められ」るとしています。

　最近では、海賊版サイトなどの違法サイトのブロッキングが、利用者の全ての通信を確認する仕組みが必要となることから、通信の秘密の侵害とならないかが問題となっています。

4　通信の「傍受」と「盗聴」

電話の盗聴などの通信傍受は、犯罪を摘発するための有効な手段といえます。しかし、通信傍受は通信の秘密を侵すのではないかが問題となります。日本では長い間、法律上の明確な根拠がないまま、一部の犯罪捜査で通信傍受が行われてきました。最高裁は、「電話傍受は、通信の秘密を侵害し、ひいては、個人のプライバシーを侵害する強制処分であるが、一定の要件の下では、捜査の手段として憲法上全く許されないものではない」としています。

　1999年には「**通信傍受法**」が制定され、薬物関連犯罪などの特定の犯罪について、一定の要件のもとで、裁判所が発する傍受令状に基づいて、犯罪捜査のために通信を傍受することが認められました。しかし、通信傍受が許される要件が不明確である点や、傍受された人への事後救済が不十分である点などが批判されています。

通信傍受の要件

　最高裁は、通信傍受の要件として、「重大な犯罪に係る被疑事件について、被疑者が罪を犯したと疑うに足りる十分な理由があり、かつ、当該電話により被疑事実に関連する通話の行われる蓋然性があるとともに、電話傍受以外の方法によってはその罪に関する重要かつ必要な証拠を得ることが著しく困難であるなどの事情が存する場合」で、「電話傍受を行うことが犯罪の捜査上真にやむを得ないと

認められるときには」、電話傍受は憲法上許されるとした（最決平11（1999）・12・16）。1999年に制定された通信傍受法も同様の要件のもとで通信の傍受を認めている。

通信傍受法に基づく犯罪捜査

　京都府警察本部長から各部長、所属長あて「通達」（最終改正　平成19.10.12）によれば、傍受を行う際には、捜査主任官、傍受実施主任官及び通信記録物等管理者が指名され、名簿に必要事項を記載することと

なっている（下図を参照）。

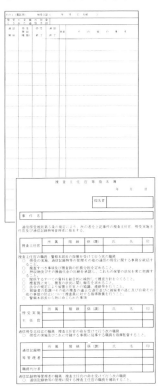

(http://www.pref.kyoto.jp/fukei/site/soumu_j/kunrei/img/keiki20001120-1.pdf)

インターネット上の違法・有害情報への対応に関する概要

違法な情報		違法ではないが有害な情報	
権利侵害情報 ○○はヤブ医者である（名誉毀損） 海賊版サイト（著作権侵害）	**その他の違法情報** 児童ポルノ・わいせつ物 麻薬・危険ドラッグの広告	**公序良俗に反する情報** 死体画像（人の尊厳を害する情報） 自殺を誘引する書込み	**青少年に有害な情報** アダルト、出会い系サイト 暴力的な表現

国による制度整備	事業者団体による自主的取組
プロバイダ責任制限法 ●権利侵害情報に関して、プロバイダが情報の削除を行わなかった場合・行った場合のそれぞれについて、プロバイダの損害賠償責任の免責要件を規定 ●権利侵害情報に関して、プロバイダが保有する発信者の情報の開示を請求できる権利を規定	**契約約款モデル条項** ●誹謗中傷の書込み等を禁止事項とし、これに反する場合の削除等を規定する利用者との約款のモデルを提示 **関係ガイドライン** ●具体的に削除すべき事例や参照すべき裁判例を示した各種ガイドラインを作成

相談への対応 → 違法・有害情報相談センターの設置・運営
●インターネット上に流通した違法・有害情報による被害の相談を受け付け、具体的な削除請求の方法等をアドバイス

総務省HPより https://www.soumu.go.jp/main_sosiki/joho_tsusin/d_syohi/ihoyugai.html

考えてみよう8−1　　主な参照条文 22条

　Aさんは飲食店チェーンを経営しています。コロナ禍の感染蔓延防止を目的とする行政による営業自粛や時短要請は、科学的な根拠もなく外食産業を狙い撃ちするように思えて納得できません。これらは「営業の自由」を侵害しないのでしょうか。

1　経済的自由権とは

　人が生きてゆくためには経済的手段が必要であり、憲法は職業選択の自由、居住・移転の自由、財産権等の経済的自由権を保障しています。経済的自由権は、個人や企業による自由な市場での競争が個人や社会の繁栄をもたらすと考える自由主義市場経済（資本主義）を支える人権です。しかし、資本主義の進展により富が一部の人々に集中し、著しい貧富の差や資本家による労働者の搾取、大企業等の社会的権力の増大等の問題が生じました。そこで、国家は**社会的経済的弱者**を保護するために経済活動を規制するようになりました。社会権を保障し、現代立憲主義的憲法としての側面を持つ日本国憲法は、経済的自由権に対する公共の福祉による制約を明示し、特に社会的弱者を保護する政策のための法律に基づく広範な制約を予定しています。

　一部の者が富や職業を独占する状態では自由な競争は実現しません。経済的自由権の保障にはまず自由競争のための地ならしが必要であり、戦後の**財閥解体**や**農地改革**（農地解放）はその例です。

2　職業の自由

　職業をその人の身分に応じて固定すると、個人の幸福や自己実現のみならず、社会・経済の発展をも阻害してしまいます。近代社会の成立以降、それまで各自が属する身分・団体によって決められてきた職業は、人々が自由に選択するものへと変化しました。22条1項は、一般に「**職業選択の自由**」を保障する規定であり、自分の従事する職業を選択する自由が保障されます。しかし、職業を選ぶことだけでなく、選んだ職業を実際に営めなければ意味がありません。そこで、同規定は「職業選択の自由」と共に「**営業の自由**」（「職業活動の自由」ともいう）をも保障し、両者をまとめて「**職業の自由**」と呼んでいます。

3　営業の自由に対する規制

　営業の自由に対する規制は、その目的に応じて①**消極目的規制**と②**積極目的規制**に分類されます。前者は、自由な経済活動を許すと国民の健康や安全に弊害が及ぶ可能性があるので、それを予防するための規制（**警察的規制**）です。例えば、自由な公衆浴場の新規開設が公衆浴場の濫立と過当競争をもたらし、経営不安から経費削減する公衆浴場の設備が不衛生になると、国民の健康にとって危険なので新規開設を規制する場合がこれに当たります。

　後者は、現代的な福祉国家の理念に基づいて弱者を保護し、社会経済の調和のとれた発展のために自由な経済活動を規制するもの（**社会的規制**）です。例えば、前述の公衆浴場の例で、経営不安に陥った公衆浴場が廃業・転業すると、その公衆浴場に頼っている自家風呂を持たない社会的弱者の生活に支障をきたすため、距離規制によって新規開設を制限する場合がこれに当たります。

4　営業規制の合憲性

　営業規制の合憲性は、規制の目的に応じて考えられてきました。消極目的規制に分類される規制については厳しく審査され、営業規制以外のより緩やかな手段がない場合に限って合憲となります（→7章）。薬局の新規開設における距離規制が争われた事件では、薬局が濫立すると過当競争を招き、その結果粗悪な医薬品が出回って国民の生命・健康に弊害を与えることを回避するための消極目的規制が問題

第8章　経済的自由

になりました（薬事法事件）。最近ではコロナ禍に感染対策として東京都が発出した新型インフルエンザ等対策特措法にもとづく営業時間の短縮命令を飲食店運営社会が争った例もあります（東京地判令4（2022）・5・16）。これに対し、積極目的規制には規制が著しく不合理なことが一見して明白な場合を除いて合憲となります。ただし、営業の自由に対する規制の目的は、この二つが複合的に並存する場合（公衆浴場事件　最判平元（1989）・3・7）や、いずれにも分類できない場合もあります（どぶろく裁判　最判平4（1992）・12・15）。

　社会のデジタル化やコロナ禍によって消費生活が大きく変化する中、インターネットを介して個人と個人・企業等の間で活用可能な資産（場所・物・スキル）をシェア（売買や貸借等）する、シェアリング・エコノミーが新しい経済の形として急速に市場を拡大しています。国内でも増加する訪日外国人観光客や、少子高齢化社会のニーズに対応したビジネスモデルとして注目され、旅館業や公共交通事業に対する営業規制を見直す動きが見られます。例えば、タクシー運転手の人手不足が深刻となる中、一般のドライバーが自家用車を使って有償で乗客を送迎するライドシェアの解禁に向けた議論が始まっています。

薬事法事件　最大判昭50（1975）・4・30

　自由な薬局の新規開設を制限する薬事法の距離規制が争われた事例。最高裁は、自由な薬局開設を認めれば不良医薬品が供給される危険が生じる、という想定は因果関係に無理があり、距離規制には必要性も合理性もない、と判示した。また、不良医薬品を販売する薬局について行政が個別に取り締まり、営業を停止する等ができるので、一律に新規の薬局開設を制限しなくても目的は十分に達成できる、として距離規制を違憲と判断した。

小売市場距離制限事件　最大判昭47（1972）・11・22

　小売市場の開設を許可する条件として既存の小売市場から一定の距離以上離れていることを要求する規制が争われた事例。最高裁は、経済的な基盤の弱い小売商を保護するための措置であり、その目的には一応の合理性があり、規制手段・態様においても著しく不合理であることが明白とは認められない、として距離規制を合憲と判断した。

公衆浴場の距離制限

公衆浴場法

2条　①業として公衆浴場を経営しようとする者は、都道府県知事の許可を受けなければならない。
②都道府県知事は、公衆浴場の設置の場所若しくはその構造設備が、公衆衛生上不適当であると認めるとき又はその設置の場所が配置の適正を欠くと認めるときは、前項の許可を与えないことができる。但し、この場合においては、都道府県知事は、理由を附した書面をもつて、その旨を通知しなければならない。
③前項の設置の場所の配置の基準については、都道府県が条例で、これを定める。
④　都道府県知事は、第二項の規定の趣旨にかんがみて必要があると認めるときは、第一項の許可に必要な条件を附することができる。

大阪府公衆浴場法施行条例
（設置の場所の配置の基準）
4条　法第2条第3項の設置の場所の配置の基準は、一般公衆浴場の敷地が他の一般公衆浴場（その経営について法第2条第1項の許可がされているものに限る。以下「既設の一般公衆浴場」という。）の敷地から、市の区域にあってはおおむね二百メートル以上、その他の区域にあってはおおむね二百五十メートル以上離れていることとする。

営業の自由に対するさまざまな規制形式とその具体例

規制の形式	具体例
届出制	クリーニング業法5条、理容師法11条など
登録制	電気通信事業法9条、旅行業法3条など
許可制	鉄道事業法3条、電気事業法3条、ガス事業法3条、建設業法3条など
資格制	医師法2条、弁護士法4条など
特許制	電波法4条、軌道法3条など
国家独占	旧郵便事業、旧電気通信事業、たばこ・塩の専売など

海外におけるシェアリング・エコノミー型サービスの例

事例名称	時期	概要
Airbnb	2008年8月開始	保有する住宅や物件を宿泊施設として登録、貸出できるプラットフォームを提供するWEBサービス。190カ国超の34,000超の都市で100万超の宿が登録されている。
Uber	2010年6月開始	スマートフォンやGPSなどのICT技術を活用し、移動ニーズのある利用者とドライバーをマッチングさせるサービス。高級ハイヤーを配車するUber、低価格タクシーを配車するuberX、既存のタクシーを配車するUber TAXIなどのサービスを提供。

総務省「社会課題解決のための新たなICTサービス・技術への人々の意識に関する調査研究」（平成27年）

考えてみよう8-2　　主な参照条文　22条

ポスト・コロナの観光客急増によるオーバーツーリズム（観光公害）がもたらす環境破壊が懸念されるA島では、世界自然遺産への登録をきっかけに、一日あたりの入島者を1200人までに制限することとなりました。憲法はそのような制限を許すでしょうか。

1　居住・移転の自由の保障内容と性質

　居住・移転の自由は、自分の住所または居所を自分の好むところに自由に決定し、また移動することを保障しています。身分制によって経済活動を含む人々の生活が領地内に制限された封建時代には、こうした自由は認められませんでした。その後、人々が身分や土地から解放され、自由に行き来できるようになったことで自由な経済活動が実現した歴史的経緯から、居住・移転の自由は経済的自由権の中に位置づけられてきました。

　しかし、居住・移転の自由は、身体の拘束を解くという意味では人身の自由とも密接にかかわります。また、自由なコミュニケーションが可能になるという側面からは、**精神的自由権としての要素**も併せ持つと考えられます。したがって、規制する場合には経済的自由権として一括に広く制限を認めるのではなく、これらの性質を考慮してそれぞれの場合に応じた具体的な検討が必要です。

2　海外渡航の自由

　居住・移転の自由の下で、海外渡航を含む「**旅行の自由**」が保障されると考えられています。海外渡航には旅券法によって旅券（パスポート）の所持が義務付けられます。帆足計事件では同法13条にもとづく外務大臣による旅券発給拒否が争われ、合憲と判断されました。しかし、海外渡航の自由の精神的自由の側面に照らせば、同法が示す発給拒否の基準は不明確で違憲の疑いが強い、との見方もあります。

　過激派組織による日本人人質殺害事件など渡航の安全への懸念が高まる中、中東への渡航を計画していたジャーナリストに対する、旅券法にもとづく旅券返納命令の強制的な渡航禁止措置が報道の自由の観点から争われました。

3　居住・移転の自由の制約

　憲法は居住・移転の自由に、「**公共の福祉に反しない限り**」という条件をつけており、いくつかの場合について制約が問題になります。

　例えば、親権者は**未成年の子**の居所指定権を持つ（民法821条）ため子は自由に居所を決定することはできません。**勾留の執行を停止された刑事被告人**は住居制限を受けます（刑事訴訟法95条）。また、**破産者**は裁判所の許可を得ない限り、居住地を離れることはできません（破産法37条①）。**住所を変更した者**は、14日以内に届出ることが義務づけられています（住民基本台帳法22、23条）。最近の例では**原発事故による警戒区域等の指定**や、**世界遺産指定地域への立入り制限**、**火山活動に伴う入山規制**等があります。これらの規制はそれぞれの立法目的に応じた例外的な合理的制約と考えられています。

　公衆衛生上の理由による制約としては、感染症患者の**措置入院**や、**隔離**、**停留措置**があります。しかし、旧らい予防法による強制隔離措置は、特定の疾病を持つ患者の居住移転の自由ばかりでなく、人身の自由や幸福追求権を大きく制限するため、隔離の必要性に十分な根拠が必要です。新型コロナ対策の根拠法のひとつである感染症法は2021年の改正で感染拡大を防止するために、入院を拒否したり、入院先から逃亡したりする患者に罰則を科すことになりました。しかし、このような罰則の導入には差別や偏見を助長するとの批判も少なくありません（→3章、14章）。

帆足計事件　最大判昭33（1958）・9・10

冷戦下の1952年2月に元参議院議員の帆足計がモスクワでの国民経済会議に出席するために旅券を請求したが、外務大臣がその発給を拒否したことが争われた。最高裁は、旅券法13条1項5号（現7号）は外国旅行の自由に対し『公共の福祉』のために合理的な制限を定めたものとして合憲とした。この判例は後の事件でも踏襲されている（最判昭60（1985）・1・22）。

旅券法13条

外務大臣又は領事官は、一般旅券の発給又は渡航先の追加を受けようとする者が次の各号のいずれかに該当する場合には、一般旅券の発給又は渡航先の追加をしないことができる。
…
7　前各号に掲げる者を除くほか、外務大臣において、著しく、かつ、直接に日本国の利益又は公安を害する行為を行うおそれがあると認めるに足りる相当の理由がある者

ジャーナリストの渡航の自由

2015年2月、シリアでの取材を計画していたカメラマンが外務省と警察による渡航自粛要請を聞き入れず、旅券返納命令を受けた。新たな旅券発給申請に対しては、イラクとシリアへの渡航を制限する条件付き旅券が交付されたという。カメラマンは、憲法が保障する渡航や報道の自由が侵害されたと主張して返納命令の取り消しを求めて提訴したが、「憲法がいかなる場合にも生命・身体より報道の自由を優先する、としているわけではない」等として原告側の主張を認めなかった下級審判決を支持した最高裁はカメラマン側の上告を退けた（最決平30

（2018）・3・15）。

2019年2月にはイエメンを取材するために出国しようとしたフリージャーナリストが羽田空港で旅券返納命令を受けた例もある。渡航の自由への制限を考える際には、邦人の安全確保と共に、危険な紛争地帯での報道を誰が担うかという視点も重要である。

パスポート

原発事故に伴う警戒区域及び避難指示区域（計画的避難区域を含む）

（経済産業省ホームページ http://www.meti.go.jp/earthquake/nuclear/pdf/130807/130807_01f.pdf より）

自然保護法の利用調整地区制度による知床五湖の散策制度

地上遊歩道
ヒグマ活動期

※5/10 ～ 7/31
　知床五湖登録引率者に登録された自然ガイドの引率＜有料＞で、少人数による静かな散策を楽しむ期間です。

地上遊歩道
植生保護期

※開園 ～ 5/9、8/1 ～ 閉園
　知床五湖フィールドハウスで約10分間のレクチャーを受講＜要手続・有料＞をしていただき、散策を楽しめる期間（引率者なしでもOK）です。

（「知床五湖の新ルール　早わかりガイド」https://www.goko.go.jp/rule.html）

火山活動と規制

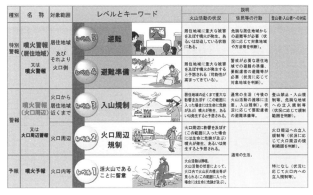

（気象庁ホームページ　https://www.data.jma.go.jp/svd/vois/data/tokyo/STOCK/kaisetsu/level_toha/level_toha.htm）

　Aさんは先祖代々みかん農家です。土地の条件に恵まれて順調に栽培を続けてきましたが、農園が高速道路の建設予定地に重なりました。開通すれば便利で、地域経済も活性化するでしょうが、Aさんはみんなのために自分の農園を諦めなければならないでしょうか。

1　財産権の保障

　自分で働いて得た財産は自分のものであるという考え方（**私有財産制**）は、資本主義経済の前提条件です。18世紀の近代憲法において、国家が勝手に国民の財産を取り上げないようにすることは、封建的支配からの解放として重要な意味がありました。したがって、当時財産権は神聖で不可侵の人権と考えられたのです（フランス人権宣言17条）。しかし、実際にこの人権の恩恵を受けたのは、豊かな資本力で他人の労働力を買うことができた一部少数のブルジョワジーだけでした。労働力を売るしか手段のない労働者は、ブルジョワジーから示された過酷な労働条件を受け容れるか、さもなくば仕事を失うか以外に選択肢はなかったのです。こうして絶対的な財産権の保障は社会・経済的な不平等を生じさせ、財産を持たない労働者にとっては人間らしい生活を妨げるものとなりました。そこで、財産権は絶対的に保障されるものではなく、**社会的に拘束を負った人権**であると考えられるようになりました。日本国憲法が、財産権を保障しつつ、その内容は公共の福祉に適合するように法律で定める、としているのもこのような考え方を反映しています。

2　財産権の意味

　財産権とはあらゆる財産上の権利を意味します。したがって、所有権などの物権、債権、著作権・特許権などの知的財産権、漁業権、鉱業権などの特別法上の権利等が含まれます。財産権の保障は、個人の財産上の権利だけでなく、そのための制度として私有財産制を保障するものです。したがって、個人が生産手段を私有することができない社会主義に移行するためには憲法の改正が必要であると考えられています。

　財産権は公共の福祉の観点から立法に規制されますが、その立法がどのような基準を満たすべきかという問題があります。**森林法事件**（最大判昭62（1987）・4・22）において、最高裁は営業の自由に対する規制の合憲性判断の際に重視された、立法目的が積極的か消極的かという区別が財産権の規制にもあてはまる、としました。しかし、その区別は財産権規制の違憲審査において考慮されるにとどまり、決定的要素とはされませんでした。

　29条2項は財産権の内容を法律が定めるとしています。これに対して地方の特殊な事情を反映し、法律と同様に民主的な手続を経て制定される**条例が財産権の内容を定める**ことは憲法に反しないと考えられています（**奈良県ため池条例事件**、最大判昭38（1963）・6・26）。

3　正当な補償

　個人の財産は、公共のためであれば**正当な補償**と引き換えに収用されることがあります。「公共のため」とは一般的に、公的な施設（道路、空港、ダムなど）を建設するために、建設予定地にある私有地を収用する**公共事業**が考えられます。また、戦後の農地改革において、小作人を自作農に転換させる目的で国が地主から農地を買い上げて小作人に分配したように、個人が受益者となる場合でも収用全体の目的が広く社会全体のためになればよいと考えられています。成田空港の建設に当たって行なわれた土地収用では空港の必要性や公共性、建設手続が争われ、今日でも完全な解決に至っていません（最判平15（2003）・12・4）。

　補償は、対象となる財産権の帰属する個人に対して**特別の犠牲**を与える場合に必要と考えられま

す。特別の犠牲とは、侵害行為が財産権に内在する社会的制約として受忍すべき限度（その財産の存在と社会共同生活の調和を保つために必要な規制）を超えて、財産権の本質を侵害するほどに強度な場合（財産権の剥奪ないしその財産権の本来の効用の発揮を妨げるような侵害）との考え方が有力です。

　「正当な補償」については、①合理的に算出された相当な金額であればよいとする**相当補償**と、②収用対象となる財産の客観的な市場価格を全額補償する**完全補償**という考え方があります。損失補償制度の目的は、適法な権力の行使による損失を個人に負わせず、国民の一般的な負担とすることです。そのため、完全補償を原則とし、農地改革のように、社会を改革し、社会的経済的弱者を保護するための例外的な場合には、市場価格を下回る相当補償でもよいと考えられます（農地改革事件、最大判昭28（1953）・12・23）。ただし、最高裁は、補償は収用の前後で土地の所有者の財産価値を等しくさせるものだとして、収用後の開発に伴う事業期待による地価高騰分を考慮しないことを合憲としました（最判平14（2002）・6・11）。さらに、移転後の生活を始めるための費用も含む**生活権補償**という考え方もあり、法律規定の例もあります（都市計画法74条など）。最近ではコロナ感染の拡大防止のための休業や時短営業の要請に応じた事業者に対して、特措法の改正により協力金が給付されました。しかし、損失補填として十分かどうかについて疑問の声もあります。

　補償請求は通常、関係法規の規定（例えば土地収用法68条以下）にもとづいて行ないますが、根拠規定がない場合は29条3項を直接根拠に補償請求ができます（最大判昭43（1968）・11・27）。

奈良県ため池条例事件　最大判昭38（1963）・6・26

　ため池の破壊・決壊等による災害防止の目的で、ため池の堤とうの耕作を禁止した条例が争われた事件。最高裁は、条例による制約を当然に受忍されるべき制約である、と判示した。

森林法事件判決　最大判昭62（1987）・4・22

　持分1/2以下の森林の共有者からの分割請求権を認めない森林法186条が財産権の保障に反しないかどうかが争われた事件。最高裁は共有者の権利制限が森林経営の安定という立法目的と合理的関連性がなく、共有森林の分割が直ちに森林の細分化をきたすものではない、として違憲と判断した。

東九州道の建設予定地にあったミカン園

http://qbiz.jp/image/box/0f2ad343582701d570f1e3ac471ef136.jpg

予防接種事故と29条3項

　予防接種の副作用で死亡したり、身体に障害が生じたりした場合、損害賠償請求では過失の認定が難しい。そこで実質的救済の見地から国が無過失でも29条3項による補償を請求できるとした下級審判決（東京地判昭59（1984）・5・18）の考え方が有力だ。これは副作用の被害者の特別犠牲により国民全体が恩恵を受けており、財産権への侵害でもなされる補償が生命・身体への侵害に対してなさ

れるのは当然との考え方である。他方、この事件の控訴審判決（東京高判平4（1992）・12・18）はこうした29条3項の類推適用ではなく、国の過失を広く認める手法で被害者の救済を図った。

空き家対策特別措置法

　全国の空き家数は2013年に約820万戸空き家率は13.5%（2023年は約849万戸、13.6%）に上り、過去最高水準である。中には風雨に晒されて倒壊の危険や、衛生上・景観上の問題が生じている例もある。これに対応するため、新法が2014年7月に成立し、翌年5月から完全施行された。同法により、市町村による空き家への立入調査、固定資産税情報からの所有者把握、放置が望ましくない特定空き家の除却、修繕、立木伐採等の助言・指導・勧告・命令・代執行が可能となり、一部で住宅用地に対する税制上の優遇措置も外された。

考えてみよう9−1

主な参照条文 18条、31条

　Aくんは、「免許を取らない、乗らない、買わない」の「バイク三ない原則」を校則とするK高等学校に入学しましたが、学校に内緒でバイクの免許を取り、母親にバイクを買ってもらいました。ところが、友人Bから1日だけそのバイクを貸してほしいと頼まれ、免許を持っているCが運転することを条件にバイクを貸すことにしました。ところが、Aが知らないうちにBとCはそのバイクをさらに別の生徒Dに貸してしまい、Dは無免許でそのバイクを乗り回して、バイクを止めようとした警察官Pをはね、重傷を負わせてしまいました。Dは警察に逮捕され、事件が高校にも知られることになり、A・B・C・D全員に自主退学勧告処分が言い渡されました。Aくんはどのような反論ができるでしょうか。(「バイク三ない原則」違反退学事件、最判平3 (1991)・9・3参照)

1　人身の自由の意義

　人身の自由、すなわち身体が不当な拘束を受けないことは、個人の尊厳にとっての前提条件であり、他のすべての自由の基盤になっているということができます。専制政治においては、不当な身柄拘束や拷問、さらに恣意的に刑罰を科すことが行われていましたし、明治憲法下でも、治安維持法に基づき、特別高等警察による残酷な拷問が行われていました。

　日本国憲法は、こうした過去を反省し、前文で「専制と隷従」を「永遠に除去しよう」と宣言するとともに、アメリカ合衆国憲法にならって、人身の自由を保障するための詳細な規定を置いています。

2　奴隷的拘束からの自由

　憲法18条は、**奴隷的拘束**および**意に反する苦役**からの自由を保障しています。人間の尊厳に反する非人道的な自由拘束は、国家権力によるものだけでなく、私人によるものも許されません。「意に反する苦役」の例外として、犯罪に対する処罰の他、消防や災害救助のため、法律上、一時的に労役が強制されることがありますが(消防法29条5項、災害救助法24条・25条など)、公共の利益のため違憲とはいえないと考えられます。しかし、徴兵制は、9条とともに18条にも違反すると解されます。

3　適正手続の保障

　31条から39条まで、人身の自由を確保するため、手続的権利を保障するための規定が置かれていますが、31条はその総則的規定として、**適正手続**(due process)を保障したものです。この条文は、明治憲法23条ではなく、アメリカ合衆国憲法第5・第14修正を下敷きにしたものであり、さらに古くは、1215年のマグナ・カルタ39条に由来します。適正手続とは、手続を「法律で定める」だけでなく(もっとも重要なものは**刑事訴訟法**)、その内容が「適正」でなければならないことを意味します。さらに、実体、すなわち犯罪の成立要件や科されうる刑罰も法律で定められなければならず(**罪刑法定主義**)、その内容も適正でなければならない(例えば、犯した罪に対し、刑罰の重さはそれに釣り合ったものでなければならないという**罪刑均衡の原則**)ということも31条に含まれていると考えられています。

　手続の適正として、「**告知と聴聞**」(notice and hearing)を受ける権利が重要です。「告知と聴聞」とは、国家公権力が刑罰その他の不利益を科そうとする場合には、相手方にあらかじめその内容を知らせた上で、その言い分を聞かなければならないという意味です。

　また、違法な捜索・押収によって入手された証拠(→9−2)を裁判で用いることができないという**違法収集証拠排除法則**も、31条から導かれるものと考えられるべきです。最高裁は、憲法35条等の所期する「令状主義の精神を没却する違法」がある場合には、「将来における違法な捜査の抑

制の見地」から証拠を排除することを認めています（最判昭59（1984）・9・7）。

4　適正手続の保障と行政手続

　31条には「刑罰を科せられない」と書かれているため、本来は刑事手続を念頭に置いた規定ですが、**行政手続**一般にも適用または準用されるというのが通説です。行政処分が刑罰に類似するもの、または刑事手続と密接に関連する場合だけでなく、行政権の行使全般について人権を侵害するおそれがあるといえるからです。行政処分や行政指導の手続は、**行政手続法**によって定められています。

人身取引の禁止

　日本は、人身取引（human trafficking）が多く行われている国として国際的に批判されてきた。政府は2004年になってようやく「人身取引対策行動計画」を策定し、2005年に人身売買罪（刑法226条の2・226条の3）が新設された。しかし、アメリカ国務省の『人身取引報告書（2022年版）』によれば、「①性的搾取を目的とした人身取引に対し罰金刑を科す場合、その重さが十分ではなかった。②技能実習生を搾取する人身取引犯に刑事責任を負わせることがなかった。③商業的性的搾取を受ける児童に関する事案を捜査・訴追しなかった。」などの理由で、日本政府の取り組みは不十分であると指摘されている。https://jp.usembassy.gov/ja/trafficking-in-persons-report-2022-japan-ja/

第三者所有物没収事件　最大判昭37（1962）・11・28

　被告人らは韓国向けに船で貨物を密輸出しようと企てたが未遂に終わり、関税法違反により有罪判決を受け、付加刑として関税法118条1項に基づき船と貨物が没収されたが、貨物は第三者の所有物であった。最高裁は、告知、弁解、防御の機会を与えることなく第三者の所有物を没収することは、適正手続によらず財産権を侵害することになり憲法31条、29条に違反すると判示した。

川崎民商事件　最大判昭47（1972）・11・22

　税務署が、過少申告の疑いで旧所得税法63条に基づく税務調査をしようとしたところ、被告人がこれを拒み、同法70条に基づき罰金刑を科された。被告人は、裁判所の令状なくして強制的に検査することを認めているのは憲法35条に反し、また、検査と質問は、刑事訴追をうけるおそれのある事項につき供述を強要するもので憲法38条に反すると主張した。最高裁は、35条1項および38条の保障が刑事手続以外にも及ぶことを認めたが、所得税の公平確実な賦課徴収のために必要な資料を収集するという目的や、検査の範囲、強制の態様などを総合して判断すれば、令状によらなくとも35条に違反せず、また、刑事責任追及のための資料の取得収集に直接結びつく作用を一般的に有するものでもないことから、38条1項にも違反しないと判示した。

徳島市公安条例事件　最大判昭50（1975）・9・10

　被告人は、警察署長が道路使用を許可する条件に違反して約300名のデモ行進の際に蛇行するよう刺激したため、徳島市条例の「交通秩序を維持すること」に違反して行われた「集団行進の煽動者」として起訴された。被告人は、「交通秩序を維持すること」という規定が不明確で31条に違反すると主張した。最高裁は、「ある刑罰法規があいまい不明確のゆえに憲法31条に違反するものと認めるべきかどうかは、通常の判断能力を有する一般人の理解において、具体的場合に当該行為がその適用を受けるものかどうかの判断を可能ならしめるような基準が読みとれるかどうかによってこれを決定すべきである。」と述べた上で、文言は抽象的であるが「集団行進等における道路交通の秩序遵守についての基準を読みとることが可能であり、」31条に違反しないと判示した。

成田新法事件　最大判平4（1992）・7・1

　成田空港の建設に反対する実力闘争（「三里塚闘争」）の取り締まりのため、空港周辺の建築物その他の工作物が「多数の暴力主義的破壊活動者の集合・妨害の用」に供され、または供される恐れのある場合、運輸大臣が使用禁止命令を出すことを認める緊急措置法（「成田新法」）が制定された。原告は、同法が工作物の所有者等に対して告知、弁解、防禦の機会を与える規定を欠くので、適正手続の保障がなく憲法31条に違反すると主張した。最高裁は、行政手続についても31条の保障が及ぶことを認めたが、「行政手続は、刑事手続とその性質においておのずから差異があり、また、行政目的に応じて多種多様であるから、行政処分の相手方に事前の告知、弁解、防御の機会を与えるかどうかは、行政処分により制限を受ける権利利益の内容、性質、制限の程度、行政処分により達成しようとする公益の内容、程度、緊急性等を総合衡量して決定されるべきものであって、常に必ずそのような機会を与えることを必要とするものではない」と判示した。

考えてみよう9-2 　主な参照条文 33条、34条、35条

　殺人事件の捜査を行っていた警察は、Aに任意出頭を求めるとともに、Aの自宅を殺人容疑で捜索したところ、覚せい剤を発見しました。そこで、Aに尿の任意提出を求め、鑑定を行うと覚せい剤の成分が検出されたため、翌日、覚せい剤使用の容疑で逮捕しました。Aは20日間勾留され、20日目に覚せい剤の使用および所持により起訴されましたが、その間ずっと殺人についての取り調べが行われました。Aは22日後に殺人を犯したことを認め、40日後に殺人罪により再逮捕され、62日後に殺人罪により起訴されました。このような捜査手法にはどのような問題があるでしょうか。（福岡地判平12（2000）・6・29参照）

1　捜索と押収－住居の不可侵

　「家は、そこに住む人にとっての城である。イギリス国王の権力といえども、貧者のあばら家の敷居をまたぐことは許されない。」といわれますが、33条と35条は、このイギリスのことわざに由来するものです。捜査官（警察官・検察官）が犯罪捜査のために行う**捜索・押収**には「正当な理由」（相当理由）があり、裁判官の出す**令状**に「捜索する場所」および「押収する物」が明示されていなければなりません。例外として、逮捕に伴う捜索・押収は無令状で行うことができます。

　国家権力にとって都合が悪いものがないかと恣意的に侵入する一般探索的捜査を許さず、憲法上保障された領域（「住居、書類及び所持品」）に国家公権力が侵入しようとする場合には、事前にその範囲を明確にした上で、正当な理由が示されなければならないという考え方を表しています。捜査官自らが相当理由を判断するとその判断が甘くなるおそれがあるため、中立・公平な裁判官に判断させようとしたものです（**令状要件**／「**令状主義**」）。

2　不当な逮捕、抑留、拘禁からの自由

　捜査官が人を**逮捕**しようとする場合、①被疑者が罪を犯したことを疑うに足りる相当な理由（相当理由）および②被疑者が逃亡し、または証拠を隠滅すると疑うに足りる相当な理由（必要性）がなければなりません（刑事訴訟法199条および60条）。これに加えて、これらの要件が備わっているかどうか、裁判官が事前に審査し、認定しなければなりません。

　令状要件の例外として、憲法33条には**現行犯逮捕**が明記されていますが、刑事訴訟法ではさらに準現行犯逮捕（213条）と緊急逮捕（210条）が認められています。緊急逮捕について、判例は合憲であるとしていますが（最大判昭30（1955）・12・14）、違憲であるとの学説も有力です。

　捜査の必要がないほど証拠が十分に整った軽微な犯罪（別件）を理由に逮捕し、実は本命とする重大犯罪（本件）の取り調べを行う**別件逮捕**と呼ばれる捜査方法がよく行われていますが、別件については実際には逮捕して取り調べる必要がなく、本件については事前の司法審査がなされていないので、どちらの犯罪について取り調べを行うことも違法であると考えるべきです。

　34条は、逮捕した人の身柄を一時的（「**抑留**」、刑訴法上は逮捕後の留置がこれにあたる）または継続的（「**拘禁**」、刑訴法上は勾留や鑑定留置）に拘束し続ける場合に、①抑留・拘禁される理由の告知を受ける権利、②弁護人に依頼する権利、および③拘禁については、正当な理由を公開の法廷で示すよう要求する権利を認めています。**弁護人依頼権**については、37条によって公判段階でも保障されていますが（→9-3）、本条では、被疑者の身柄が拘束されていることにより、捜査官がその不利な状態につけこんで、違法または不公正な取り調べを行わないように、また、そのこと

を弁護人が指摘できるようにすることが目的です。37条の場合と異なり、**国選弁護人**依頼権までは明記されていませんが、近年、刑事訴訟法の改正（37条の2）により、国選弁護人を依頼することができるようになりました。弁護人と接見し、書類や物の授受をすることができますが（**接見交通権**、39条）、取り調べ時に弁護人が立ち会うことは認められていません。刑事訴訟法82条によれば、被疑者・被告人だけでなく、弁護人や家族なども**勾留理由の開示**を請求することができますが、勾留状を発した裁判官が勾留の理由を示すだけであり、検察官の出席や資料の提出を求めたりして、理由のないことを争うことができるようにはなっていません。

緊急逮捕

刑事訴訟法210条1項　検察官、検察事務官又は司法警察職員は、死刑又は無期若しくは長期三年以上の懲役若しくは禁錮にあたる罪を犯したことを疑うに足りる充分な理由がある場合で、急速を要し、裁判官の逮捕状を求めることができないときは、その理由を告げて被疑者を逮捕することができる。この場合には、直ちに裁判官の逮捕状を求める手続をしなければならない。逮捕状が発せられないときは、直ちに被疑者を釈放しなければならない。

被疑者の身柄拘束期間

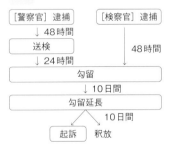

内乱罪等については、さらに5日間の勾留の再延長が可能である（刑訴208条の2）。

「人質司法」と取り調べの可視化

映画「それでもボクはやっていない」（2007年）に描かれているように、容疑を否認したり、黙秘したりすると、最長23日間身柄を拘束され、警察・検察の取り調べを受けることになる。日本には起訴前の保釈という制度がなく（刑訴法88条1項）、しかも弁護人の立会いも認められていないため、被疑者は孤立無援の状態で、警察署内の留置施設（代用監獄）において四六時中、捜査官から自白せよとの圧力にさらされる。このような日本の実務は、「人質司法」と呼ばれ、国連の規約人権委員会などからたびたび改善を求められている。

密室での違法・不当な取り調べを防ぐため、裁判員裁判の対象事件等において、2019年から身体拘束下の被疑者取調べの全過程の録画が義務づけられた（刑訴法301条の2第4項）。しかし、これは全事件の3%未満であり、まだまだ不十分といわざるを得ない。日本弁護士連合会は、録音・録画の全件への拡大とともに、取調べへの弁護人立会いを求めている。日弁連「弁護人の援助を受ける権利の確立を求める宣言：取調べへの立会いが刑事司法を変える」（2019年）https : //www.nichibenren.or.jp/document/civil_liberties/year/2019/2019_1.html

通信の傍受

1999年に通信傍受法が制定され、薬物関連犯罪・銃器関連犯罪・集団密航の罪・組織的殺人について犯罪捜査のため通信の傍受を行うことが認められた。通信の秘密を保障する憲法21条2項に反しないかが問題となるが、電話やEメールの内容に「プライバシーの合理的期待」が認められる一方で、組織犯罪の真相を解明するには、通信の傍受がどうしても必要であり、また、通信傍受は他の捜査手段がない場合に、犯罪にかかわる電話番号等を特定し、裁判官の令状に基づき、立会人の常時立会いの下で実施されるなど、厳格な条件のもとに行われるので、公共の福祉に基づく必要最小限度の範囲の制約として、憲法に違反するものではないと考えられる。

2013年、アメリカ国家安全保障局（NSA）・中央情報局（CIA）元局員が、アメリカ政府がインターネット上のあらゆる情報（通話・SNS・Eメール）を秘密裏に収集・視聴できる「大量監視システム」を構築していたことを暴露し（スノーデン事件）、NSAがこのシステムを日本政府にも提供したという文書が見つかったが、政府はその真偽について回答していない。

GPS捜査

警察は、複数人による窃盗事件の捜査のため、令状を得ずに約19台の自動車にGPS（全地球測位システム）端末を取り付け、約6か月半の間、位置情報を追跡し続けた。最高裁は、「個人のプライバシーの侵害を可能とする機器をその所持品に秘かに装着することによって、合理的に推認される個人の意思に反してその私的領域に侵入する捜査手法であり、令状がなければ行うことができない」旨判示した（最大判平29（2017）・3・15）。

考えてみよう9−3

Ａさんは、市の許可を得ずに電柱にビラ５枚を糊で貼り付けたため、軽犯罪法違反の容疑で現行犯逮捕されましたが、警察の取り調べに対して終始沈黙して、自分の氏名・住所・年齢等もしゃべりませんでした。そのため、「氏名不詳」のまま起訴され、指印を押した弁護人選任届によって、Ｌ弁護士を私選弁護人に選任しようとしましたが、裁判所は「署名のない弁護人選任届は無効である」としてＬが弁護人になることを認めませんでした。裁判所が弁護人選任を認めないのは、憲法に違反するでしょうか。（最判昭40（1965）・7・20参照）

1　公平な裁判所の迅速な公開裁判を受ける権利

憲法32条において裁判を受ける権利、81条において裁判の公開が規定されていますが、37条１項は刑事事件の被告人の立場から、自分の事件に関与する裁判所が「**公平**」であり、裁判が「**迅速**」にかつ「**公開**」でなされることを請求する権利を持つことを定めています。

「**公平な裁判所**」とは、構成その他において偏りのおそれがない裁判所をいい（最大判昭23（1948）・5・5）、刑事訴訟法で裁判官の除斥、忌避および回避の制度（20条ないし22条、377条）が定められています。また、裁判所が公平中立な第三者としての立場を確保できるよう、起訴状一本主義（256条6項）や当事者主義（298条など）がとられています。

「**迅速な裁判**」が保障されるのは、裁判が長期化することによって被告人の生活が不安定になることを防ぐためです。最高裁は、15年以上審理が中断された後に再開された高田事件について、「これに対処すべき具体的な規定がなくとも、……その審理を打ち切るという非常的救済手段がとられるべきことをも認めている」と述べて、免訴（刑訴法337条）の判決を下しました（最大判昭47（1972）・12・20）。以前は重大事件の場合に第一審だけで5年以上かかることも珍しくありませんでしたが、裁判の迅速化に関する法律2条は、「第一審の訴訟手続については二年以内のできるだけ短い期間内にこれを終局させ」ることを目標とすると規定しており、また**裁判員制度**の導入により審理が集中して行われるようになりました。

「**公開裁判**」とは、その対審および判決が公開の法廷で行われる裁判をいいます。対審は、裁判官の全員一致で非公開にできる場合があります（82条2項）。

2　証人尋問権・喚問権

37条2項前段は、刑事被告人に、不利な証言をした証人と対決させ、**反対尋問**をさせることで、自己に不利な証拠を争う機会を保障したものです。証人は原則として公判に出頭させなければならず、その者の供述を書面の形式または第三者の供述を通して法廷に提出することは原則として禁止されます（**伝聞法則**）。後段は、前段とは逆に、自己に有利な証人を公費で喚問できることを保障したものですが、被告人の申請した証人すべてを喚問する必要はなく、その裁判に必要適切な証人を喚問すればよいとされます。

3　弁護人依頼権

37条3項は、公判段階での**弁護人依頼権**を保障したものであり、被告人の資力がない場合には、**国選弁護人**を依頼することができます。法律の素人である被告人は、弁護人の効果的な助力なくして、公判で防御を行うことができませんので、弁護人は公判の必須要件であり、弁護人がいなければ公平な裁判を行うことができないと考えるべきです。

4 自己負罪拒否特権

38条1項は、アメリカ合衆国憲法第5修正に由来し、「何人も、自己に不利益な供述を強要されない」と定めています。被疑者・被告人である場合には、自分が刑事手続のターゲットになるので、供述する義務がなく、「終始沈黙し、又は個々の質問に対し陳述を拒むことができ」ます（**黙秘権**、刑訴法198条2項、291条3項）。**証人**である場合には、原則として証言をする義務を負いますが、自己や近親者が刑事訴追や有罪判決を受けるおそれのある場合には、証言を拒むことができます（196条・197条）。

5 自白

38条2項は、強制・拷問・強迫による自白または不当に長く抑留・拘禁された後の自白は、証拠とすることができないと定めます（**自白排除法則**）。そのような自白には**任意性**がなく、虚偽であるおそれが高いからです。また、3項は、「自己に不利益な唯一の証拠が自白である場合」には有罪とされないと定めます。自白の内容を過信しないように、他の証拠により補強しなければならない（**補強法則**）としたものと考えられます。

黙秘権

刑事訴訟法198条2項　前項の取調に際しては、被疑者に対し、あらかじめ、自己の意思に反して供述をする必要がない旨を告げなければならない。

291条4項　裁判長は、起訴状の朗読が終つた後、被告人に対し、終始沈黙し、又は個々の質問に対し陳述を拒むことができる旨その他裁判所の規則で定める被告人の権利を保護するため必要な事項を告げた上、被告人及び弁護人に対し、被告事件について陳述する機会を与えなければならない。

自白による有罪

平成30年度（2018）の司法統計を見ると、地方裁判所における通常第一審事件の終局総人員は49,811名、うち有罪は48,507名、無罪は105名で有罪率は97%になるが、そのうち44,192名が自白し、4,626名が否認しているので、自白による有罪率が非常に高いことがわかる（自白率は88%）。

ヒューマン・ライツ・ウォッチは、自白の強要について、「最近では、被疑者への身体的暴力の報告はほとんどないが、日本の捜査員は、威嚇や脅迫、暴言、睡眠妨害などを用いて、被疑者に自白や情報提供を強要している。……法律上は、自白の任意性を立証するのは検察官の役割だが、実際には、被告人自身が自白に任意性がなかったことを立証しなくてはならないのが実態で、これができなければ、任意性が認められてしまう状態だ。」と述べている。
https://www.hrw.org/ja/report/2023/05/24/384885

足利事件

1990年5月12日に、栃木県足利市のパチンコ店駐車場から4歳の女の子が姿を消し、翌日渡良瀬川河川敷で遺体が発見された。警察は菅家利和氏が犯人であると疑い、捨てたゴミの遺留物がDNA鑑定にかけられ、科学警察研究所の鑑定結果により、犯人と決め付けられて自白させられた。菅谷氏は公判段階でも自白と否認を繰り返し、第

1審の宇都宮地裁は、有罪判決を下し、最高裁も2000年7月に上告を棄却して無期懲役が確定した。しかし、2009年5月に、DNAの再鑑定が行われ、菅谷氏のDNAと被害者の下着に付着するDNAの型が一致しないことが判明したため、翌月、菅谷氏は釈放された。東京高裁が再審開始を決定し、2010年3月26日に無罪判決が下された。日弁連『「足利事件」調査報告書』（2011年）によれば、冤罪の原因として以下7点が指摘されている。(1) DNA鑑定の誤り、(2) 捜査機関がDNA鑑定に信用を置き過ぎた、(3) 裁判所がDNA鑑定の証明力を正しく評価できなかった、(4) 警察官が暴行・偽計を用いて虚偽の自白を作り上げた、(5) 第1審弁護人の活動が不十分、(6) 裁判所、検察官及び弁護人が被告人の否認供述に真摯に対応しなかった、(7) 裁判所が自白の任意性・信用性の判断を誤った。

裁判員制度 for キッズ（刑事裁判に登場する人たち）https://www.saibanin.courts.go.jp/introduction/kidz/kidz/a1_2.html

考えてみよう9−4　　主な参照条文　36条、39条

　Aさんは、県議会選挙の候補者への投票を依頼するため、有権者に缶ビールや焼酎を配ったという疑いで、警察署で任意の取り調べを受けました。警察官は、Aさんの父や孫がAさんを諭す言葉（「お前をこんな人間に育てた覚えはない」、「じいちゃん、早く正直なじいちゃんになってください」など）が書かれた紙を用意し、Aさんの両足首をつかんで、紙の上に乗せました。Aさんはその直後から吐き気や頭痛を訴え、病院に13日間入院することになりました。Aさんは不起訴になりましたが、国家賠償を求めて提訴しました。「踏み字」は、憲法36条が禁ずる公務員による拷問にあたるでしょうか。（志布志事件踏み字国賠訴訟、鹿児島地判平19（2007）・1・18参照）

1　事後法と「二重の危険」の禁止

　憲法39条は、「実行のときに適法であった行為」を後から遡って処罰すること、すなわち**事後法**を禁止しています。行為時の刑罰を後から法律を作って重くすることも許されないと解されます。さらに、「既に無罪とされた行為」および「同一の犯罪」について刑事責任を負わないと定めていますが、この規定の意味について、大陸法の**一事不再理**を定めたものであるという説（通説）と、英米法の「**二重の危険（double jeopardy）**」の禁止を定めたものであるという説があります。判決が確定した事件を裁判所が再度審理することはないという一事不再理は、民事裁判でも刑事裁判でも当然のことであり、刑事手続によって不安定な状態に置かれる被告人の負担を減らすため、「二重の危険」すなわち同一事件について二重の訴追を行うことを禁止したものだと考えるべきでしょう。そのように考えると、下級裁判所が無罪の判決を下したのに検察官が上訴することも39条に違反する疑いがありますが、最高裁は、同一の事件には唯一つの危険しか存在しないとして、検察官上訴は合憲であるとしています（最大判昭25（1950）・9・27）。

2　拷問と残虐刑の禁止

　憲法36条は、「公務員による**拷問**及び**残虐な刑罰**」を例外なしに絶対的に禁止しています。昔から自白は「証拠の王」であるとされ、明治憲法下でも法律で禁止されていたにもかかわらず（刑法195条の特別公務員暴行陵虐罪）、無理に自白を獲得するための拷問はなくなりませんでした。

　「残虐な刑罰」とは、判例によれば、「不必要な精神的、肉体的苦痛を内容とする人道上残酷と認められる刑罰」とされます（最大判昭23（1948）・6・30）。

　死刑が残虐な刑罰にあたるかどうか、特に問題がありますが、最高裁は、死刑それ自体は残虐な刑罰にあたらず、また現在の執行方法（「絞首刑」と呼ばれていますが、正確には縊首）も残虐ではないと判示しています（最大判昭23（1948）・3・12）。その理由として、①13条・31条の規定が生命を奪うことを予定していること、②死刑の威嚇力による一般予防（死刑を恐れて一般人が犯罪を思いとどまること）、③社会悪の根源を絶つことによる社会の防衛、を挙げています。しかし、国際人権規約（自由権規約）6条は「生命に対する固有の権利」を規定しており、1991年には選択議定書として**死刑廃止条約**が発効しました。欧州連合基本権憲章2条も、人間の尊厳と**冤罪**防止の観点から、「何人も死刑を執行され、もしくは、執行されてはならない」と規定しています。世界の圧倒的多数の国々（196か国のうち144か国）が死刑を法律上または事実上廃止するに至った今日、死刑の必要性には大いに疑問があるといわざるを得ません。

死刑の選択基準

19歳の少年（当時）が拳銃で4人を殺害した永山事件において、最高裁は、「①犯行の罪質、②動機、③態様ことに殺害の手段方法の執拗性・残虐性、④結果の重大性ことに殺害された被害者の数、⑤遺族の被害感情、⑥社会的影響、⑦犯人の年齢、⑧前科、⑨犯行後の情状等」をあわせて考慮したとき、「極刑がやむをえないと認められる場合には、死刑の選択も許されるもの」と判示した（最判昭58（1983）・7・8）。

最近では、前科がなく被害者が1名の場合であっても、犯行の態様が悪質・残虐であるとして死刑を科したケースが出てきている（最判平20（2008）・2・29（三島女子短大生焼殺事件）、岡山地判平25（2013）・2・14（岡山元同僚女性殺害事件）など）。

日本と世界における死刑

日本は、死刑廃止条約を批准しておらず、毎年、死刑が確定するのは10件前後で、執行されるのは数件である。ただし、2018年にはオウム真理教の幹部13名を含む15名に死刑が執行された。アムネスティの統計によれば、2022年現在、世界196か国のうち144か国で死刑が廃止され、死刑を執行したのは20か国で、中国が数千件（実数不明）と最も多く、イランの576件、サウジアラビアの196件がこれに次ぎ、G20の中ではアメリカ（18件）と日本（1件）だけである。アムネスティ・インターナショナル『2022年の死刑判決と死刑執行』

国連人権規約委員会による評価

2022年に出された国連の自由権規約委員会による第7回日本報告書審査の総括所見では、次のような勧告がなされている。

（a）死刑廃止に向けた世論を喚起するための適切な啓発措置を通じて、死刑廃止の必要性について国民に周知すること。一方、モラトリアムの確立を検討し、死刑犯罪の数を減らし、死刑を最も重大な犯罪に厳格に限定すること。（b）死刑執行の予定日時を合理的な時期に事前通知し、心理的苦痛を軽減すること。長期の独房監禁を行わないこと、死刑囚に対する24時間のビデオ監視を厳密に必要な時及び期間にのみ使用すること。（c）死刑囚の再審請求等に執行停止効果を持たせること。死刑囚の精神的健康状態を独立したメカニズムで審査すること。死刑囚とその弁護士とのすべての面会の厳格な秘密性を保証すること。（d）死刑廃止を目的とした第二選択議定書の批准を検討すること。

ヨーロッパにおける死刑と終身刑

イギリスでは、1969年に通常犯罪について死刑が廃止され、代替刑として仮釈放なしの文字通りの終身刑（whole life order）が導入された。しかし、2013年に欧州人権裁判所は、仮釈放なしの終身刑は、欧州人権条約3条の禁止する「非人道的な取り扱い」にあたるとして、条約不適合の判決を下した（Vinter and Others v. the United Kingdom, ECHR 2013）。日本でも死刑を廃止するために終身刑を導入しようという議論があるが、日本の現況はヨーロッパからみると「2周り遅れている」といえるのではないだろうか。

産経新聞 2010年8月27日

袴田事件

1996年6月に、静岡県清水市の味噌製造会社専務宅が全焼し、焼け跡から4人が刃物でめった刺しにされた遺体が発見された。警察は、当初から味噌工場の従業員であり元プロボクサーであった袴田巌氏を犯人であると決めつけて逮捕し、連日連夜、猛暑の中で取調べを行って当初の否認から自白に追い込んだ。第1審の静岡地裁は、自白調書のうち44通を無効としながら、1通の検察官調書のみを採用し、また味噌樽から発見された5点の衣類についても不自然な点が多くあったにもかかわらず、袴田氏の物であるとの判断をして有罪判決を下し、最高裁も1980年11月に上告を棄却して、死刑が確定した。2014年3月に静岡地裁は再審を開始し、死刑及び拘置の執行を停止する旨決定をし、袴田氏は釈放された。2023年3月13日に、東京高裁は2014年の再審開始決定を支持し、検察官の即時抗告を棄却する決定をし、再審が行われることになった。（日弁連「袴田事件」https://www.nichibenren.or.jp/activity/criminal/death penalty/q12/enzaihakamada.html）

共謀罪

2017年に、共謀罪の創設を含む改正組織的犯罪処罰法が国会で可決・制定された。共謀罪とは、英米法のコンスピラシー（conspiracy）に由来し、犯罪の合意それ自体を独立の犯罪類型として処罰するもので、従来の未遂罪や予備罪とは決定的に異なる。政府は、国際組織犯罪条約に加盟するために組織的な犯罪の共謀罪の新設が必要になったと説明したが、衆議院および参議院での審議はきわめて不十分なものであり、一般市民が捜査の対象になり得るのではないか、通信傍受の拡大など監視社会を招来しかねないのではないかなどの懸念は払拭されておらず、日弁連は廃止を強く求めている。https://www.nichiben-ren.or.jp/activity/human/complicity_secret/complicity.html

国務請求権

国務請求権は**受益権**とも呼ばれ、国家に対して作為を請求する権利です。これは他の条文に列挙された人権を実現し、より確実に人権保障をするための基本的な権利です。日本国憲法では**請願権（16条）**（→11章）・**国家賠償請求権（17条）・裁判を受ける権利（32条）・刑事補償請求権（40条）**がここに分類されます。

◆国家賠償請求権

17条は、公務員の不法行為によって損害を受けた者に対して国家賠償法等の法律に基づいて国または公共団体に賠償を求める権利を保障しています。明治憲法下では国民に損害を与えた場合でも損害賠償責任は負わない国家無答責の原則が支配的だったことと対照的です。国家賠償法に基づく国家賠償請求訴訟は、国会の立法行為による憲法上の権利に対する侵害を争う一つのルートになっており、ハンセン病訴訟（→14章）がその一例です。

◆裁判を受ける権利

32条は、民事事件・行政事件については政治権力から独立した公平な裁判所に訴えることを拒まれないこと、刑事事件についてはそうした裁判所による裁判によらなければ刑罰に処せられないことを保障しています。さらに37条が刑事被告人に対して**公平・迅速・公開**の裁判を受ける権利を保障しています。判例は、裁判とは公開・対審・判決のあるものだとしています（最大判昭35（1960）・7・6）が、訴訟当事者の権利を保障するために必ずしもこれらの性質や形式を伴わない少年審判や家事審判などのいわゆる非訟事件でも裁判を受ける権利が保障されると考えた方がよいでしょう。

裁判は複雑なプロセスであるため、多くの経費と知識が必要になります。そこで、貧困などで弁護人を依頼できない被告人は**国選弁護人**を請求することができます。民事事件については、**訴訟救助**の制度があります。また、法的トラブルに対する総合的な支援体制として2006年（平成18年）に日本司法支援センター（**法テラス**）が設立されました。

法テラスは、法的紛争を解決するために、法的なサービスを「より容易により身近に」受けられるようにしました。事業内容としては、①アクセスポイント（相談受付、情報提供など）、②司法過疎対策、③民事法律扶助、④公的刑事弁護が挙げられます。法テラスは、これらの業務を、国や地方公共団体、弁護士会、消費者団体、経済団体、労働団体、ADR（裁判外紛争解決）機関、犯罪被害者支援団体など関連機関と連携・協力して行っています。

◆刑事補償請求権

40条は、刑事手続において抑留・拘禁された後に裁判で無罪となった者が国に補償を求める権利を定めています。17条の国家賠償請求権との違いは、公務員の故意・過失が補償の要件となっていない点と、補償額が定型化されている点にあります。公務員に違法があった場合は両方を競合して主張できます。冤罪の補償として刑事補償の金額が妥当かについては議論があります。

刑事補償法による補償決定の公示の例

ムスタファ・ギュミュッシュに対する道路交通法違反、自動車運転過失傷害被告事件につき平成二四年二月二八日言渡しの無罪判決が確定したので、平成二四年六月二六日次のとおり抑留拘禁による補償決定をした。

ムスタファ・ギュミュッシュ（一九八五年七月二日生）一九日分二三万七五〇〇円

名古屋地方裁判所

（官報第 5940 号平 24（2012）・12・12）

考えてみよう 10−1

　生活保護を受給していた A さんは、生活費として月 10 万円を受け取り、それで生活をしていました。しかし生活があまりに苦しいので、生活保護の支給額が低いとして、裁判を起こすことにしました。A さんはどのような主張ができるでしょうか？

1　社会権の歴史とその背景

　社会権とは社会国家・福祉国家の理念に基づき、「人間に値する生存」のために不可欠な権利として、国家に一定の施策を要求する権利をいいます。日本国憲法においては、憲法 25 条以下に、生存権や教育を受ける権利、労働基本権といった、社会権保障の規定が設けられています。

　19 世紀までの近代憲法の保障する人権は、経済活動の自由や、信仰や思想信条の自由といった精神的自由など、国家権力の恣意的な干渉を受けないという自由権が中心でした。しかし、資本主義の発展により、資本家はますます富み、労働者は困窮していくという事態に陥りました。そこで、労働者は経済的自由に対する規制を求め、労働運動などで対抗しました。20 世紀に入り、1917 年のロシア革命により社会主義国家が誕生します。社会主義革命の脅威は、現実的なものとして資本家の側にも突きつけられました。そして、1919 年のワイマール憲法は所有権の絶対性を否定し、歴史上はじめて、生存権や、労働者の保護や団結権、社会保障について規定しました。ただし、それらの規定はプログラム規定と考えられ、国民に具体的な権利を保障するものではありませんでした。その後、第 2 次世界大戦を経て、社会権規定を導入する憲法が各国で作られました。そのような**社会国家（福祉国家）**化という潮流の中で、現行日本国憲法に社会権規定が導入されました。

2　生存権の法的性格

　憲法 25 条 1 項は、憲法制定当時、民間の研究会である憲法研究会のメンバーだった日本人の提案によって追加されたものです。この条文に示される「健康で文化的な最低限度の生活を営む権利」の法的性質については、制定当初から論争があります。**プログラム規定説**は、25 条について、単に国家の政治的義務を定めたものに過ぎないとし、国民に対して具体的な権利を保障するものではないとする説です。この説によれば、生存権保障のための立法やその具体的内容については、国会や行政の広い裁量に任されることになり、国民はその立法について訴訟で争うことはできないことになります。

　抽象的権利説は、25 条 1 項は、国会に対して立法等の措置を要求する権利について定めていて、国に対しては立法の義務を課しているとします。ただし生存権は具体化する法律がないと、直接これを根拠に裁判で争うことは認められず、規定を具体化する法律が制定されることで、その法律に基づく訴訟において、憲法違反を主張できるとします。学説においては有力に主張されています。

　具体的権利説は、生存権を 25 条に基づく具体的な権利であるとし、仮に立法がなされない場合にも、国の不作為の違憲性を確認する訴訟を提起することができるとします。しかし、その訴訟においては　直接救済を請求することはできず、立法不作為の違法性の確認を訴訟で提起できるのみです。そのため、実質的には、抽象的権利説とさほどの違いがないともいわれます。

　現在では、すでに生活保護法などの立法があるため、生存権の保障に際して広い範囲で認められがちな立法や行政の裁量をいかにして狭めるのかが焦点となっています。また近年では、生活保護における老齢加算と母子加算の廃止が話題になりました。母子加算についてはその後制度が復活しましたが、老齢加算の廃止については最高裁で合憲の判決が下されています（最判平 24（2012）・

2・28)。さらに 2018 年には生活保護基準が見直され、食費などの生活費にあたる生活扶助が、7割近くの受給世帯で減額されることも話題になりました。そうしたサービスの低下の問題に対し、一度法令で具体化した社会保障関係の制度を後で後退させたり給付水準を低下させたりすることは原則として禁止されるという「制度後退禁止原則」という考え方も注目を集めています。

3　日本の社会保障制度

憲法 25 条 2 項により、国は社会国家として、社会権の実現に努力することが求められています。生活保護法が、1 条において「この法律は、日本国憲法第 25 条に規定する理念に基き、国が生活に困窮するすべての国民に対し、その困窮の程度に応じ、必要な保護を行い、その最低限度の生活を保障するとともに、その自立を助長することを目的とする」と定めるのは、その一例ということができます。

社会保障は 3 つの制度に分類されます。生活保護制度など税金を財源とする制度を**公的扶助**といいます。医療保険や、年金、介護保険など、国民から一定の保険料を徴収し、病気や老齢になった時に給付を行う制度を**社会保険**といいます。子ども、高齢者や障害者に対して、保育所や養護老人ホーム、障害者支援施設のサービスなど、公的なサービスを提供する制度を**社会福祉**といいます。

朝日訴訟　最大判
昭 42（1967）・5・24

結核で療養中の原告が、月額 600 円（当時）の生活扶助では健康で文化的な最低限度の生活が実現できないとして争った事件。最高裁は、原告の死亡により訴訟終了としたが、「なお、念のために」と述べて、次のような見解を示した。25 条 1 項は、国の責務を宣言したもので、直接個々の国民に具体的権利を賦与したものではない。何が健康で文化的な最低限度の生活であるかの判断は、いちおう厚生大臣の裁量に委ねられるが、ただそれが著しく低い基準に設定されるなど、憲法・生活保護法の趣旨に反して裁量権の限界を超える場合には司法審査の対象となる（参考：1956 年の大卒国家公務員初任給　8,700 円→2022 年現在　189,700 円）。

堀木訴訟　最大判
昭 57（1982）・7・7

視覚障害者として障害福祉年金を受給し、離婚後働きながら子どもを養育していた原告が、それに加えて児童扶養手当の給付の認定を請求したところ、児童扶養手当法に併給することを禁止する規定があったために申請が棄却されたので、この処分の取消を求めた訴訟。最高裁は憲法 25 条のいう「健康で文化的な最低限度の生活」の具体的内容の決定には、国の財政事情を考慮する必要や、高度の政策判断が必要であるとし、それが著しく合理性を欠き、明らかに裁量の逸脱・濫用があるものでなければ、裁判所の判断に適さないとして、広い立法裁量を認めて、併給禁止規定を合憲とした。

生活保護の減額訴訟　11 件目の取り消し判決　静岡地裁

国が生活保護の基準額を 2013〜15 年に引き下げたのは「健康で文化的な生活水準の維持」を定めた生活保護法に反するとして、受給者が静岡市などを相手取り、減額決定の取り消しを求めた訴訟の判決が、静岡地裁であった。裁判長は物価動向を踏まえて引き下げた厚労相の判断に「過誤、欠落がある」として減額決定を取り消した。同種訴訟の地裁判決は 21 件目。うち減額決定の取り消しは 11 件、請求棄却は 10 件となった。

（朝日新聞 2023 年 5 月 31 日）

生活保護「辞退」の男性死亡「おにぎり食べたい」日記残し

北九州市小倉北区の独り暮らしの男性が自宅で亡くなり、死後約 1 カ月たったとみられる状態で見つかった。男性は昨年末から一時、生活保護を受けていたが、4 月に受給廃止となった。市によると、福祉事務所の勧めで男性が「働きます」と受給の辞退届を出した。だが、男性の日記には、そうした対応への不満がつづられ、6 月上旬の日付で「おにぎり食べたい」などと空腹や窮状を訴える言葉も残されていたという（朝日新聞 2007 年 7 月 11 日夕刊）。

生活保護の現状

生活扶助基準額は 2023 年 4 月現在、33 歳、29 歳、4 歳の 3 人世帯の場合、東京都区部等で 158,760 円、地方郡部等で 139,630 円となっている。2023 年 6 月現在の調査で生活保護の被保護者は約 202 万人、被保護世帯数は約 165 万世帯。世帯類型別割合は 65 歳以上の高齢者世帯が 55.5%、母子世帯が 3.9%、障害者・傷病者世帯が 24.9%、その他世帯が 15.7% である。

※厚生労働省ホームページ　生活保護に関する Q&A　生活保護の被保護者調査（令和 5 年 6 月分概数）の結果を公表しますより
https : / / www. mhlw. go. jp / content / 001106332.pdf
https : / / www.mhlw.go.jp / toukei / saikin / hw / hihogosya / m2023 / dl / 06-01.pdf

考えてみよう 10−2

主な参照条文　26条

　障害があり車椅子生活のＡさんは、高校進学を希望し県立高校を受験しました。しかし、学力検査などの点数は良かったものの、その障害のため県立高校の全課程を修了できないと判断され、不合格となりました。Ａさんは裁判を起こしましたが、どんな主張ができるでしょうか？

1　教育を受ける権利とは

　今日、教育を受ける機会がなければ、個人の才能を伸ばすことはまず不可能であり、教育があってこそ有意義な生活が送れるともいえます。

　教育を受ける権利について、子どもが教育を受けて学習し、人間的に発達、成長していく権利、すなわち**子どもの学習権**が保障されていると考えられています。**旭川学テ事件**（最大判昭51（1976）・5・21）においては、「国民各自が、一個の人間として、また、一市民として、成長、発達し、自己の人格を完成、実現するために必要な学習をする固有の権利を有すること、特に、みずから学習することのできない子どもは、その学習要求を充足するための教育を自己に施すことを大人一般に対して要求する権利を有するとの観念」があると示されました。

　しかし、国民が個人として教育についてできることには限界があります。そのため、憲法26条を根拠に、国民は国に対して教育制度の整備や、適切な公教育の提供を要求する権利を持つという、**社会権的側面**が存在します。一方で、国家から一定の教育を押し付けられないという意味で、教育を受ける権利は**自由権的な側面**を持つといえます。

　憲法は**教育の機会均等**と**義務教育の無償**を明示しています。憲法26条を具体化するため、教育基本法や学校教育法が制定され、小中学校における義務教育などの制度が設けられています。

2　教育の機会均等

　憲法26条1項には、教育を受ける権利について「その能力に応じて、ひとしく」という文言があります。教育基本法も4条1項において「すべて国民は、ひとしく、その能力に応じた教育を受ける機会を与えられなければならず、人種、信条、性別、社会的身分、経済的地位又は門地によって、教育上差別されない」と定めます。14条の平等原則が教育分野にも適用されるのは当然ですが、それを前提に、例えば入学試験による選別を用いるような、各人の能力などに応じた教育をすることも許容されると考えられています。さらに、子どもの心身の発達機能に応じた教育の保障を意味し、例えば障害のある子どもに対し、「能力に応じて等しく」適切な条件整備を行うことなどを積極的に求めていると考えられます。教育基本法は4条2項において「国及び地方公共団体は、障害のある者が、その障害の状態に応じ、十分な教育を受けられるよう、教育上必要な支援を講じなければならない」と定めています。

　また、子どもの学力は保護者の収入とほぼ正比例するという調査結果があります。近年では子どもの貧困率が上がり、それによって、教育格差が拡大していることも指摘されています。親から子どもへの「貧困の連鎖」解消に向けて、生活保護を受ける家庭の高校生が、奨学金を大学受験や入学費用に使っても保護費を減らさないようにするなどの施策がなされ、さらに住民税非課税世帯などに対する高等教育の無償化についても、2020年から実施されています。

3　義務教育の無償

　憲法26条2項に定められる義務教育の無償について、どの範囲までを無償とするのかについて争いがあります。授業料を徴収しないとする**授業料無償説**が判例の取る立場ですが、義務教育に関しては、授業料以外にも教科書代や学用品費など教育に必要な一切の費用を無償とする説もあります。

4　国民の教育権と
　　国家の教育権

教科書検定や学力テストに関する裁判などでは、子どもに提供される教育の内容について、誰がその内容を決定するのか、という点が争われました。**国民の教育権説**は教育の内容を決定するのは、親、教師を中心とした国民全体であり、国家は教育内容や方法には原則として介入できないとする説です。国家の役割は、学校の設置など、教育条件の整備にとどまるとします。**国家の教育権説**は、国家がその教育内容について、関与したり決定したりすることができるとする説です。国は法律によって、公教育の内容や方法について、包括的に定めることができるとします。

　最高裁は、**旭川学テ事件判決**で、両説とも極端に過ぎるとし、教師に一定の範囲の教育の自由を認めると同時に、国の側も必要かつ相当な範囲で教育内容について決定する権能を持つとしました。ただし、教育内容に対する国家的介入はできるだけ抑制的であることが求められ、子どもが自由かつ独立の人格として成長することを妨げるような介入は、憲法上許されないとしました。

　また 2006 年の教育基本法改正で、旧法 10 条の「教育は、不当な支配に服することなく、国民全体に対し直接に責任を負って行われるべきものである」という部分が削除されました。これにより、国家による教育への介入が強まるのではないかと批判されました。また、教育の目標として、2 条 5 号に「伝統と文化を尊重し、それらをはぐくんできた我が国と郷土を愛する……態度を養うこと」と追加されたことで、愛国心教育が強化されうることが危惧されています。

**旭川学力テスト事件　最大判
昭51（1976）・5・21**

　当時の文部省が実施しようとした全国一斉学力テストに反対し、実力阻止行動を行った教師が、テスト実施を妨害したとして公務執行妨害で起訴された事件。最高裁は、国民の教育権説と、国家の教育権説のいずれもが極端かつ一方的で採用することができないとした。教師に教育の自由の保障があることを認めたが、国家は教科目（や授業時間数）等の教育の大綱について決定できるとし、教師の教育の自由は完全には認められないとした。そして、国家が教育内容に介入することはできるだけ抑制的であるべきとする。しかし、国は「必要かつ相当と認められる範囲において」教育内容を決定できるとして、学力テストを適法とした。

**車いす少女の中学入学拒否
「妥当性欠き違法」（奈良地裁
平成 21 年 6 月 26 日決定）**

　希望した地元の町立中学への進学を拒否された車いすの谷口明花さんと両親が、町と町教委員会に入学を認めるよう求め

た訴訟で、奈良地裁は 26 日、町教委などに入学許可を仮に義務づける決定を出した。

　地裁は、健常者と障害者との共同学習の推進などをうたった衆参両院の付帯決議などを引用したうえで、町教委の入学拒否について「慎重に判断したとは認めがたく、著しく妥当性を欠き、裁量権を逸脱または乱用したものとして違法である」などと批判。町教委などに対し、少女側が望む町立下市中学校への仮の入学許可を出すよう命じた。

　この後町と教育委員会は、訴訟を取り下げ、明花さんの町立中学校入学が確定した（朝日新聞 2009 年 6 月 26 日夕刊）。

**外国籍の子ども、日本語能力
の不十分な子どもの就学**

　文部化科学省による 2021 年 5 月の調査では、日本語指導が必要な外国籍の子どもの数は 47,619 人、外国にルーツがあるなどで、日本語指導が必要な日本国籍の子どもの数は 10,688 人である。2023 年現在外国籍の子の保護者には、学校教育法第 17 条の規定は適用されず、就学義務は課されていないが、

公立の義務教育諸学校へ就学を希望する場合には、国際人権規約等も踏まえ、その子を日本国籍の子どもと同様に無償で受け入れるという対応が取られている。日本語能力が不十分な子どもに対する支援については、文部科学省による情報の発信なども行われている。

文部科学省　かすたねっと
https://casta-net.mext.go.jp/

**幼児教育、高等学校の授業料
無償化**

　幼児教育、保育の利用料については 2019 年から、幼稚園については月額 2 万 5700 円を上限に費用を補助することになった。保育所、認定こども園については利用料が無償化されている。また住民税非課税世帯の 0 から 2 歳の子どもについても、保育料などが無償化された。公立高校の授業料については、2010 年から、年収約 910 万円未満の世帯について、公立高校授業料相当分、年間 11 万 8800 円の「就学支援金」の助成がなされ、政策として実質無償化がなされている。

考えてみよう 10−3　　主な参照条文　27条、28条

　Ａさんは、「形の上では３年の有期雇用になっているが、実際は無期の雇用だ」と言われて働いていたのに、実際に３年経った時に、期間の満了を理由に雇い止めされてしまいました。Ａさんはこの雇い止めは不当だと思い、裁判で争うことにしました。Ａさんはどのような主張ができるでしょうか？

1　勤労の権利と義務・勤労条件の法定

　19世紀以降の資本主義経済発展の一方で、労働者は過酷な労働条件の下で働き、苦しい生活を余儀なくされていました。当時は資本家の所有権や、契約の自由が絶対的なものとされていたため、強大な力を持つ資本家に対して、労働者は対等な立場に立てなかったのです。このような状況を打破するべく、労働者の権利についての憲法規定が制定されました。憲法では、27条において勤労の権利と義務、労働条件の法定を、28条において労働基本権について定めています。

　憲法27条２項の規定を具体化するために、労働基準法があります。これは国が労働条件について制限を設けることによって、前述のような劣悪な労働条件の下で働いていた**労働者に対して、その立場を保護**するものです。１条１項に「労働条件は、労働者が人たるに値する生活を営むための必要を充たすべきものでなければならない」と掲げ、生存権の理念とも呼応しています。労働基準法においてはその他に、労働者の差別的取扱の禁止や、男女同一賃金の原則、強制労働の禁止などが定められています。その他、最低賃金法や、労働安全衛生法、男女雇用機会均等法などが、憲法の規定を具体化するものとして制定されています。また、憲法27条３項に定める**児童酷使の禁止**は、特に害悪が大きく、また一般的にこれまで子どもの保護が十分でなかったという歴史的経緯のためであるとされます。労働基準法においても、15歳以下の子どもの労働を、原則として禁止しています。

　しかし、近年では、長時間の勤務のために学生らしい生活ができなくなる「ブラックバイト」が話題になるなど、労働者の保護が十分でないケースが社会問題化しています。また外国人労働者についても受け入れが進む一方で、本来は人材育成が目的の技能実習制度が、実質的には労働力の確保の手段として使われ、また人権侵害が問題視される状況も起き、制度の改変も議論されています。

2　労働基本権とは

　憲法28条労働基本権は、国に対して、労働者の労働基本権を保障する措置を求める社会権としての性格を持ちます。他方、国が労働基本権を制限するような立法をすることなどを禁止し、労働基本権行使については、刑事責任を問われないという自由権としての側面も持ちます。労働基本権はその性質上、使用者は労働者の労働基本権の行使を尊重することが求められることから、私人間の関係に直接適用されるものです。団結権、団体交渉権、団体行動をする権利（争議権）を総称して、**労働三権**と呼びます。

　団結権は、労働組合を結成する権利です。労働者が使用者と団体交渉を行うために、単に組合を結成するだけでなく、組合への強制加入や、内部統制などが一定程度認められます。

　団体交渉権は、労働組合がその代表を通じて交渉し、労働条件を取り決める権利です。団体として交渉することによって、労働者が使用者との対等の立場に立つことができます。労使間で合意に達した事項について労働協約を締結し、それは法的効力をもちます。

　争議権は、ストライキなどの争議行為を保障するものです。正当な争議行為については、憲法、

労働組合法に認められた権利の行使であり、刑事責任を問われず、民事責任も限定されます。

3　公務員の労働基本権

　公務員は、労働基本権に関して制限を受けています。警察、消防職員、自衛隊員など特別公務員は労働三権すべてを、非現業の公務員は団体交渉権と争議権を、現業の公務員は争議権を、それぞれ制限されています。また政治的活動も制限されています。最高裁は、公務員の争議行為について、その権利を認める傾向を示した時期もありました。しかし、その後全農林警職法事件（最大判昭48（1973）4・25）において、公務員の地位の特殊性と職務の公共性、また国民全体の共同利益に重大な影響を及ぼすか、そのおそれがあることを根拠に、争議権の制限を認めています。学説では、公務員の労働基本権の制限は、職務の性質、違い等を考慮し、必要最小限であるべきだと批判がなされています。

全逓東京中郵事件　最大判昭41（1966）・10・26

　春闘に際し全逓の役員が、東京中央郵便局の職員に対して勤務時間に食い込む職場大会に参加するよう説得し職場を離脱させた行為について、争議行為をそそのかしたとして起訴された。最高裁は、制限は合理性の認められる必要最小限度にとどめること、国民生活に重大な障害をもたらすおそれのあるものを避けるため必要やむをえない場合に限ること、制限違反に対して課せられる不利益は必要な限度をこえないこと、特に刑事制裁は必要やむをえない場合に限ること、争議行為の代償措置が講ぜられること、という条件を挙げ、それに照らして公労法17条を合憲とした。しかし正当な争議行為には労働組合法の適用があり、刑事免責されるとして被告人を無罪とした。

全農林警職法事件　最大判昭48（1973）・4・25

　国家公務員法の争議行為の禁止について争われた事件。最高裁は従来の判決を変更し、公務員の地位の特殊性と職務の公共性一般を強調して国民全体の共同利益への影響を指摘し、公務員の労働基本権に必要やむをえない程度の制限を加えることは十分合理的な理由があるとした。そして、公務員の勤務条件は国会の制定した法律・予算によって定められるから政府に対する争議行為は的はずれであること、公務員の争議行為には、私企業の場合とは異なり市場抑制力がないこと、人事院をはじめ制度上整備された代償措置が講じられていること、などの理由も挙げて、一律かつ全面的な争議行為の禁止を合憲とした。

最低賃金1千円超え、3→8都府県に　地方で大幅な引き上げ相次ぐ

　最低賃金（時給）の今年の改定額が18日、全都道府県で出そろった。物価高を受け、引き上げ額は全国加重平均で43円と過去最高に。「1千円超え」の都府県は3から8に増える。地方では、人手不足の中で働き手の流出を抑える狙いなどから、国側の引き上げの目安額に大幅に上乗せする県が相次いだ。（朝日新聞2023年8月19日）

ブラックバイト「不当な扱い」7割が経験　教授ら調査

　アルバイトをした大学生のうち、4割強が深夜に働き、授業に集中しにくくなるケースが多いことが、調査でわかった。不当な扱いを受けたのに泣き寝入りする学生も3割はいて、「ブラックバイト」の実態が浮かび上がった。週20時間以上働く学生は全体の3割弱いて、うち半数超が「生活費を稼ぐため」とした。特に奨学金の利用者の方が長く働く傾向がある。（朝日新聞2015年4月29日）

有期雇用10年、絶たれる研究　「無期転換」直前、雇い止め数千人規模も

　有期雇用が10年を超えるといういう理由で、「雇い止め」される研究者が相次ぐ。文科省の調査によると、数千人にのぼる可能性もある。日本を代表する研究機関である理化学研究所では100人近くが雇い止めにあった。専門家は、有期雇用から無期雇用への転換を促すための法律が機能していないと指摘する。（朝日新聞2023年5月23日）

公務員の労働基本権

　公務員に対しても憲法第28条で労働基本権が保障されるが、職務の公共性を理由として、以下の図の通り制約がある。

	団結権	団体交渉権	争議権
現業の国家・地方公務員	○	○	×
非現業の国家・地方公務員	○	○※	×
警察官・自衛官・消防職員・海上保安庁職員・監獄職員	×	×	×

※ただし、団体協約が結べないため、不完全なものである。

そごう・西武、きょうスト　池袋本店、全館終日休業へ

　大手百貨店そごう・西武の労働組合は、ストライキを31日に実施することを決めた。労組は、投資ファンドへのそごう・西武売却後の事業継続や、雇用維持について説明を求めてきたが、不十分だとして、売却を強行すればストを実行すると会社側に伝えた。（朝日新聞2023年8月31日）

コラム③ 財政～国民から租税を集めて使う

　国を運営するには、お金がかかります。国家予算は、平成20年度（2008年度）には約83兆円だったのですが、令和5年度（2023年度）には約114兆4千億円となっています。これを正社員の平均生涯賃金が2億円強とされることと比べると、その規模がわかるでしょうか。財政をどのように運営するかは、国民の大きな関心事です。

◆租税法律主義

　財源となる租税を新しくかける場合や、内容を変更する場合には、**「租税法律主義」**といって、必ず法律や法律の定める条件による（84条）ことになっており、国民の同意を得なくてはなりません。①納税義務者、②課税物件（課税の対象とされる物）、③課税標準（税額を算出するために、課税物件を金額や価格、数量等で表した数値）、④課税率（税額を算出するために課税標準に適用される割合）の**課税要件**と、租税の賦課・徴収（税額を確定すること・納税者の納付に基づいたり強制によって徴収すること）の手続を定める必要があります。また、租税ではないのですが、国が強制的に徴収する各種手数料や郵便料金等の料金についても、おなじような考え方から、国会で議決しなくてはならないと考えられています。

　誰に、どのように、どのくらい課税するのかは、国の財政を、租税を負担できる力に応じてみなで応分に支えるという観点から、「公平」でなくてはならないと考えられます（**租税の公平**）。例えば、不況対策に、高齢世代が生前に財産を若い世代に贈与し、若い世代が財産を住宅購入にあてた場合に贈与税を軽減して、経済を活性化させるというのは名案でしょうか？近年、相続税の軽減など、相続・贈与にまわす資産のある層に有利だとみられる税制改革が考えられる傾向がありますが、若い世代の努力によらず財産が受け渡され、貧富の差を固定してしまう心配もあります。「公平」な税制が何を目指すのかを考えてゆかねばなりません。

◆予算と決算

　国の収入と支出の計画は、毎年、内閣が原案を作り、**予算**として国会に提出され、審議・議決されます。予算は、4月から翌年3月末までの会計年度に、国がどのように財政を運営するかについてのルールとなります。会計年度が終わると、**会計検査院**が**決算**を検査して、内閣は、次の年度に、決算を会計検査院の検査報告とともに国会に提出することになっています（90条）。

◆日本の財政

　国の年度ごとの収入である**歳入**は、さまざまな租税や印紙税による税収と、国債などの公債、つまり、借金でまかなわれています。このうち、国債依存比率がきわめて高くなっていて、危機感がもたれています。

　歳出は、一般歳出のほか、地方交付税交付金（地方公共団体の財源の均衡化のため、国が国税の一定割合を交付する交付金）、国債費（国債の返還などにあてられる）からなります。一般歳出のうちで最も高い割合を占めるのは、社会保障関係費です。高齢化にともなって年金給付や医療費の自然増加、不景気などで増え続け、いかにして財源を確保するかが課題になっています。

◆予算のさらなる拡大

　令和5年度予算は、一般会計の総額が過去最大の114兆3812億円となり、財源を賄うために発行する国債は35兆円を超えて、財源の3割以上を占める厳しい財政状況となりました。

　歳出の面では、国債の元利払いに充てられる国債費、社会保障費、地方財政の財源を補填する地

方交付税交付金等をあわせると、それだけで歳出の 68% を占め、自由に使える予算は限られます。その中で、防衛費は、政府が 5 年以内に防衛力の抜本的強化を目指す中、6 兆 7880 億円となって過去最大です。さらに、「防衛力強化資金」という新たな枠組みで、外国為替資金特別会計の繰入金などで 3 兆 3806 億円を計上し、合わせると防衛関係の予算は、10 兆円を超えます。全体の 3 分の 1 を占める「社会保障費」は、高齢化の進展などに伴って 2022 年度より 6154 億円増え、こちらも過去最大の 36 兆 8889 億円です。国債費も、過去最大の 25 兆 2503 億円となりました。地方交付税交付金等は、5166 億円増えて 16 兆 3992 億円です。このうち、政府のかかげる、地方公共団体のデジタル技術導入を後押しする地方・デジタル田園都市国家構想のために、デジタル田園都市国家構想交付金として 1000 億円が計上されています。「文化、教育、科学技術関連予算」は 257 億円増えて 5 兆 4158 億円となりました。科学技術・イノベーションへの投資として、量子・AI 分野を中心とする重要先端技術の研究開発を戦略的に推進するとともに、基礎研究・若手研究者向け支援を充実する等の施策が示されました。また、物価高騰やウクライナ情勢の急変等を睨み、5 兆円の予備費が計上されています。

　歳入のうち、税収は、69 兆 4400 億円と、2022 年度の当初予算より 4 兆 2050 億円増える見込みです。新型コロナで落ち込んだ企業の業績が回復傾向で、法人税の税収が増える見込みのためです。

　さまざまな課題に対応する中で、予算は拡大する一方ですが、これを補う財源をどう確保するかの目途はたたず、国債の発行に頼る状態です。プライマリー・バランス（歳入と歳出のバランス）が取れない結果、債務が毎年累積し、将来世代への大きな負担となります。

令和 5 年度一般会計予算 歳出・歳入の構成

令和5年度一般会計予算 歳出・歳入の構成

（注1）計数については、それぞれ四捨五入によっているので、端数において合計とは合致しないものがある。
（注2）一般歳出における社会保障関係費の割合は50.7%。

財務省「令和 5 年度予算のポイント」より

第Ⅲ部　統治機構

【国会の１年　令和４年】

　2022年１月には、岸田文雄首相が、コロナ対策を最優先にするという、初めての施政方針演説をしました。２月にウクライナ戦争が勃発しました。沖縄は、５月15日で本土復帰50年を迎えました。６月15日に閉会した常会での政府提出法案は100％成立しました。７月には、参議院選挙の応援演説中の安倍晋三元首相が射殺される事件が起こり、旧統一教会との国会議員の関係や、献金の規制が議論され、救済法案が成立しました。９月には、70年の在位ののちに、イギリスのエリザベスⅡ世が死去しました。10月以降、閣僚の辞任が相次ぎ、岸田政権の支持率は低迷を続けます。

１月17日	常会（通常国会）開会（第208国会） 岸田文雄首相　施政方針演説、令和４年度予算案提出
１月27日	国会召集訴訟、広島高裁岡山支部が控訴棄却
２月１日	対中人権決議（新疆ウイグル自治区での人権侵害等）
２月16日	最高裁第三小法廷が大阪市ヘイト抑止条例を合憲と判断
３月４日	衆議院憲法審議会が、オンライン国会に改憲不要との報告書可決
３月22日	予算成立
３月24日	ウクライナ、ボロディミル・ゼレンスキー大統領国会演説 最高裁第三小法廷、夫婦同姓合憲判決
５月11日	経済安保法案可決、難民保護新法案、５野党・会派が提出
５月12日	教育職員免許法・教育公務員特例法改正可決（教員免許更新制廃止）
５月19日	困難な問題を抱える女性支援法成立（超党派）
５月31日	補正予算成立（物価高に対応）
６月３日	ＮＨＫ受信料値下げ法案成立
６月９日	内閣・衆院議長不信任案、否決
６月13日	刑法改正案成立（拘禁刑に一本化）
６月15日	子ども基本法・子ども庁設置法成立、ＡＶ救済法成立 常会閉会
６月22日	参議院選挙公示
７月８日	安倍晋三元首相射殺
７月10日	参議院普通選挙 （自民党８議席増、日本維新の会が野党第１党に。女性当選最多35人、28％）
８月３日	臨時国会開会（第209国会）
８月５日	臨時国会閉会
９月８日	安倍晋三元首相国葬をめぐる閉会中審査
９月27日	安倍晋三元首相国葬
10月３日	臨時国会開会（第210国会）
10月24日	山際大志郎経済再生担当大臣辞任（旧統一教会問題）
11月11日	葉梨康弘法相更迭（死刑をめぐる発言）
11月18日	公職選挙法改正（衆議院10増10減）
11月20日	寺田稔総務相更迭（政治資金問題）
12月10日	献金規制新法成立、障害者総合支援法等障害者関連法成立、臨時国会閉会

（朝日新聞 2022 年 7 月 9 日）

統治機構総論

　皆さんは、これまで社会科の授業のなかで、国会や内閣、そして裁判の仕組みについて学んできました。しかしながら、社会科の「公民」分野は、暗記科目として「試験で苦しめられた」という方は少なくないようです。

　とはいえ、テレビのニュースにしても新聞記事にしても、法案をめぐる与野党の対立や経済対策、そして世間の注目を集めた事件の判決等に関する報道を目にしない日はありません。政治家や官僚に対する批判も日常茶飯事です。憲法を考える素材には事欠きません。

　第Ⅲ部では、日本の民主政治の仕組みについて身近な事例をもとに考えていきましょう。どうして衆議院の解散が行われるの？どうして国会議員は逮捕されないの？どうして裁判員にならないといけないの？こうした疑問について、皆さんは各章の説明のなかに答えを見いだすことでしょう。

1　いま、統治機構がおもしろい!?

（1）憲法を支える両輪

　人権保障と統治機構は、しばしば憲法を支える両輪に例えられます。フランス人権宣言には、「権利の保障が確かでなく、権力の分立が定められていないような社会はすべて、憲法をもつものではない」（16条）という有名な一文があります。

　憲法の学習といえば、主として人権保障のあり方に関心が寄せられますが、それらをいかに確保していくかといった視点も欠かせません。つまり、制度的な裏付けが重要であるということです。こうした制度をいかに民主的に運営するかといったことが、統治機構の主たる課題になります。

（2）1990年代以降の統治機構改革

　1990年代以降、日本の社会構造は大きく変化しました。世界的には、東西の冷戦構造が崩壊し、グローバル化の流れが世界を席巻します。国内では、規制緩和が声高に叫ばれ、「自己責任」論が強調されました。

　そうした社会状況のなかで、統治機構に関する大きな改革が進められてきました。主要なものとして、次の5つの改革を挙げておきます。第一に政治改革です。これは例えば、小選挙区比例代表並立制の導入や、政党助成の規律などの見直しが挙げられます。第二に、国会改革です。政府委員制度の廃止や、党首討論の導入などがその代表的なものです。第三に、行政改革です。内閣機能の強化や中央省庁の再編など大きな改革が行われました。第四に、司法制度改革です。審理の迅速化とともに、裁判員制度の導入は国民にとって大きな影響をあたえるものです。そして第五に、地方分権改革です。地域の自主性及び自立性を高めるための改革を総合的に推進することを目的として、地方分権一括法が制定されています。

　以上のような改革を経て、憲法秩序は制定当時と比べると大きく様変わりしました。もっとも、日本国憲法の規定それ自体はまったく変わっていません。このあたりにも、憲法改正を主張する人々にとって、現行憲法に不満をもつ理由が見いだせます。

	統治機構の基本原理として、国民主権と権力分立が挙げられます。
2　統治機構の基本原理	国民主権とは、政治のあり方を決定するのは国民自身であり、また国家権力の行使を正当づけるのは国民であるということです。国民主権の

行使について、日本では原則として代表民主制が採用されています。

　次に、権力分立です。国家権力が単一の国家機関に集中すると、権力が濫用され、国民の基本的人権が侵害されるおそれがあります。モンテスキューも述べていたように、「もし裁判権が立法権と結合すれば、市民の生命及び自由に対する権力が恣意的となる」（『法の精神』）わけです。そこで、国家権力の諸作用を性質に応じて立法・行政・司法に区別し、それらを異なる機関に担当させ、相互に抑制と均衡を保たせようとしました。これが権力分立の考え方です。

　日本国憲法は、第4章・第5章・第6章において、それぞれ国会・内閣・裁判所の役割を定めています。また、地方自治に関する定めをおくことで、中央（国）への権力集中を防止しようとしています（これを、三権の水平的分立に対比させて、垂直的権力分立と呼ぶことがあります）。

　権力分立は、国民の権利や自由を守ることをねらいとするもので、「すぐれて自由主義的な政治組織の原理」（清宮四郎）であると言われます。専制政治の下では、国民の権利の保障が完全なものにはなりえません。したがって国民主権と権力分立という考え方は、相互に補い合って統治機構の基礎を構成しているのです。

	今日、諸国家に共通して見られる三つの新たな現象と関連づけて、
3　権力分立の現代的変容と政党	「権力分立の現代的変容」が説かれます。それぞれ行政国家現象、司法国家現象、政党国家現象と呼ばれています。

(1) 行政国家現象

　社会国家（福祉国家）の要請にともない、行政に期待される役割が過度に大きくなっています。それによって、国の基本的な政策決定は、「国権の最高機関」である国会ではなく、むしろ法律の執行機関である行政権に実質上委ねられています。

(2) 司法国家現象

　民主政治の要諦は多数決による決定です。しかし、だからといって多数決に拠りさえすれば、少数者の人権を侵害してもよいわけではありません。ただし、少数者の人権は、ともすれば侵害されやすいのも事実です。そこで、裁判所が人権保障の「最後の砦」として積極的な役割を果たすことが期待されるのです。特に違憲審査制（81条）が導入され、司法権が国会や政府の活動を統制することになりました。ここには、「司法までが民主化しないところに合理的な民主主義の運用がある」（兼子一）という一種のパラドックスが見られます。

(3) 政党国家現象

　今日の政治は、「政党」の協働なしにはありえません。実際上、国会と内閣（政府）との対立という図式は形骸化されているといってよいでしょう。つまり、国会の多数派（与党）と内閣は同質であり、それに対して野党が相対峙するという構図です。この方が皆さんのイメージにとっても、しっくりとくるでしょう。

　今日の政治は政党を抜きにしては語れません。最高裁判所も、「政党は議会制民主主義を支える不可欠な要素」（八幡製鉄政治献金事件、最大判昭45（1970）・6・24）だと断言しています。政党は、多くの人々の多様な意見を集約し、国政に集約・反映させていく媒介者としての役割を担って

います。もっとも、政党が本来期待される役割を果たしているかという質問に対して、71％が「そうは思わない」と答えています（→資料）。

　政党とは、さしあたり「政治上の主義若しくは施策を推進し、支持し、若しくはこれに反対」（政治資金規正法3条）すること等を目的とする政治団体だといえます（→11章）。それと関連してしばしば耳にするのが「会派」という言葉です。これは、各政党の衆参両議院内における一種の出先機関と称してよいものです。議案の発議や委員会での質問時間の配分など、両議院の実際の活動は会派単位で行われています。

　こうした点を見ても、政党の存在を抜きに統治機構を論じることはできません。ただ不思議なことに、日本国憲法には政党についての定めはありません。これは政党の自主性・自発性を尊重するという、一つの考え方を示しています。

4　憲法附属法への 　　目配り

　日本国憲法（憲法典）は、第4章以下に、統治機構に関する規定をおいています。もっとも、国家機関の組織や構成等に関する規定は、必ずしも憲法だけにとどまりません。法律や規則などでも、重要な規定が数多く定められています。このように、国政の組織や運営に必要なルールでも、形式上は憲法典に盛り込まれないで、法律その他の法令に委ねられることがあります。これらを憲法附属法（規）と呼びます。

　つまり、憲法秩序とは日本国憲法という憲法典に加え、これら憲法附属法ならびに憲法判例があわさったものと捉えることができます。統治機構のあり方を考えるにあたっては、国会法、公職選挙法、内閣法、裁判所法、あるいは両議院の議事規則など、憲法附属法への目配りが欠かせません。

5　憲法規範と憲法 　　現実

　さらに、統治機構を学ぶにあたって、「憲法規範と憲法現実」との乖離に着目しておく必要があります。つまり、憲法の条文が実際にどのように用いられているか、様々な制度が現実に機能しているか、ということに常に目を向けておくことが必要だということです。

　その意味でも、学校における政治教育・憲法教育のあり方が重要になってくるでしょう。教育基本法14条（旧法8条）も「良識ある公民として必要な政治的教養は、教育上尊重されなければならない」と述べています。高校までの教育は、ともすれば三大原則や三大義務などといったように憲法を単純化しすぎるきらいがあります。そのため、児童・生徒に誤った先入観を植え付けかねないことが懸念されています。「『憲法は権力を抑える』と教えるが、一方で憲法が選挙などできちんとした権力を作る役割については教えていない」（大石眞）といわれます。教育の現場では、「子どもたちがダイナミックにコミュニティの統治や行政の監視や政策作りに参加する」ような実践が皆無に近く、総じて憲法に関する学びが「現実的ではないこと」（江口勇治）が最大の問題だ、という教育学の立場からの厳しい批判もみられます。

　2015年6月の法改正により、選挙の投票年齢が「18歳以上」となりました。2016年夏の参院選では、18歳及び19歳の有権者が一票を投じました。ただ、年齢層別にみると、10歳代の投票率は46.78％で、20歳代（35.60％）、30歳代（44.24％）に次いで3番目の低さでした（総務省「国政選挙における年代別投票率について」を参照）。そのようななかで、日頃のテレビのニュースや新聞記事などをもとに、「憲法規範と憲法現実」との差異にも着目しながら具体的に考えていくこと

が大切です。

　先に言及した八幡製鉄政治献金事件の最高裁判決は、さらに続けて「政党のあり方いかんは、国民としての重大な関心事でなければならない」と述べています。むろん、政党に対してのみならず、国政全般にわたって、主権者である私たちの不断の監視が何よりも必要だといえましょう。

　ナチス独裁体制の苦い過去を有するドイツにおいて、ある憲法学者が次のように語っていることは統治機構の意義を端的に表しています。「過去が同じくはっきりと証言しているのは、個人の道義が認められ、訴えることができ、頼りにすることができる制度が存在しなければ、個人の道義は完全に無力だということである」（B.シュリンク）。

若者の政治参加と「主権者教育」

　本文でも述べたように、10歳代、20歳代の若者の投票率は低い傾向にある。この傾向は2017年10月の衆院選においてもみられた。

　特に、注目したいのは、2016年参院選の18歳投票率が51.28％で、翌2017年衆院選の19歳投票率が33.25％であった点である。2016年に18歳であった有権者の投票率が、一年後には大きく低下していることを示している。

　公益財団法人「明るい選挙推進協会」の調査によれば、2016年参院選で投票に行かなかった理由で一番多かった回答は、「現在の居住地で、投票ができなかったから」というものである（29.3％）。次いで、「選挙にあまり関心がなかったから」（23.6％）、「面倒だったから」（23.1％）、「どの政党や候補者に投票すべきかわからなかったから」（18.3％）という回答が続く（複数回答可）。

　若い有権者が投票に行かないと、どうなるだろうか。次の図のようなサイクルが生まれてしまうのだろうか（上記の調査結果及び以下の図は、明るい選挙推進協会が作成した若者向けパンフレット「わたしたちの選挙2018　未来を選ぼう」による）。

出典：http://www.akaruisenkyo.or.jp/wp-content/uploads/2018/06/daigakumuke-.pdf

政党の役割

　日本国憲法には「政党」に関する規定がない。しかしながら、憲法現実において、政党が国政上重要なファクターであることに異論はみられない。それでは、これら政党に対して、国民は一般にどのように考えているのであろうか。

　朝日新聞社の世論調査（2019年）によれば、いまの政党が期待される役割を果たしているか尋ねたところ、「果たしていない」が71％で、「果たしている」の21％を大きく上回った。支持政党がないと答えたのが47％である。全体として、「政党に対する不満の高さがうかがえる」ようである。

　本文中でも述べたが、政党には人々の意見を集約し、それを国政に反映させていく役割がある。これに関連して、政治に意思を伝えたいときにしたい行動を尋ねると、「政治家に投票する」（80％）、「署名運動に参加」（23％）、「ネット発信や新聞に投稿」（16％）などが上位を占めている。一方で、表現の自由や参政権に関わる「デモや集会に参加」（4％）「選挙に立候補」（1％）と低い割合にとどまった（朝日新聞2019年5月3日朝刊）。

　さて、あなたは自らの意思をどのように伝えるであろうか。

考えてみよう11−1 主な参照条文 前文、1条

　Aさんは、消費税を廃止してほしいと考えていました。しかし、消費税は廃止されず、国民主権といっても、自分の意見は政治に反映されないものだな、と思っていました。それでは、国民主権とはどのようなものなのでしょうか？

1　国民主権とは

　天皇主権とされていた明治憲法とは異なり、日本国憲法前文においては「主権が国民に存すること」と述べられており、1条では「主権の存する日本国民」とあります。**国民主権**とは、どのような意味なのでしょうか。

　国民主権とは、国政の最高の決定権が国民にあるということ、また、国民が国の政治のあり方を最終的に決定する力、つまり権威をもつということです。

　国民主権の原理は、そもそも国民が憲法を制定する力（**憲法制定権力**）を保持するという思想に由来します。憲法は、国家の基本秩序を定めるものであり、それを制定する力を持つことは、主権者の本質であるといえます。

2　権力性の契機・正当性の契機

　国民主権の原理には二つの要素が含まれるといわれます。一つは、国民自身が、国の政治のあり方を最終的に決定する権力を行使するということ（**権力性の契機**）です。これは、憲法が代表民主制を採用しているので、国民とは有権者を意味することになります。そしてその有権者が国会議員の選挙（43条）や、地方公共団体の長や議会議員の選挙（93条）によって、その権力を行使することになります。また、憲法改正の条件として、国民投票による過半数の賛成を要求していること（96条）や、最高裁裁判官の国民審査（79条）などもその表れともいえます。

　もう一つは、国民に、国家権力の行使を正当づける究極的な権威があるということ（**正当性の契機**）です。これは権力の正当性の根拠は被治者の同意であるという民主主義原理の下で、全国民が同意することによって、国家の権力行使に対して正当性を与えているということになります。

3　直接民主制と間接民主制

　そもそも、「治者と被治者の自同性」（統治する者とされる者が同じであるということ）とも言われる民主主義の理念をシンプルに実現するならば、国民が直接政治を行う**直接民主制**は、もっともふさわしい制度です。古代ポリスにおいてなされていた例や、現在においてはスイスの住民自治などにおいてその例が見られます。しかし、国民全員が政治に参加するならば、それはごく小規模の国家においてしか実現できません。また、すべての政治的な問題について、国民全員が知識を持ち、議論をし、そして決定することができるかというと、実際には難しい面もあるでしょう。そこで現代国家においては、国民が政治を担当するにふさわしい代表を選び、その代表者が国民に代わって政治を行うという制度を採ります。これを**代表民主制**または**間接民主制**と呼びます。日本国憲法も前文において、「日本国民は、正当に選挙された国会における代表者を通じて行動する」と定めています。一方、日本においても、直接民主制的な要素を持つ制度が存在します。地方特別法の制定に関する住民投票制度（95条）や、憲法改正に関する国民投票制度（96条）です。また、地方自治においては、住民投票やリコール制度なども利用されています。さらに、国政においても重要問題に関して国民投票の採用が議論されていますが、これは国会を「唯一の立法機関」（41条）と規定する憲法の規定上、問題があるのではないかといわれています。

ゲティスバーグ演説（在日米国大使館ホームページより）」

http：//aboutusa.japan.usembassy.gov/j/jusaj-majordocs-gettysburg.html

エイブラハム・リンカーン（中央）
「……それは、名誉ある戦死者たちが、最後の全力を尽くして身命をささげた偉大な大義に対して、彼らの後を受け継いで、われわれが一層の献身を決意することであり、これらの戦死者の死を決して無駄にしないために、この国に神の下で自由の新しい誕生を迎えさせるために、そして、人民の人民による人民のための政治を地上から決して絶滅させないために、われわれがここで固く決意することである。」

衆議院議員　総選挙投票率推移

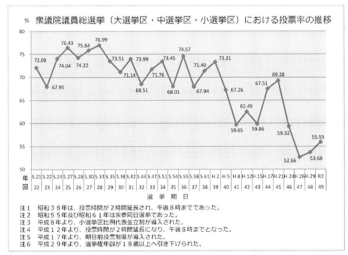

総務省：国政選挙の投票率の推移について
https://www.soumu.go.jp/senkyo/senkyo_s/news/sonota/ritu/index.html

「あたらしい憲法のはなし」より

「さて日本国民は、二十歳以上の人は、だれでも国会議員や知事市長などを選挙することができます。これを「選挙権」というのです。わが国では、ながいあいだ、男だけがこの選挙権をもっていました。また、財産をもっていて税金をおさめる人だけが、選挙権をもっていたこともありました。いまは、民主主義のやりかたで国を治めてゆくのですから、二十歳以上の人は、男も女もみんな選挙権をも

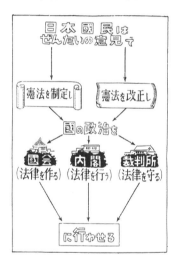

っています。このように、国民がみな選挙権をもつことを「普通選挙」といいます。こんどの憲法は、この普通選挙を、国民の大事な基本的人権としてみとめているのです。しかし、いくら普通選挙といっても、こども……まで選挙権をもつというわけではありませんが、とにかく男女人種の区別もなく、宗教や財産の上の区別もなく、みんながひとしく選挙権をもっているのです。」

大阪都構想の住民投票、1万741票差で反対多数

橋下徹大阪市長が掲げた「大阪都構想」の是非を問う住民投票が2015年5月17日に行われ、1万741票差で反対が多数となり、都構想は廃案となった。投票率は66・83％だった。今回の住民投票は2012年に成立した大都市地域特別区設置法に基づき、今年3月に大阪府、大阪市の両議会で承認された都構想案（特別区設置協定書）への賛否が問われた。大阪市をなくし、市の仕事を新設する五つの特別区と府に分けて、市と府の二重行政解消をめざした。反対派は、政令指定市が持っていた権限や財源が府に吸い上げられ、住民サービスが低下すると批判してきた。（朝日新聞2015年5月18日）

外国人に住民投票権　否決　武蔵野市議会

外国籍の住民にも開かれた住民投票条例案について、東京都武蔵野市議会は21日、反対多数で否決した。条例案の発表後、街頭やネット上で反対運動が過熱。各市議への働きかけも激化し、本会議での採決に注目が集まっていた。条例案では日本での在留期間に条件をつけず、18歳以上で、市の住民基本台帳に3か月以上登録されていれば投票資格がある内容だった。（朝日新聞2021年12月22日）

考えてみよう11−2　　主な参照条文　21条、43条

Aさんは、現在の政治に不満を持っています。既存の政党の主張もあまりいいとは思えなかったので、いっそ自分で政党が作れないものか？と考えました。政党を作るには、どうすればよいのでしょうか？

1　代表民主制と政党

　現代の代表民主制の中で、非常に重要な役割を果たしているのが**政党**といえます。現代においては、選挙活動などにおいても、政党が中心的な役割を果たし、政党によって国民と議会がつながっているとも言えます。**比例代表制**による選挙なども、政党の存在を前提に行われるものです。政策などを形作っていく際にも政党がリーダーシップを取っており、今日の国家は、政党国家の形態をとるといえます。

2　政党の憲法上の根拠とその地位

　憲法は、政党に関して明記しておらず、結社の自由を通じてその活動を保障しています（21条）。また、議院内閣制を採用していることから、政党の存在を前提としているといえます。

　政党に対する憲法上のとりあつかいについて、海外においては、ドイツやフランスなど憲法上に政党条項をおいている国もあります。日本では、憲法上に規定は置かれていないものの、戦後間もない時期から政党法を作るという動きがありました。現在では、**政治資金規正法**や**政党助成法**、**公職選挙法**など、数多くの法律で政党に関する定めが置かれており、法的な規制が以前よりもより強まっているといえます。しかし、このような法律による規制によって、憲法上の政党の自由な結社という側面が脅かされているのではないかという指摘もあります。

　政治資金規正法では3条において「政治団体」について、「政治上の主義若しくは施策を推進し、支持し、又はこれに反対することを本来の目的とする団体、特定の公職の候補者を推薦し、支持し、又はこれに反対することを本来の目的とする団体」などと定義し、その政治団体の中で、①衆議院議員又は参議院議員が5人以上所属するもの②前回の衆議院議員の総選挙、または前回、もしくは前々回の参議院議員通常選挙における得票総数が有効投票の総数の百分の二以上であるもの、という条件を満たすものを「政党」としています。

　1994年に政治資金への規制強化と並んで導入された政党助成金は、政党助成法（1条）により、「議会制民主政治における政党の機能の重要性にかんがみ、国が政党に対し政党交付金による助成を行う」ものだとされます。この制度は、政党助成法の基準を満たした政党の届出に基づいて資金が分配されるものですが、総額約315億円（2023年現在）という金額の大きさとともに、既成政党のみが有利に扱われているのではないかとの批判もあります。

　ところで、比例代表選出議員が党籍を離脱・変更した場合や、党による議員の除名処分が行われた場合、その議席は一体どうなるのでしょうか。「全国民を代表する選挙された議員」（43条）との関係で、複雑な問題が生じます。1つは、比例代表選挙を政党中心の選挙であるとし、政党の得票数に応じて議席が配分されていることから、党籍を失えば議員の資格も喪失するという考え方です。もう1つは、一度選任されれば選出方法の如何を問わず、議員はすべて「全国民を代表する」もので、たとえ党籍を失っても議員としての身分には影響しないとする考え方です。最近では、議員自らの意思で党籍の変更・離脱を行った場合にかぎり、議席を喪失させるという考え方も見られます。（→統治機構総論）

3　会派

　政党と区別されるものに「**会派**」があります。これは、国会の議院内において議員が結成するグループで、多くの場合同一政党に所属する議員が同一会派に所属します。議案の発議を行うなどの国会の運営は、この会派単位を中心になされることになります。議院における議事全般を管理する議院運営委員会の委員は、会派の人数に応じてメンバーの配分が決められます。ただし参議院では、委員の割り当てを受けるのは10人以上の所属議員を有する会派に限られます。また、常任委員会や、特別委員会などにおける各種委員の選任や、会議、委員会などでの質問時間の配分、議員控室の割当てなども、会派単位で行われます。

政治資金規正法における政治団体の要件

政治資金規正法 3 条

　この法律において「政治団体」とは、次に掲げる団体をいう。
　一　政治上の主義若しくは施策を推進し、支持し、又はこれに反対することを本来の目的とする団体
　二　特定の公職の候補者を推薦し、支持し、又はこれに反対することを本来の目的とする団体
　三　前二号に掲げるもののほか、次に掲げる活動をその主たる活動として組織的かつ継続的に行う団体
　イ　政治上の主義若しくは施策を推進し、支持し、又はこれに反対すること。
　ロ　特定の公職の候補者を推薦し、支持し、又はこれに反対すること。

政党助成法の目的

政党助成法 1 条

　この法律は、議会制民主政治における政党の機能の重要性にかんがみ、国が政党に対し政党交付金による助成を行うこととし、このために必要な政党の要件、政党の届出その他政党交付金の交付に関する手続を定めるとともに、その使途の報告その他必要な措置を講ずることにより、政党の政治活動の健全な発達の促進及びその公明と公正の確保を図り、もって民主政治の健全な発展に寄与することを目的とする。

ドイツの政党条項

ドイツ基本法 21 条　① 政党は、国民の政治的意思形成に協力する。政党の結成は、自由である。政党の内部秩序は、民主制の諸原則に合致していなくてはならない。政党はその資金の出所及び用途並びにその財産について、公に報告しなくてはな

らない。
② 政党のうちで、その目的又はその支援者の行動により、自由で民主的な基本秩序を侵害若しくは除去し、又はドイツ連邦共和国の存立を危うくすることをめざしているものは、違憲である。その違憲性の疑いについては、連邦憲法裁判所がこれを決定する。
（高橋和之編『[新版] 世界憲法集（第 2 版）』岩波書店、2012）

2023 年の政党交付金（NHK による試算）

政党の名称	交付金額（円）
自　民　党	159 億 1000 万
立 憲 民 主 党	68 億 3200 万
日 本 維 新 の 会	33 億 5100 万
公　明　党	28 億 6900 万
国 民 民 主 党	11 億 7300 万
れいわ新選組	6 億 1900 万
Ｎ Ｈ Ｋ 党	3 億 3400 万
社　民　党	2 億 6000 万
参　政　党	1 億 8400 万

NHK 政治マガジン：2023 年の政党交付金 9 党に総額 315 億円余
https：//www.nhk.or.jp/politics/articles/lastweek/94563.html

法律案の提出要件

国会法 56 条 1 項

　議員が議案を発議するには、衆議院においては議員二十人以上、参議院においては議員十人以上の賛成を要する。但し、予算を伴う法律案を発議するには、衆議院においては議員五十人以上、参議院においては議員二十人以上の賛成を要する。

ガーシー氏欠席だけじゃない参院比例区の誤算

　国会に一度も出席しないとい

う想定外の行動を続けたガーシー参院議員が、議員の資格を失うことになった。想定外なのは、国会の欠席だけでない。ガーシー氏が所属する党の立花前党首は、ガーシー氏が除名になった場合、昨夏の参院選比例区で党内得票 4 位の斉藤健一郎氏を繰り上げ当選させる考えを示した。2 位の候補が当選するのがルールだが、得票 2、3 位の候補には離党してもらい、資格を失わせるという。理由について立花氏は「議席はホリエモン秘書の斉藤君に譲りたい。党のためにはホリエモンの力が必要」と述べた。（朝日新聞2023年 3 月15日）

政権交代で変わる国会の部屋割り

　議員控室は各会派の議員数に応じて割り当てられる。本会議場の入り口に近く、3 年 3 カ月前に自民党が民主党に引き渡した国会議事堂正面側の 2 階控室は再び自民党の部屋になる。
（朝日新聞 2012 年 12 月 20 日）

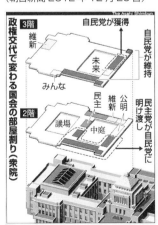
政権交代で変わる国会の部屋割り（衆院）

考えてみよう 11−3　　主な参照条文　15条、16条

　Aさんは、先日の衆議院議員選挙で投票しました。その日の夜の選挙速報を見ると、小選挙区で落選した候補が比例区で復活当選しています。私たちの一票がどのように選挙権結果に影響するのか、これではよくわかりません。現在の選挙制度はどのようになっているのでしょうか。

1　請願権

　かつて、投票権のない国民はその意思を為政者に対して伝え、立法過程に意見を反映させるために、請願という手段を用いていました。それを行う権利を**請願権**と呼びます。国務請求権としての側面もありますが、参政権としての側面も持ちます。現代では議会制度が発達したことから、請願権の意義は相対的に減少していますが、日本国憲法においては16条で、請願の権利について定めており、国家の行為に関する希望を述べることができるとされています。

2　参政権とは

　国民が国の政治に参加するという国民主権を実現するものとして、参政権が挙げられます。この参政権は、主に議会議員の選挙権・被選挙権として具体化されます。

　選挙権とは、憲法前文に「日本国民は、正当に選挙された国会における代表者を通じて行動し」とあるように、選挙によって代表者を選ぶ権利をいいます。憲法15条は「公務員を選定し、及びこれを罷免することは、国民固有の権利である」また、「公務員の選挙については、成年者による普通選挙を保障する」と規定しています。選挙で選ばれた代表者によって、政治がなされることになります。**被選挙権**は、選挙されうる資格であるとされます。選挙されることを主張する権利ではないといわれますが、被選挙権も広く選挙権として15条1項を根拠に保障されているとされます。

3　選挙権の法的性格

　選挙権の性格については純粋な権利であるのか、それとも公務としての性格をもつのかについて争いがあります。通説である**二元説**は、選挙権について、純粋な権利としてだけではなく、公務員という国家機関を選定する公務としての側面もある二元的なものであると説明します。この説は、未成年者や受刑者に選挙権を認めないのは、公務としての性格に基づく最小限の制約であるとします。**一元説**は、選挙権を国民の主権的権利と解し、公務としての性格を持つものではなく、権利の内在的な制約に服するのみであるとします。この説によれば受刑者に選挙権を認めない公職選挙法11条の規定には問題が多いとされます。なお、これまで選挙権が与えられていなかった成年被後見人（→3章）については、そのような規定は憲法違反であるという地裁判決（東京地判平25（2013）・3・14）をきっかけに公職選挙法が改正され、13万6千人の権利が回復されました。最近では、大学や商業施設に期日前投票所を設置したり、過疎の地域では車を使った移動投票所を設けたりするなど、投票の機会を確保する取り組みもなされています。

4　選挙制度

　選挙制度は大きく分けて、選挙区制と比例代表制に、そして選挙区制は、大選挙区制と小選挙区制とに区別されます。**大選挙区制**は、1つの選挙区において2人以上の代表を選出する方法で、日本においては参議院の選挙区がこれにあたります。また、かつて衆議院議員選挙で行われていた中選挙区制も、正確には大選挙区制の一種に分類されます。**小選挙区制**は、1つの選挙区において1人の代表を選出する制度です。日本においては、衆議院議員選挙でこの方法が用いられています。

　比例代表制は、政党に投票し、その得票数に比例して議席を与える制度です。比例代表制の方法は数多くあります。衆議院選挙で用いられるものは、拘束名簿方式と呼ばれ、政党があらかじめ順位をつけた名簿を提出し、その得票率に応じて当選者数を配分し確定するものです。参議院選挙の方式は、非拘束名簿方式に特定枠を組み合わせたもので、政党名または候補者名で投票します。政党候補者の得票数は一括して議席定数が確定され、候補者名による得票の多い候補から当選しますが、政党は一部候補者を優先的に当選人となるよう名簿に記載できる制度が採られています。

在外邦人の選挙権

　外国に長期滞在する日本人は、選挙権を行使できない状態にあったが、1998 年の公選法改正において、その選挙権を衆議院、参議院の比例代表選挙に限って行使できることになった。しかし、衆議院小選挙区、参議院選挙区選挙については選挙権を行使できなかったため、それが憲法 14 条 1 項、15 条 1 項、3 項、43 条、44 条などに反して違憲違法であることの確認、また 2 年前の 1996 年の選挙において投票できなかったことに関して、国家賠償などを求めて在外邦人が訴訟を提起した。これに対して最高裁は、投票できる選挙を限定していることにつき、憲法に反するとして、選挙区選挙においても選挙権が行使できるという地位を確認し、立法不作為を理由に国家賠償についても認めた（最大判平 17 (2005)・9・14）。

選挙制度の長所・短所

大選挙区・比例代表	小選挙区
死票が少ない。	死票が多い。
国民の意思を忠実に国会に反映させることができる。	少数政党が議席を獲得することが難しくなる。
小党分立となり、政局の安定を欠きやすい。	二大政党制の傾向を助長し、政局が安定しやすい。
比例代表制の場合、政党によって名簿が作成されるため、有権者による候補者選択の自由がなくなる。	候補者への投票であるため、候補者選択は自由である。

現行の選挙制度

衆議院 （465 人）	比例代表制（拘束名簿式、全国を 11 ブロックに分ける）（176 人） 小選挙区（289 人）
参議院 （248 人）	比例代表制（非拘束名簿式と特定枠）（100 人） 大（中）選挙区制（都道府県を一つの選挙区とする）（148 人） ＊3 年ごとに半数改選

＊衆議院選挙では、小選挙区で落選しても比例代表で当選することがある。比例代表制で当選した議員の、政党間での移籍には制限がある。

＊参議院都道府県選挙区のうち、鳥取県と島根県、徳島県と高知県は合同選挙区。

衆議院議員小選挙区選挙各都道府県別選挙区数（定数289人）

北海道	12人	青森県	3人	岩手県	3人
宮城県	5人	秋田県	3人	山形県	3人
福島県	4人	茨城県	7人	栃木県	5人
群馬県	5人	埼玉県	16人	千葉県	14人
東京都	30人	神奈川県	20人	新潟県	5人
富山県	3人	石川県	3人	福井県	2人
山梨県	2人	長野県	5人	岐阜県	5人
静岡県	8人	愛知県	16人	三重県	4人
滋賀県	3人	京都府	6人	大阪府	19人
兵庫県	12人	奈良県	3人	和歌山県	2人
鳥取県	2人	島根県	2人	岡山県	4人
広島県	6人	山口県	4人	徳島県	2人
香川県	3人	愛媛県	3人	高知県	2人
福岡県	11人	佐賀県	2人	長崎県	3人
熊本県	4人	大分県	3人	宮崎県	3人
鹿児島県	4人	沖縄県	4人		

衆議院議員比例代表選挙　選挙区と各選挙区別定数（定数176人）

ブロック	都道府県	定数
北海道	北海道	8
東北	青森／岩手／宮城／秋田／山形／福島	12
北関東	茨城／栃木／群馬／埼玉	19
南関東	千葉／神奈川／山梨	23
東京都	東京	19
北陸信越	新潟／富山／石川／福井／長野	10
東海	岐阜／静岡／愛知／三重	21
近畿	滋賀／京都／大阪／兵庫／奈良／和歌山	28
中国	鳥取／島根／岡山／広島／山口	10
四国	徳島／香川／愛媛／高知	6
九州	福岡／佐賀／長崎／熊本／大分／宮崎／鹿児島／沖縄	20

総務省：選挙の種類
https://www.soumu.go.jp/senkyo/senkyo_s/naruhodo/naruhodo03.html

参議院議員選挙区選挙　選挙区と各選挙区別定数（定数148人）

北海道	6人	青森県	2人	岩手県	2人
宮城県	2人	秋田県	2人	山形県	2人
福島県	2人	茨城県	4人	栃木県	2人
群馬県	2人	埼玉県	8人	千葉県	6人
東京都	12人	神奈川県	8人	新潟県	2人
富山県	2人	石川県	2人	福井県	2人
山梨県	2人	長野県	2人	岐阜県	2人
静岡県	4人	愛知県	8人	三重県	2人
滋賀県	2人	京都府	4人	大阪府	8人
兵庫県	6人	奈良県	2人	和歌山県	2人
鳥取県・島根県	2人			岡山県	2人
広島県	4人	山口県	2人	徳島県・高知県	
香川県	2人	愛媛県	2人		
福岡県	6人	佐賀県	2人	長崎県	2人
熊本県	2人	大分県	2人	宮崎県	2人
鹿児島県	2人	沖縄県	2人		

考えてみよう11−4 主な参照条文 14条、15条

選挙に行ったAさんは、「自分の住んでいる地域は人口が多いのに、その割に選ばれている議員が少ない。この地域の住民の意思が政治に反映されてるんだろうか？」と疑問を持ちました。選挙の区割りは、どのようなルールの下で行われているものなのでしょうか。

1 選挙原則

選挙原則には、普通選挙、平等選挙、自由選挙、秘密選挙、直接選挙などの原則があります。

現在では、**普通選挙**とは、財力のほかに、教育や性別などを要件としないことをいいます。女性に参政権が認められたのは、第二次世界大戦後になってからのことです。1945年に20歳以上の国民全てに選挙権が認められました。2015年6月には公職選挙法が改正され、18歳以上の国民が選挙に参加できることになりました。日本国憲法にも、普通選挙の原則が明記されています（15条3項）。普通選挙とは、もともと選挙権を認める際に財産や納税額などを条件としないことを意味しました。この意味では、日本においては1925年に普通選挙が実現しました。しかし、この時に参政権が認められたのは、25歳以上の男性のみでした。

特定の人に2票以上の投票を認める複数選挙や、選挙人を等級に分けて、等級ごとに代表を選出する等級選挙などが否定され、1人1票が実現された制度を**平等選挙**といいます（公職選挙法36条）。しかし、それだけでは必ずしも国会の場に意見が平等に反映されないので、現在では投票の価値の平等もそこに保障されていると理解されています。

自由選挙とは、一般的には投票の自由があることを意味します。憲法21条にも関連します。**秘密選挙**とは、誰に投票したかを秘密にするという制度です。無記名投票、また、投票をしたかどうかなども含めて、投票について詮索をされないといった内容をもちます。**直接選挙**は、アメリカ大統領選挙で行われるような間接選挙とは異なり、選挙人が直接に公務員を選挙する制度です。

2 選挙活動の自由

選挙活動については、事前運動の禁止や、文書図画規制など数多くの制限がなされています。また、選挙期間中の戸別訪問が禁止されており（公職選挙法138条）、制限は憲法違反ではないかという指摘もありますが、最高裁は合憲としています。配布物の制限についても議論があります。2013年の参議院選挙からは、インターネットによる選挙活動の制限が緩和され、SNSやブログを利用した選挙活動が行われるようになりました。

3 議員定数の不均衡とは

国会議員の選挙において、その地域の人口に対する、選挙区や議員数の配分が不適切なため、その選挙区に住む有権者の1票の選挙結果に対する影響力に、他の選挙区に住む有権者のそれと比較して、格差が存在するという問題が、**議員定数不均衡**という問題です。この問題に関しては、選挙は民主政の基礎であるため、司法による厳格な審査が必要とされます。また、国民の意思は公正に代表されなければならないことから、都道府県や市町村といった行政区画など人口的要素以外の要素は、投票価値の平等の範囲内でしか考慮することが認められないとされます。

学説上では1票の格差が2対1以上に開く場合は、1人2票となり、投票価値の平等に反するとする説が有力です。最高裁の基準は明確ではないのですが、以前の衆議院中選挙区制の下では約3対1を超えると、憲法違反と判断されていたと考えられます（最大判昭51（1976）・4・14、最大判昭60（1985）・7・17）。現在の衆議院小選挙区制の下では2.1対1を超えた場合に、投票価値の

平等に反する状態に至っていたと判示されました（最大判平 27（2015）・11・25）。参議院については、違憲判決の例がなく、最高裁の態度ははっきりしませんが、4.77 対 1 の場合に、違憲の問題が生ずる程度の著しい不平等状態にあったと判断しています（最大判平 26（2014）・11・26）。（→参照資料 P105「一票の格差と最高裁判決」）

また、国会に認められた格差是正のための**合理的期間**内に、選挙区割りを定めた法律の改正が求められます。逆に、この期間が経過していないと判断されれば、格差が開いた状態であっても、違憲の判断は下されないことになります。

なお、この種の裁判では、違憲判決が下された場合でも、その選挙が違法であったことを宣言するにとどめ、選挙自体は無効としない、事情判決の法理が用いられています。

公職選挙法 138 条

①　何人も、選挙に関し、投票を得若しくは得しめ又は得しめない目的をもつて戸別訪問をすることができない。

②　いかなる方法をもつてするを問わず、選挙運動のため、戸別に、演説会の開催若しくは演説を行うことについて告知をする行為又は特定の候補者の氏名若しくは政党その他の政治団体の名称を言いあるく行為は、前項に規定する禁止行為に該当するものとみなす。

在宅投票制度　最判昭 60（1985）・11・21

統一地方選挙において多数の選挙違反がなされたため、1957 年に在宅投票制度が廃止された。それについて、身体障害者が原告となり、その制度廃止や、制度復活がないのは立法不作為であるとして憲法 13 条、15 条 1 項、3 項、14 条 1 項、44 条、47 条違反を理由に訴えた事件があった。最高裁は、憲法 47 条について、投票の方法その

他選挙に関する事項などの具体的決定は、原則として国会の裁量的権限に任せる趣旨である、として、原告の訴えを退けた。

衆議院議員選挙定数配分規定の合憲性　最大判令 5（2023）・1・25

2021 年衆議院議員選挙当時、最大 2.079 倍の投票価値較差が生じていた小選挙区選挙について、最高裁は以下のように判示した。憲法は、選挙権の内容の平等、投票価値の平等を要求している。他方、投票価値の平等は、選挙制度の仕組みを決定する絶対の基準ではなく、国会に広範な裁量が認められている。憲法上、議員 1 人当たりの選挙人数ないし人口の平等が最も重要かつ基本的な基準だが、それ以外の要素も考慮することが許容されており、具体的な選挙区を定めるに当たっては、市町村の区画など諸要素を考慮しつつ、民意の的確な反映を実現し、投票価値の平等との調和が求められている。選挙当時における選挙区間の投票価値の較差

は、自然的な人口異動以外では拡大していないし、その程度も著しいものとはいえないから、憲法の投票価値の平等の要求に反せず、憲法 14 条 1 項等に違反しない。

参議院議員選挙定数配分規定の合憲性　最大判令 2（2020）・11・18

2019 年参議院議員選挙当時、最大 3.00 倍の投票価値較差が生じていた選挙区選挙について、最高裁は以下のように判示した。投票価値の平等について、人口変動の結果投票価値の著しい不平等状態が生じ、かつ、それが相当期間継続しているにもかかわらずこれを是正する措置を講じないことが、国会の裁量権の限界を超えると判断される場合に、憲法に違反する。参議院議員に衆議院議員とは異なる選挙制度を採用し、参議院に独自の機能を発揮させようとすることも裁量権の合理的行使である。法改正の経緯や内容等を踏まえると、数十年間 5 倍前後で推移してきた最大較差を縮小させた方向性を維持するよう配慮したものであり、立法府の較差の是正を指向する姿勢は失われていない。総合すると選挙区間における投票価値の不均衡は、違憲の問題が生ずる程度の著しい不平等状態にはなかった。

一票の価値と格差

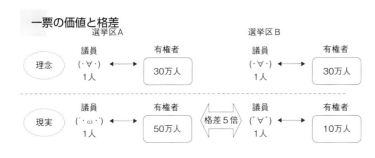

考えてみよう 12−1

主な参照条文　41 条、43 条

　国会が、「国民代表機関」といわれるのはなぜでしょう。日本国憲法 41 条は、国会は、「国権の最高機関であり」、「唯一の立法機関である」としますが、どういう意味でしょうか。国会は、内閣や裁判所より上なのでしょうか？国会の役割とは何なのでしょうか。

1　国民代表機関

　43 条 1 項は、国会は「全国民を代表する選出された議員」で組織するとしています。「代表する」とはどういうことで、「国民」とは誰をさすのでしょうか。ここでいう「代表する」とは、国民の意見を政治の場に反映することをさす（政治的代表）とされます。しかし、代表者と代表される者の意思はいつも同じわけではなく、これをどのように考えるかが問題になります。まず、議員たちは、全体として国民を代表し、自分を選んでくれた選挙区の有権者の意思を代表するのではない、という考え方があります（**純粋代表**）。この説では、議員は、選挙区の有権者とちがった意見を表明しても問題ありません。代表は選挙民の意見を反映すべきだ、という考え方もあります（**プープル主権**）。この説では、選挙区の意思が代表者によって忠実に議会に反映されることになります。選挙民の意見が国会の場に伝わらないのも困りますが、議員が常に選挙民の意向ばかりを反映し、国としてどんな政策がいいのかが考えられないのも困ります。そのため、これらの考え方の要素をとりいれ、法的には、代表が必ずしも選挙民の意向に沿うことは要求されないが、事実上、代表者の意思が選挙民の意思を反映するという考え方（**半代表**）もあります。

2　国権の最高機関

　国民によって選ばれた議員によって構成される国会は、国家の基礎となる機関です。「国権の最高機関」とは、国会が国民によって選ばれ、国民に連結した機関であることをさす「**政治的美称**」とされます。国会が国政すべての円滑な運営に責任を負う統轄機関であることをさすという説もありますが、権力分立の考え方とはあまりなじみません。しかし、内閣を作る、政府の活動をコントロールする、国民に情報を提供するなど実際の役割も考えて「最高機関」と呼ぶのだとする説もあります。

3　唯一の立法機関

　41 条は、国会は「唯一の立法機関である」とします。これは、「立法権」を国会がもち、国会のみが独占して行使することをさします。

　「立法権」は、立法つまり法律を作る権限ですが、ここでいう「**立法**」とは何でしょう。「立法」は、一般的抽象的な法規範（ルール）すべて、とか、手続にそって成立したものすべてと広くととらえることもあります。しかし、ここでは、国民の権利義務を定める規範を意味すると考えられます。国民の権利義務に影響を与えるような法律を作るには、必ず国民の代表者によって構成される国会での話し合いを経なければならないからです。このほか、国家と機関の関係を定める規範で、権力分立などに影響を与えるようなものなども、「立法」に含まれるという考え方もあります。

4　国会中心立法・単独立法の原則

　憲法は、立法を国会のみが行えるとし、行政権などが命令等の形で「立法」をすることを許しません（**国会中心立法の原則**）。ただし、内閣は、憲法・法律の規定を実施するための政令や、立法の委任にもとづいて立法事項を規定する政令を作ることができます（73 条 6 号）。立法事項の委任は、国会がはっきり示した政策を実現する手段としてなら許されると考えられています。法律案が国会で可決されると、それだけで法律になります（**国会単独立法の原則**）。わが国では、戦前のように、法律を作る

ために国会が議決した後に天皇の裁可を必要とする制度等をとらないことを示し、国会の権限を強めました。ただし、法律上は、内閣が国会に法案を提出できることになっており（内閣法5条）、国会単独立法の原則に反するという議論があります。実際には、ほとんどの法案が内閣から提出され、内閣による提出を許容する方が現実的で、内閣による提出を認めなくても、内閣のメンバーが国会議員として提出できるため、許容されるとされています。

内閣法

5条　内閣総理大臣は、内閣を代表して内閣提出の法律案、予算その他の議案を国会に提出し、一般国務及び外交関係について国会に報告する。

アメリカの拒否権制度

わが国では、国会の議決のみで法律が成立するが（国会単独立法の原則）、立法権を立法部とほかの部門が分け持つ制度もある。アメリカでは、議会で可決された法案が成立するためには、10日以内に大統領が署名しなくてはならない。大統領は、署名を拒むことができる（veto）。議会の両院は、再度、2/3以上の賛成によって再可決し、法案を成立させることができるが、これをするには、法案にかなりの議員の支持が得られていることが必要である。また、アメリカ大統領は、立法期の終わり近くに署名を拒み、法案を廃案に追い込むことができる（pocket veto）。この制度は、当初、立法部が政府の中で

中心的な役割を果たし、強大な権限をふるうことが予想されたため、司法部による司法審査のほかに、立法部に対する付加的な保障として設けられた。

国会議員の歳費とその他の待遇

国会議員は、法律の定めにより、歳費を受ける（49条）ことが定められている。国会法、国会議員の歳費、旅費及び手当等に関する法律等が定めるが、歳費として月額129万4000円（年間1552万8000円）に加え、期末手当が支払われる（年約81万円）。このほか、調査研究公報滞在費が月100万円（年間1200万円）支払われる。

その他、公設秘書が2人と国会議員政策担当秘書の3人の秘書がおかれ、JR全線無料（新幹線・特急・グリーン車含む）、航空券が交付される、家賃の安価な議員宿舎が利用できるなどの待遇を受ける。

各院の委員会

（参議院HPより）

押しボタン式投票

参議院では、平成10年1月召集の第142回国会から、本会議の採決について、従来の方式に加え、新たに押しボタン方式が導入された。これにより、議案に対する議員個々人の賛否を迅速に集計記録し、国民に明らかにすることが可能となった。

議席の押しボタン式投票機

議場内3か所に設置された表示盤
（参議院パンフレットより）

国会法と議院規則、先例

国会の運営は、国会法と議院規則に従うほか、両院の先例に従う場合も多くある。たとえば、衆議院先例集の第1章1には、「会期ごとに順次第何回国会と称する」とあり、2023年1月23日に招集された通常国会は、初回から数えて「第211回国会」だった。このほか、会期や延長、休会、召集のルール、議席が会派別に割り振られる等々、細かい決まりや、過去の運営の例が載っている。

考えてみよう12-2 42条、52条、53条、56条、57条、59条

　一院制の方が、早く法律が通っていいのではないでしょうか。議員が少ない方が、歳費も安くつきます。それに、ほとんど一年中、国会中継があるような気がしますが、会期に意味はあるのでしょうか。問題山積なのだし、通年で国会を開けばいいのでは？また、与党と野党、どちらが多数か議席の数はわかっているのに、長々と話し合う意味があるのでしょうか？

1　二院制

　わが国は、**衆議院**と**参議院**の2つの議院をおいています。議院は、それぞれ独立して審議・議決を行い、議会内部で権力分立を実現しているとされます。第2次世界大戦後に独立した国々など、一院制の国もありますが、二院制のほうが多様な意見や利害を反映させられる、慎重に審議をするなどのメリットがあります。こうした利点を生かすには、任期をずらして違った時期に選挙をする、選挙制度を工夫して、ちがった意見を代表する議員を選べるようにするなどの方策が必要です。慎重な審議という点では、2院による審議で誤りをなくし、参議院と意見が異なり、対立すると衆議院による立法が抑制されて、見直されることが期待されます。一方で、衆参の「ねじれ」で政策が滞ることが近時問題になりました。

2　衆議院の優越

　衆議院と参議院は全く同じでしょうか。憲法は、**内閣不信任決議権**（69条）、**予算先議権**（60条1項）などを衆議院に認めます。また、法律・予算の議決（59条、60条）や条約の承認（61条）、内閣総理大臣の指名（67条）で、両院の意見が対立し、両院協議会（法律案の場合、開催は任意）を開いても意見が一致しないとき等は、**衆議院が優越**します。衆議院の方が任期が短く、国民の意見をよく反映するためだとされます。

3　会期

　国会は、常会（52条）、臨時会（53条）、特別会（54条）の会期の間、活動します。法律では、会期の間に成立しなかった案件は、特別の手続をとらない限り、後会には継続しません（**会期不継続の原則**、国会法68条）。そのため、会期の間にどの案件をどのように取り上げるかなどをめぐって、与野党の交渉や駆け引きが行われます。これに対し、選挙で議員が入れ替わるまでを1つの「立法期」とする制度もあります。

4　議事手続

　国会の議事は、憲法、国会法、議院が定める規則に加え、国会のさまざまな先例に基づいて行われます。各議院で議事を行い議決をするには、総議員の3分の1の**定足数**を満たす必要があり（56条1項）、議決をするために必要な表決数は、他に特に定めのない限り、出席議員の過半数です（56条2項）。**会議は公開**して国民が監視できるようにするのが原則ですが、出席議員の3分の2以上で、秘密会とすることもできます（57条1項）。会議の公開については、傍聴によるほか、テレビ等の放送やインターネット中継、新聞などの報道がなされることも重要です。また、会議の内容の全部が記録され、保存されて、原則として公開されます（57条2項）。各院の委員会の会議はインターネット等により事実上公開されていますが、国会法52条1項が、原則として議員以外の傍聴を許さず、委員長の許可があれば報道その他の者が傍聴できるという規定になっていることは問題とされています。

5　委員会中心主義

　明治憲法下では、法案は本会議を中心に審議されていましたが、今では、効率的に議事をすすめるために、各院に置かれた委員会で、まず審議されます。ふつう、議長に提出された議案は、（重要なものであれば**本会議**で趣旨説明が行われたあと、）各院におかれた委員会に付されます。委員会は法案を吟味し、ときには**公聴会**で専門家

や関係者等の意見を聞き、文言なども直したあと、審議と議決のために本会議に付します。委員会は、法案を本会議に付さないこともあります。このように、委員会は議事運営の中心的な役割を果たしています（**委員会中心主義**）。

法律ができるには

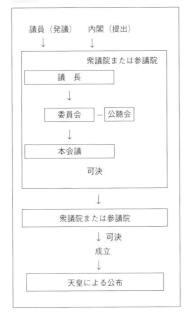

議員（発議）　内閣（提出）
↓　　　　　↓

衆議院または参議院
議　長
↓
委員会 ― 公聴会
↓
本会議
可決

↓

衆議院または参議院
↓ 可決
成立
↓
天皇による公布

本会議の表決（衆院記名投票）

本会議は通常、参議院では月・水・金曜日の午前10時、衆議院では火・木・金曜日の午後1時から開かれる。

（衆議院パンフレットより）

委員会での審議

（参議院パンフレットより）

法律案は誰が作るのか

法律案は、議員立法として提出されるか、内閣が提出する。議員立法の場合、議員は、議院法制局や委員会調査室、国会図書館等の助けを得て法案を作り、所属する会派の承認をうけ、一定数以上の議員の賛同を得て国会に提出される。内閣提出法案は、各省庁で作成されるが、閣議に付される前に、内閣のもとに置かれた内閣法制局の審査に付されなければならない。また、自民党政権では並行して与党審査を経ることが事実上必要だった。政策決定過程が不透明だと批判され、民主党はこれを廃止した（2009年）が、すぐに復活。2012年に自民党が政権復帰した。内閣法制局は、法律問題に関して内閣や首相、各大臣に意見を述べ、法律、政令案や条約案が閣議に付される前に審査する。内閣法制局が行政内部で厳しく審査するため、裁判所の違憲審査で違憲になる法律が少ないともいわれる。

2013年、安倍内閣が9条違反とされてきた集団的自衛権の政府解釈を見直すため、内閣法制局長官を容認派に代え、議論を呼んだ。行政内部での憲法統制の限界を示す例となった。

参議院調査会

衆議院と参議院にあまり差がないなら、第二の院は必要ないのでは、という声もある。参議院は、独自性を生かす試みとして、6年の長い任期を生かし、1986年から、国政の基本事項に関して長期的・総合的な調査を行う参議院調査会を、テーマを決めて設置している。調査会は、参考人の意見聴取、公聴会、政府に資料要求する等の方法で調査を進め、立法措置が必要な場合は法律案を提出したり、委員会に法案提出を勧告したりできる。高齢社会対策基本法（1995年）、DV防止法（2001年）やその改正法案（2004年）、本会議での決議、行政監視委員会（常任委員会）の設置が、成果として挙げられる。

衆議院の優越

案件	両院協議会	
内閣不信任案 69条（衆議院のみ）	―	―
法律案59条	開催は任意	両院の意見が一致しない場合には、衆議院が出席議員の3分の2以上で再可決すると、法律は成立する。
予算案60条（衆議院先議）	開催する	両院協議会を開いても意見が一致しないか、参議院が衆議院の可決した予算を受け取ってから30日以内に議決しないときには、衆議院の議決が国会の議決となる。（衆議院先議）
条約の承認61条	開催する	同上（ただし、どちらの院から審議してもよい）
内閣総理大臣の指名67条	開催する	意見が一致しないか、衆議院が指名の議決をしたあと国会休会中の期間を除いて10日以内に参議院が指名の議決をしない場合には、衆議院の議決が国会の議決となる。

考えてみよう 12−3

主な参照条文　50条、51条、53条、55条、58条、59条、61条、62条、64条、67条、96条

　テレビの国会中継で、洋上風力発電をめぐって、業界の要望に応えて国会質問した謝礼として、議員が巨額の資金提供や借り入れを受けたのではないかという汚職疑惑について、議員に質問が行われていました。国会は、法律を作る他には、いったい何をしているのでしょう。

1　議院の権能

　各議院には、議院自律権と、国政調査権があります。**議院自律権**は、議院が独立して活動するためのもので、会議等の手続や内部規律を定める議院規則制定権（58条2項）と、議長など役員を選ぶ権限（58条1項）があります。ところが、国会法は、各議院の内部組織や議事手続の基本的なところを両院共通のルールとして定めていて、議院規則と国会法が矛盾したら、両方が有効なのか、どちらが優先するのかについて議論があります。また、議員の資格争訟は、所属する議院による裁判に任されています（55条）。院内の秩序を保つのも議院の権能であり、議院は、秩序を乱した議員を懲罰することができます（58条2項）。

　各議院は、議院の権能を行使する助けとして、**国政調査権**を行使します。議院は、証人を出頭させて証言させ、記録を提出させることができます（62条）。国政調査権には、各院が、政府による権力濫用が起こらないように抑制し、公務員の政治責任を追及し、また、国政に関わる国民の関心事項について調べて国民に情報提供する効果もあります。国政調査権の行使には限界があり、裁判に影響を与え、裁判所の独立を害するような調査はしてはなりません。また、検察権との並行調査は原則的に許されますが、検察権の行使に不当な影響を及ぼすような調査は許されません（日商岩井事件、東京地判昭55（1980）・7・24）。

　衆議院のみに与えられた権能として、**内閣不信任案（信任案）の議決**があります。内閣不信任案が可決されると（信任案が否決されると）、内閣は、10日以内に総辞職するか、衆議院を解散して、選挙で民意を問わねばなりません（69条）。

2　国会の権能

　衆議院と参議院をあわせた国会の権能としては、まず、憲法改正の発議があります。両議院の総議員数の3分の2の賛成で、国会が憲法改正を発議すると、改正案は国民投票に付されます（96条、国民投票法）（→エピローグ）。

　法律をつくること（59条）は、国会の重要な仕事です。法律案は、内閣によって提出されるか（内閣法5条）、議員によって提出されます。法律案は、特別の定めがなければ、両院で可決されると、法律になります（59条1項）。両院の議決が異なった場合は、任意で両院協議会を開き、それでも意見があわなければ、衆議院の3分の2で再議決すれば法律になります（59条2項）が、再議決はかなり困難で、たびたびは起こりません。

　内閣が結んだ**条約を承認すること**（61条）も国会の権限です。内閣が結んだ条約を国会が承認しない場合、条約が無効かどうかについては、議論があります。すでに結ばれた条約の細かい点を決める行政協定には、改めて国会の承認は必要ないと考えられています。

　内閣総理大臣を指名すること（67条）も、重要な権能です。国会は、国会議員の中から内閣総理大臣を指名する議決を行い、天皇が任命します（6条）。指名された内閣総理大臣は、組閣を行い、行政権を担います（→13章）。

　裁判官に不行跡があった場合などに罷免するかどうかを決める、両議院から選ばれた議員で組織された**弾劾裁判所を設置すること**（64条）も、国会の権能です（→14章）。

3　国会議員の地位

国会議員は、国会の召集を要求できる（53条）ほか、議案を発議し、動議を提出し、質問・質疑を行い、討論し、表決する権限をもちます。

議員には、**不逮捕特権**があり、法律の定める場合以外は、国会の会期中逮捕されず、会期前に逮捕された議員は、議院の要求があれば釈放しなくてはなりません（50条）。行政権が身柄を拘束して、議員の職務を妨げ、議院の活動を妨げるのを防ぐためです。法律上は、院外で現行犯逮捕された場合が例外です。また、議院の許諾があれば逮捕できます。議員には**免責特権**があり、議院での演説や討論、表決について、院外で責任を問われません（51条）。議員の発言や表決の自由を保障し、議院で充分な審議ができるようにするためです。免責は、職務にともなう行為にも及び、議員は民事・刑事の責任を負いません。ただし、免責特権は、一般の犯罪行為による起訴を妨げません。

警察法改正無効事件　最大判昭37（1962）・3・7

昭和29年の第19回国会で、衆議院本会議での混乱の中で可決されたとされる会期延長を無効だとして、野党議員が欠席する間に、参議院でも新警察法案が可決され成立した。この法律は市町村警察を廃止し、都道府県警察に組織変更する内容を含んだため、大阪府議会は、この費用を含む追加予算を可決した。大阪府の住民である原告は、新警察法は無効だとして費用の支出禁止を求めて訴えを起こした。最高裁は、新警察法は両院の議決を経て、適法な手続で交付されており、裁判所は両院の自主性を尊重し、制定の議事手続に関する事実を審理して有効無効を判断すべきでなく、新警察法を無効とできないとした。

内閣不信任案可決による解散

可決年月日（通称）	対象	背景
1948年12月23日（なれ合い解散）	吉田茂内閣	少数与党解消のため首相は7条、野党は69条による解散を主張。与野党の調整で不信任決議案を可決し、解散詔書に条文を併記（69条を記載したのはこのときのみ）。
1953年3月14日（バカヤロー解散）	吉田茂内閣	衆議院予算委員会で質問した野党議員に首相が「バカヤロー」と発言したことが問題化。
1980年5月19日（ハプニング解散）	大平正芳内閣	多数の自民党非主流派が本会議に欠席し、16日に内閣不信任案が可決される予想外の事態がうまれた。前年の総選挙で公認候補が半数以下しか当選せず、首相が退陣を迫られ、本会議場で首相指名決選投票が行われるなど、自民党内が分裂していた。大平氏は、選挙中に死亡。
1993年6月18日（政治改革解散）	宮沢喜一内閣	政治改革法案が与党内の抵抗で不成立。

問責決議

69条の規定に基づき、内閣不信任案を議決できるのは、衆議院のみである。

そのため、参議院は、首相や個別の国務大臣等の責任を問うため、「問責決議」を行うことがある。問責決議には憲法に明文の規定がなく、法的な効力はないが、政治的な効果を生じる。これまで、100以上の問責決議案が出されたが、1998年10月には、額賀福志郎防衛庁長官（防衛装備品のメーカーの水増し請求による過払いや資料焼却など、防衛庁の不祥事）に対して初めて問責決議が可決され、額賀氏は1ヶ月後に辞任した。

2008年6月には、福田康夫首相に対し、首相に対する問責決議が初めて可決された。

可決された首相問責決議は以下の通り。

可決年月日	対象	理由	その後の動向
2008年6月11日	福田康夫	野党4党共同提出の後期高齢者医療制度廃止法案を与党が衆院で成立させなかった。	2008年9月1日辞任。
2009年7月14日	麻生太郎	景気対策として支給された定額給付金・厚労省の分割について言動がぶれた。	同日に衆議院に提出の不信任決議案は否決されたが2009年7月21日衆議院解散。
2012年8月29日	野田佳彦	消費税増税法は公約違反。	2012年11月16日衆議院解散。
2013年6月26日	安倍晋三	予算委員会の集中審議に出席しなかった。	2013年7月21日の参議院選挙で過半数越えの圧勝。

浦和事件（1949）

母子無理心中事件で、生き残って自首した母親に対し、浦和地裁が懲役3年、執行猶予3年の判決を下した。これについて、参議院の法務委員会が国政調査権を行使し、被告人や関係者を証人喚問するなどして調査し、量刑が不当であるという決議を行った。最高裁は、司法権の独立を侵害し、憲法上、国会に許された国政調査権の範囲を逸脱するとして、強く抗議した。

第一次国会乱闘事件　東京地判昭37（1962）・1・22

昭和30年7月30日、憲法調査会設置法案、国防会議構成などの重要法案を継続審議にするかどうかについて、参議院議院運営委員会委員長が、野党理事が発言を求めたのを無視して議事をすすめ、最終的には一方的に継続審議賛成の採決をとって休憩宣言するなどしたため、与野党の議員や衛視のもみ合いになった。社会党の議運理事と傍聴に来ていた議員は、委員長に対する公務執行妨害、全治3ヶ月の傷害を負わせた傷害罪で起訴され、免責特権を主張した。東京地裁は、免責特権は、「演説、討論または評決」に限定されず、議員の国会における意見表明行為にまで拡大されるし、職務行為に付随する行為にも及ぶかもしれないとした。しかし、職務に付随して発生した犯罪について、職務行為の範囲内外を審理決定する権限は国会にはないとし、免責特権によって一般の犯罪による起訴を免れることはできないと判断した。

考えてみよう 13−1

主な参照条文 63条、65条、66条、67条、68条、69条

　内閣府設置法4条3項33号は、内閣府がつかさどる事務の1つとして「国の儀式……に関する事務」をあげています。それでは、歴代内閣総理大臣の葬儀を国（政府）が主体となって行ういわゆる「国葬」は、ここでいう「国の儀式」に含まれるのでしょうか。1926年に制定された「国葬令」（1947年に失効）とあわせて調べてみましょう。

> **1　内閣の性格と地位**

　内閣は、行政権を担当する合議制の機関（複数の構成員の意思を総合して、意思決定を行う機関）です。

　（1）明治憲法下の内閣　明治憲法の下では、天皇が「行政権」を担当し（「統治権ノ総攬者」）、内閣に関する憲法上の規定はありませんでした。「内閣官制」（明治22年勅令135号）により設置された内閣は、天皇による「行政権」の行使を助ける国家機関として位置づけられていました。

　（2）日本国憲法下の内閣　日本国憲法は、内閣に「行政権」を担当させ（65条）、内閣を国家機関として位置づけています。内閣は、会期制で活動期間が限られている国会とは異なり、常に国政に関する活動を行っている国家機関で、政府とも呼ばれます。

　（3）議院内閣制　憲法は、**議院内閣制**を採用しているといえます。議院内閣制とは、内閣が、議会の信任に依拠して成立し、議会に対して責任を負う制度です。憲法上、内閣は、国会の信任に基づいて形成・維持され（63条・66条3項・67条1項・68条）、衆議院による内閣不信任案の可決または信任案が否決された場合、解散を行わねばならない（69条）ことになっています。すなわち、国会と政府が分離しつつ、政府は、国会の信任により存在し、衆議院の解散権をもつことで、政府と国会の間の均衡関係が保たれています。

　なお、議院内閣制の運用形態として、政治の基本政策とその担い手（首相）は、選挙で選ばれた代表者により決定される従来のスタイルではなく、国民が選挙により事実上直接的に決定するスタイルにすべきと説く**国民内閣制**が注目されます。国民内閣制は、内閣が国会に対して責任を負う議院内閣制とは異なり、内閣が国民に対して直接的に責任を負うようなかたちをとります。国民内閣制は、内閣が国民の多数派の意思に反映されることで、議員の首相指名を形式化し、国民が首相と政治プログラムを選択できるというものです。国民内閣制が機能するためには、制度的に、①選挙は、多様な民意を国政に反映させるものではなく、相対立する2つの政治プログラムから1つを国民が選択するものでなりればならず、②選挙制度は小選挙区制、③政党は二党制が望ましいということになります。

　（4）行政権の意味　内閣が担当する「行政権」（65条）とは、何でしょうか。**行政控除説**という考え方によれば、「行政権」とは、国家権力の中から立法権と司法権を除いたものをいいます。**法律執行説**によれば、「行政権」とは、国会が制定した法律を執行することをいいます。**執政権説**によれば、「行政権」とは、国政に関する方針等を策定し、行政各部を指揮監督することをいいます。憲法73条をみれば、内閣は、「一般行政事務」から「外交関係の処理」まで、様々な仕事を行っています。行政控除説は、内閣の多種多様な仕事をひととおり説明できることから、通説となっています。

　（5）独立行政委員会　国の行政組織は、このような「行政権」を前提にして、内閣の統轄の下に

構成されねばならないとされます。しかし、現在、国家行政組織法に基づく５つの委員会、**内閣府設置法**に基づく３つの委員会、国家公務員法に基づく人事院のように、内閣の統轄の下におかれない行政機関があります。

独立行政委員会とは、一定の行政任務を遂行するため、内閣の指揮監督から独立して設置される合議制の組織です。独立行政委員会が内閣から一定程度の独立を保障されるのは、政治的影響を受けない必要があることや、職務遂行に専門的知識が必要とされるからです。たとえば、事業者が加盟店による食品等の値引き販売を不当に制限することについて、公正取引委員会が事業者に（再発防止を求める）排除措置命令を行うことは、政治的に影響されるべきではありません。

問題は、内閣の指揮・監督から独立したこのような独立行政委員会が「行政権」を内閣に付与する憲法65条に違反するかどうかです。人事院の人事行政に関する権限や公正取引委員会の独占禁止法の運用は、専門性が求められ、政治的判断になじまないとされます。このことから、すべての「行政権」の行使を内閣が指揮監督することは必要ではないとされ、独立行政委員会は憲法65条に違反しないと考えられています。

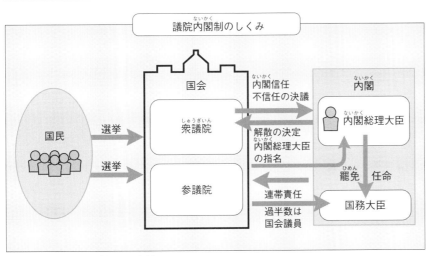

（首相官邸ホームページ〔2009年〕）

国の行政組織

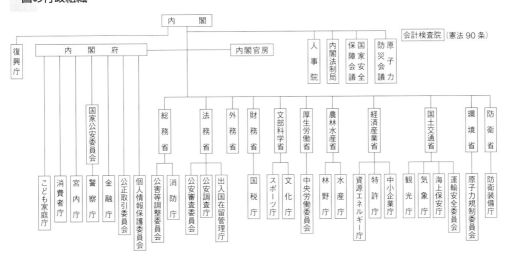

考えてみよう 13−2　　**主な参照条文**　6条、63条、66条、67条、68条、70条、71条、72条、74条、75条

近年の豪雨災害や大地震を含めた自然災害に対する備えとして、新たに「防災省」を創設すべきという意見があります。内閣の組織を編制する権限は誰にあるのでしょうか。

1　内閣の組織

（1）内閣の組織　内閣法2条は、憲法66条1項を受けて、内閣総理大臣と14人（特別の必要のある場合は17人）以内の国務大臣で組織すると規定しています。憲法は、内閣総理大臣は、国会議員の中から国会の議決で指名され（67条1項）、国会の指名に基づいて天皇により任命されるとします（6条1項）。国務大臣は、内閣総理大臣により任命されます（68条1項）。ただ、内閣総理大臣が任命する国務大臣の過半数は、国会議員でなければいけません（68条1項但書）。

（ア）文民　憲法66条2項は、内閣総理大臣その他の国務大臣が「文民」であることを資格要件としています。「文民」の意味については、様々な考え方がありますが、文民統制（軍部の政治的介入を警戒し、軍隊の最高指揮権を議会に責任を負う大臣によりコントロールすること）の趣旨からすると、現職の自衛官以外の者を指すと考えられています。

（イ）内閣の補佐機構　内閣が十分に機能するためには、内閣を補佐する機構が必要です。内閣法は、内閣に、内閣官房をおき（12条1項）、内閣の事務を助ける「必要な機関」（たとえば、内閣法制局）をおくとします（同条4項）。内閣官房は、各省庁から一段高い立場で司令塔組織としての役割を果たすことがあります。その例として、2023年に設置された内閣感染症危機管理統括庁があります。新型コロナウイルスの対応は主に厚生労働省があたってきましたが、今後は、内閣官房に設置された内閣感染症危機管理統括庁が政府全体の方針を立案し、各省庁との総合調整を行ないます。

　内閣府設置法は、内閣に「内閣の重要政策に関する内閣の事務を助けることを任務とする」（3条1項）内閣府をおくとします（2条）。

（2）内閣総理大臣

（ア）内閣総理大臣の地位　内閣総理大臣は、「**内閣の首長**」（66条1項）として、内閣を組織し、代表する地位にあります。

（イ）内閣総理大臣の権能　憲法は、内閣総理大臣に、国務大臣に対する「任免権」（68条）、内閣を代表して国会への議案（法律案を含む）提出を行い、行政各部に対する指揮監督を行う権限（72条）を与えています。内閣総理大臣は、68条で付与された国務大臣に対する「任免権」により、内閣の一体性を保ち、内閣全体を指導できる立場にあります。また、憲法は、内閣総理大臣に、法律と政令への連署（74条）と国務大臣の訴追に関する同意権限（75条）を与えています。75条は、検察権力による不当な圧力から国務大臣を守り、内閣の円滑な職務遂行を可能にする規定と考えられています。

（3）国務大臣　国務大臣は、「主任の大臣」（74条）として、行政事務を分担し、管理します。そして、国務大臣は、議案について発言するために、衆議院と参議院に出席し（63条）、法律と政令（内閣が制定する法）に署名する（74条）権限等が与えられています。

（4）内閣の消滅　内閣は、憲法69条・70条に定める場合を除いて、いつでも総辞職できます。70

条の「内閣総理大臣が欠けたとき」とは、内閣総理大臣が死亡したときまたは内閣総理大臣としての資格を失ったときです。なお、総辞職した内閣は、新しく内閣総理大臣が任命されるまで引き続きその職務を行うことになっています（71 条）。

2　内閣の活動

内閣法 4 条 1 項は、「内閣がその職権を行うのは、閣議〔内閣による会議〕による」としています。閣議は、非公開とされ、全員一致による議決方法で行われています。週 2 回行われる定例閣議では、一般案件（国政に関する基本的重要事項等であって、内閣として意思決定を行うことが必要なもの）をはじめとする閣議案件を内閣官房長官等が説明しています。

ロッキード事件　最大判平 7（1995）・2・22

ロッキード社は、当時、内閣総理大臣であった田中角栄氏に対して、全日空がロッキード社製の航空機を購入するよう、働きかけの依頼を行った。田中氏は、運輸大臣に対して、全日空に航空機の購入を勧奨するよう働きかけを行い、成功報酬 5 億円を受領したとして、贈賄法違反等の罪で起訴された。この事件では、田中氏の働きかけの行為は、内閣総理大臣の職務権限であるかが問題とされた。

最高裁は、運輸大臣が全日空に対して航空機購入を勧奨する行政指導は、運輸大臣の職務権限に含まれるとした。内閣総理大臣は、閣議で決定した方針に基づいて行政各部を指揮監督するだけでなく、「内閣の明示の意思に反しない限り、行政各部に対し、随時、その所掌事務について一定の方向で処理するよう指導、助言等の指示を与える権限を有する」。したがって、内閣総理大臣が運輸大臣に対して本件行政指導を行うように働きかける行為は、「内閣総理大臣の運輸大臣に対する指示という職務権限に属する」として、賄賂罪の職務行為にあたる（なお、本判決は田中氏の秘書に対するものである。田中氏は控訴審後に死去し、公訴棄却決定がなされた）。

内閣ができるまで

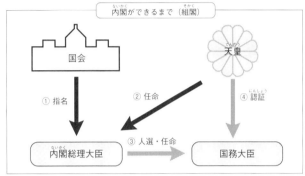

（首相官邸ホームページ〔2009 年〕）

閣議の議事録の公表について

閣議は政府の最高意思決定機関であり、内閣総理大臣が「主宰」し、国務大臣全員が出席して行われる。性質上、高度の秘密性が要求され、「各大臣の隔意のない意見の交換を望む関係上、閣議の議事は非公開」とされている。平成 26 年 4 月以降の閣議について、議事の記録を作成し、概ね 3 週間後に首相官邸ホームページで公開されてい

る（https : //www.kantei.go.jp/jp/rekidai/1-2-5.html）。

岸田首相への爆発物投げつけ

2022 年参院選で安倍晋三元内閣総理大臣が銃撃され、次の国政選挙となった 2023 年衆院補選では岸田文雄内閣総理大臣に爆発物が投げつけられた。演説（言論）の自由や要人の危機管理のあり方が問われている（毎日新聞 2023 年 4 月 27 日）。

閣議等の議事録の作成及び公表について

http : //www8.cao.go.jp/koubuniinkai/iinkaisai/2014/20140529/20140529haifu1.pdf

<table>
<tr><td>**考えてみよう 13—3**</td><td>主な
参照条文</td><td>3条、7条、53条、54条、
66条、69条、72条、73条</td></tr>
</table>

　一定数の国会議員は、憲法53条に基づいて、臨時国会の召集を内閣に要求しました。内閣はこの要求から3ヶ月後に臨時国会を開きましたが、その冒頭に衆議院を解散しました。これは憲法上許されることでしょうか。

1　内閣の権能

（1）一般行政事務に関する権限　憲法73条は、内閣の行政事務の中でも特に重要なものを列挙しています。

（ア）法律の執行と国務の総理（1号）　「法律を誠実に執行する」とは、内閣が行政各部に法律を誠実に執行させるということです。行政の日常的な事務のほとんどは、個別の法律により各大臣に割り当てられます。そして、割り当てられた事務を実際に遂行するのは、諸官庁（官僚機構）、つまり行政各部です。「国務を総理する」とは、従来、内閣が最高の行政機関として行政事務一般を統轄し、行政各部の指揮監督を行うこととされました。しかし、最近では、内閣が、行政各部から得られる情報をもとにして、国の総合的・戦略的な方向付けを行うことと考えられるようになっています。こうした考え方は、**行政改革会議の最終報告書**でも強調されています。

（イ）外交関係の処理（2号）と条約の締結（3号）　内閣は、外交交渉、外交使節の任免等を行い、外交関係の処理の一部として、条約を締結します。とりわけ、条約の締結は、国会の承認が必要とされます（→12章）。

（ウ）官吏に関する事務の掌理（4号）　内閣は、「官吏」（「行政権」の活動を行う公務員）に関する事務（試験、給与等）を円滑に処理（掌理）します。なお、地方公共団体、立法権、司法権に携わる公務員は、4号にいう「官吏」に含まれないと解されています。

（エ）政令の制定（6号）　内閣は、政令を制定することができます。政令には、法律を執行するための「執行命令」と法律の委任に基づいて制定される「委任命令」があります。「委任命令」について、委任の範囲は、具体的でなければならず、一般的な「白紙委任」であってはなりません。

　その他、憲法73条は、内閣に予算に関する権限（5号）と恩赦の決定権限（7号）を与えています。

（2）天皇の国事行為に関する助言と承認　憲法3条・7条は、内閣に天皇の国事行為についての助言と承認権を定めています。

（3）国会との関係における権限　憲法69条は、内閣に衆議院の解散を決定する権限を与えています。解散とは、議員の任期満了前に議員の資格・地位・身分を失わせる行為です。衆議院の解散は、国民が自らの意思を国政に伝える機会になり（54条1項）、国会の活動にも影響を与える（54条2項）という意味で、重要な意義をもつものです。

　憲法上、衆議院の解散は天皇の国事行為（7条3号）とされていますが、69条に基づく以外にも解散ができるかについては争いがあります。7条説という考え方は、天皇の国事行為に対して、「助言と承認」を行う（7条）内閣が、実際に解散の決定権を持つというものです。この考え方によれば、内閣は、重大な争点に対して国民の意思を聞いてみる必要があると判断した時、いつでも7条を根拠に解散ができます。ただし、いつでも解散できるといっても、いわゆる「小刻み解散」は憲法が予定している解散権の行使といえるか、という指摘があります。制度説という考え方は、解散は衆議院と内閣の構成員の形成に対する民意の表明であるから、日本国憲法の統治機構の趣旨は、解散の場合を限定していないというものです（制度説）。**苫米地事件**における第一審判決（東

京地判昭28（1953）・10・19）は、7条説の立場に立ちました。（→参照資料P104「日本国憲法下での衆議院解散・総選挙」）

その他、内閣は、国会の臨時会召集を決定し（53条）、参議院の緊急集会の請求（54条2項但書）をすることができるとされます（72条も参照）。

（4）裁判所との関係における権限　憲法は、内閣に、最高裁判所長官を指名し（6条2項）、最高裁判所長官以外の最高裁判所裁判官と下級裁判所裁判官を任命する権限を与えています（79条1項・80条1項）。

2　内閣の責任

憲法は、内閣に対して、「行政権の行使について」の責任（66条3項）と天皇の国事行為に関する助言と承認についての責任（3条）を定めています。66条3項にいう「行政権の行使について」の「責任」を追及する方法として、国務大臣への質問、国政調査権の発動等がありますが、法的効果を伴うのは、衆議院による内閣不信任決議案の可決（または信任決議案の否決）です。なお、最高裁は、「いづれかの議院の総議員の四分の一以上の要求があれば、内閣はその〔臨時会の〕召集を決定しなければならない」と定める憲法53条後段は「内閣が臨時会召集決定をする義務を負うこと」を明確にしました（最三小判令5（2023）・9・12）。

苫米地事件　東京地判昭28（1953）・10・19

昭和27年8月28日、第3次吉田内閣が7条のみを根拠に衆議院を解散した（抜き打ち解散）。しかも必要とされる内閣の助言と承認は、8月22日の定例閣議で解散を決め、26日に持ち回り閣議で解散詔書を作成、天皇の裁可・署名をうけ、27日に御璽を受け、28日に詔書伝達の臨時閣議を開き、全員異議なく可決した、とするものだった。

衆議院議員苫米地義三氏は、7条のみを根拠にした解散である、閣議決定に基づく助言と承認が認められない等として、解散を違憲無効であるとし、任期満了までの歳費を要求し訴訟を提起した。

東京地方裁判所によれば、憲法7条は解散権の所在と解散権の行使の仕方を規定する。すなわち、憲法7条は、天皇に「純理論的には総体としての国民のみが有し得る筈の衆議院解散の権限を形式上帰属せしめ、…政治上の責任を負ふ内閣の助言と承認の下にこれを行使せしめむとするにある」という趣旨である。本件解散に関する閣議決定は、全閣僚の一致したものではない。したがって、本件解散

は、内閣の助言があったものとはいえず、憲法7条に違反する。

なお、東京高等裁判所は、解散権行使の要件について、憲法には規定がなく、「如何なる事態の下に解散をなすべきやの判断を全く政治的判断にゆだねたもの」とする一審・東京地裁の判断を支持したが、内閣の助言と承認については、それがあったものと認めて一審判決を取り消し、原告の請求を棄却した（東京高判昭29（1954）・9・22）。

衆参同日選挙の合憲性

衆参同日選挙とは、衆議院の解散による総選挙と参議院の通常選挙とを同一の期日に行うことをいう。同日選挙が政権与党にとって有利であるという予測の下、内閣が解散の時期を作為的に操作し、これによって総選挙の期日を作為的に参議院の通常選挙と同日にすることがありうる。そうしたことが慣行化するなら、4年の衆議院議員任期を事実上3年にするだけでなく、参議院の存在意義や重要性を没却することにもなりかねない（参議院制度研究会「参議院のあり方及び改革に関する意見」）。

昭和61年7月に行われた衆参同日選挙に対して、選挙無効

を求めて提訴された事案がある。名古屋高判昭62（1987）・3・25は、「同日選が民意を反映せず憲法の趣旨に反したものであるといい難い」と判示した。

保利茂元衆議院議長「解散権について」（昭和53年7月11日付）

解散権のあり方について、保利茂元衆議院議長の「遺稿」がよく知られる。要旨は次の通り。

「"七条解散"は憲法上容認されるべきであるが、ただその発動は内閣の恣意によるものではなく、あくまで国会が混乱し、国政に重大な支障を与えるような場合に、立法府と行政府の関係を正常化するためのものでなければならない。"七条解散"の濫用は許されるべきではない。……今日の国会の状況をみると両院は正常に活動し、その機能は十分に保障されている。こういう状況のもとで特別の理由もないのに、行政府が一方的に解散しようということであれば、それは憲法上の権利の乱用ということになる。」（朝日新聞1979年3月21日）

参照資料

日本国憲法下での衆議院解散・総選挙

解散年月日	内閣	通称	総選挙年月日
1948.12.23	吉田茂	なれあい解散	1949.1.23
1952.8.28	同上	抜き打ち解散	1952.10.1
1953.3.14	同上	バカヤロー解散	1953.4.19
1955.1.24	鳩山一郎	天の声解散	1955.2.27
1958.4.25	岸信介	話し合い解散	1958.5.22
1960.10.24	池田勇人	安保解散	1960.11.20
1963.10.23	同上	所得倍増解散	1963.11.21
1966.12.27	佐藤栄作	黒い霧解散	1967.1.29
1969.12.2	同上	沖縄解散	1969.12.27
1972.11.13	田中角栄	日中解散	1972.12.10
解散せず	三木武夫	ロッキード選挙	1976.12.5
1979.9.7	大平正芳	増税解散	1979.10.7
1980.5.19	同上	ハプニング解散	1980.6.22
1983.11.28	中曽根康弘	田中判決解散	1983.12.18
1986.6.2	同上	死んだふり解散	1986.7.6
1990.1.24	海部俊樹	消費税解散	1990.2.18
1993.6.18	宮沢喜一	政治改革解散	1993.7.18
1996.9.27	橋本龍太郎	新選挙制度解散	1996.10.20
2000.6.2	森喜朗	神の国解散	2000.6.25
2003.10.10	小泉純一郎	マニフェスト解散	2003.11.9
2005.8.8	同上	郵政解散	2005.9.11
2009.7.21	麻生太郎	政権選択解散	2009.8.30
2012.11.16	野田佳彦	近いうち解散	2012.12.16
2014.11.21	安倍晋三	アベノミクス解散	2014.12.14
2017.9.28	安倍晋三	国難突破解散	2017.10.22
2021.10.14	岸田文雄	逃げ恥解散／未来選択解散	2021.10.31

一票の格差と最高裁判決

対象選挙	判決日	格差	判決	合理的期間の経過
1962 年 7 月 1 日参院選	1964 年（昭和 39 年）2 月 5 日	4.09	合憲	―
1971 年 6 月 27 日参院選	1974 年（昭和 49 年）4 月 25 日	5.08	合憲	―
1972 年 12 月 10 日衆院選	1976 年（昭和 51 年）4 月 14 日	4.99	違憲	経過した
1977 年 7 月 10 日参院選	1983 年（昭和 59 年）4 月 27 日	5.26	合憲	―
1980 年 6 月 22 日衆院選	1983 年（昭和 59 年）11 月 7 日	3.94	違憲状態	期間内
1980 年 6 月 22 日参院選	1986 年（昭和 61 年）3 月 27 日	5.37	合憲	―
1983 年 6 月 26 日参院選	1987 年（昭和 62 年）9 月 24 日	5.56	合憲	―
1983 年 12 月 18 日衆院選	1985 年（昭和 60 年）7 月 17 日	4.40	違憲	経過した
1986 年 7 月 6 日衆院選	1988 年（昭和 63 年）10 月 21 日	2.92	合憲	―
1986 年 7 月 6 日参院選	1988 年（昭和 63 年）10 月 21 日	5.85	合憲	―
1990 年 2 月 18 日衆院選	1993 年（平成 5 年）1 月 20 日	3.18	違憲状態	期間内
1992 年 7 月 26 日参院選	1996 年（平成 8 年）9 月 11 日	6.59	違憲状態	期間内
1993 年 7 月 18 日衆院選	1995 年（平成 7 年）6 月 8 日	2.82	合憲	―
1995 年 7 月 23 日参院選	1998 年（平成 10 年）9 月 2 日	4.97	合憲	―
1996 年 10 月 20 日衆院選	1999 年（平成 11 年）11 月 10 日	2.309	合憲	―
1998 年 7 月 12 日参院選	2000 年（平成 12 年）9 月 6 日	4.98	合憲	―
2000 年 6 月 25 日衆院選	2001 年（平成 13 年）12 月 18 日	2.471	合憲	―
2001 年 7 月 29 日参院選	2004 年（平成 16 年）1 月 14 日	5.06	合憲	―
2004 年 7 月 11 日参院選	2006 年（平成 18 年）10 月 4 日	5.13	合憲	―
2005 年 9 月 11 日衆院選	2007 年（平成 19 年）6 月 13 日	2.171	合憲	―
2007 年 7 月 29 日参院選	2009 年（平成 21 年）9 月 30 日	4.86	合憲	―
2009 年 8 月 30 日衆院選	2011 年（平成 23 年）3 月 23 日	2.304	違憲状態	期間内
2010 年 7 月 11 日参院選	2012 年（平成 24 年）10 月 17 日	5.00	違憲状態	期間内
2012 年 12 月 16 日衆院選	2013 年（平成 25 年）11 月 20 日	2.425	違憲状態	期間内
2013 年 7 月 21 日参院選	2014 年（平成 26 年）11 月 26 日	4.77	違憲状態	期間内
2014 年 12 月 14 日衆院選	2015 年（平成 27 年）11 月 25 日	2.129	違憲状態	期間内
2016 年 7 月 10 日参院選	2017 年（平成 29 年）9 月 27 日	3.08	合憲	―
2017 年 10 月 22 日衆院選	2018 年（平成 30 年）12 月 19 日	1.979	合憲	―
2019 年 7 月 21 日参院選	2020 年（令和 2 年）11 月 18 日	3.00	合憲	―
2021 年 10 月 31 日衆院選	2023 年（令和 5 年）1 月 25 日	2.08	合憲	―
2022 年 7 月 10 日参院選	2023 年（令和 5 年）10 月 18 日	3.03	合憲	―

最高裁による法令違憲判決・決定

事件	判決年月日	判決内容
尊属殺人重罰規定事件	昭和 48（1973）・4・4	刑法 200 条は憲法 14 条違反
薬事法事件	昭和 50（1975）・4・30	薬事法 6 条 2-4 項は憲法 22 条違反
衆議院議員定数不均衡事件	昭和 51（1976）・4・14	公職選挙法別表による 1 対 4.99 の定数不均衡は憲法 14 条違反
衆議院議員定数不均衡事件	昭和 60（1985）・7・17	公職選挙法別表による 1 対 4.40 の定数不均衡は憲法 14 条違反
森林法事件	昭和 62（1987）・4・22	森林法 186 条は憲法 29 条違反
郵便法事件	平成 14（2002）・9・11	郵便法 68 条は憲法 17 条違反
在外邦人選挙権事件	平成 17（2005）・9・14	公職選挙法附則 8 号は憲法 15・43・44 条違反
国籍法事件	平成 20（2008）・6・4	国籍法 3 条 1 項は憲法 14 条違反
非嫡出子相続分差別事件	平成 25（2013）・9・4	民法 900 条 4 号但書前段は憲法 14 条違反
再婚禁止期間事件	平成 27（2015）・12・16	民法 733 条の再婚禁止期間の 100 日を超える部分は憲法 14 条違反
在外邦人国民審査事件	令和 4（2022）・5・25	国民審査法 4・8 条は憲法 15・79 条違反
性別変更要件事件	令和 5（2023）・10・25	性同一性障害特例法 3 条 1 項 4 号は憲法 13 条違反

考えてみよう 14—1

主な参照条文 32条、37条、76条、82条

　邪馬台国があった場所については、九州だとする説と関西だとする説が対立しています。この論争に決着をつけるために、裁判所に判断してもらうことはできるでしょうか。

1 司法権とは

　憲法は「裁判を受ける権利」（32条）を保障し、司法権について規定しています。司法権とは国民相互間や国家と国民の間に生じた具体的な紛争を、法を解釈・適用して解決する国家作用です。司法権が発動するためには、①具体的な争訟ないし具体的な事件の存在、②適正手続の要請等に則った口頭弁論・公開主義など公正な裁判を実現するための諸原則に従うこと、③独立して裁判がなされること、④正しい法の適用を保障する作用であること、が必要だとされます。一般的にはこのうち①の具体的事件性の要素が司法権の核心だと考えられています。

2 法律上の争訟

　裁判所が司法権を行使するためには、持ち込まれる問題が**法律上の争訟**でなければなりません。これは、「**具体的事件性（または事件性・争訟性）の要件**」とも呼ばれ、①当事者間の具体的な権利義務ないし法律関係の存否に関する紛争であって、かつ②それらが法令の適用により終局的に解決することができるもの、をいいます。これらのいずれかを欠く訴訟は、裁判所の審査権が及ばないと考えられています。

　法律上の争訟に該当しない場合として、①に関して、具体的な権利侵害がないのに、抽象的に法令の解釈や効力について争うことが挙げられます。例えば、自衛隊の前身である警察予備隊の違憲無効の確認が求められた事件では、裁判所は訴えを却下しました（最大判昭27（1952）・10・8）。ただし、選挙訴訟や住民訴訟のような客観訴訟は、具体的事件性がなくても出訴できる特別の制度として法律で定められています（公職選挙法203・204条、地方自治法242条の2）。

　②に関して、単なる事実の存否や個人の主観的意見の当否、学問上・技術上の論争などがあります。教育勅語が失効していないことを争った訴えが主観的意見または感情に基づく精神的不満に過ぎない、とされたり（最判昭28（1953）・11・17）、国家試験における合否判定は試験実施機関の判断に委ねられるものであって法令の適用によっては解決できない、とされたりした例（最判昭41（1966）・2・8）があります。更に、純然たる信仰の対象の価値、または宗教上の教義に関する判断自体を求める訴えや、宗教上の地位の確認の訴えも法律上の争訟にあたらないとされます（板まんだら事件、最判昭56（1981）・4・7）。

3 司法権の限界

　法律上の争訟であっても、憲法が明文で規定している**議員の資格争訟（55条）や裁判官の弾劾（64条）**等の裁判は司法権の対象外です。このほかに司法権の対象外とされるものに、**国際法上の治外法権や条約による裁判権の制限、国会や各議院の自律に属する行為、行政機関や国会の自由裁量**とされる行為、統治行為があります。

（1）統治行為論　国家統治の基本に直接かかわるような高度に政治的な国家行為を**統治行為**（または**政治問題**）といいます。統治行為は、たとえ法律上の争訟であっても司法審査が及ばないと考えられています。具体的には、防衛や外交の機密事項にかかわるような場合や、国会と内閣の関係に関する行為が挙げられます。2017年には森友・加計学園問題の真相解明を求める野党が、憲法53条に基づいて臨時国会の召集を要求したにもかかわらず内閣が3か月以上これに応じなかったことの合意性が争われ、国側は臨時国会の召集決定や召集時期の判断は高度に政治性を持ち、裁判所の

司法審査権は及ばない、とする統治行為論を主張しました。最高裁は憲法判断をせず上告を退け、原告（野党議員）の敗訴が確定しました（最判令5（2023）・9・12）。

　統治行為については、そうした国家行為の存在を認めるか、認める場合の根拠や具体例等について見解が分かれます。法の支配と司法審査の考え方に立つ日本国憲法に照らすならば、統治行為を広くとらえることは妥当でないと考えられます。

(2) 部分社会論　一般市民社会には、地方議会や大学、宗教団体、政党など自律的な法規範を持つ団体（部分社会）が無数にあります。このような団体の内部の紛争は、内部規律の問題である限り、その団体の自主的・自律的な解決に任せ、司法審査は及ばない、という考え方を部分社会論といいます。具体的には、政党の除名処分（共産党袴田事件、最判昭63（1988）・12・20）や宗教団体内部の紛争（日蓮正宗蓮華寺事件、最判平元（1989）・9・8）などが挙げられます。地方議会の議員に対する懲罰は、最も重い除名処分以外は内部問題として議会の自治に任され、裁判所は関わらないとされてきました。しかし、最高裁は、議員が討論や議決に加わることが住民自治のための中核的活動だとして、これを妨げる出席停止の是非は裁判所が審査できる、として60年ぶりに判例を変更しました（最大判令2（2020）・11・25）。最近では、結社の自由の観点からその団体の性質や団体の自主性を支える憲法上の根拠に着眼して、個別的に処理するのが適切とされます。

裁判所法3条

　裁判所は、日本国憲法に特別の定めのある場合を除いて一切の法律上の争訟を裁判し、その他法律において特に定める権限を有する。

板まんだら事件　最判昭56（1981）・4・7

　本尊である板まんだらを安置する正本堂の建立資金を創価学会に寄付をした元学会員が、後に板まんだらは偽物であることが判明したため、寄付行為には錯誤があったとして寄付金の返還を求めた事件。最高裁は、訴訟は形式的には具体的な権利義務関係に関する紛争であるが、その前提として信仰の対象の価値または宗教上の教義に関する判断を要し、法令の適用による終局的な解決は不可能であるから法律上の争訟にはあたらない、と判示した。

警察予備隊事件　最大判昭27（1952）・10・8

　日本社会党の代表者である鈴木茂三郎が自衛隊の前身である警察予備隊が違憲無効であるこ

との確認を求めて、最高裁判所を第一審として出訴した事件。最高裁は裁判所に与えられているのは司法を行なう権限であり、司法権の発動には具体的な争訟事件が提起されていなければならず、具体的な事件の提起なく将来を予測して憲法とその他の法律命令等の解釈についての疑義論争に関する抽象的な判断を下すことはできない、として請求を却下した。

苫米地事件　最大判昭35（1960）・6・8

　1952年8月28日の吉田内閣による、いわゆる抜き打ち解散によって衆議院議員としての地位を失った原告が、地位の確認と任期満了までの歳費を請求した事件。最高裁は、国家統治の基本に関する高度に政治性のある国家行為はたとえそれが法律上の争訟となっても裁判所は審査しない、と判示した。

砂川事件　最大判昭34（1959）・12・16

　駐留米軍立川飛行場拡張に反対するデモ隊が基地内に侵入したとして、日米安保条約にもと

づく刑事特別法2条違反に問われた事件。日米安保条約・駐留米軍の合憲性が争われたが、最高裁は同条約がわが国の存立の基礎に極めて重大な関係を持つ高度の政治性を有するため、その内容の違憲性の判断は内閣と国会の高度の自由裁量的判断と表裏一体であって司法裁判所の判断には原則として馴染まず、一見極めて明白に違憲無効であると認められない限りは裁判所の司法審査の範囲外にある、と判示した。

長沼事件控訴審判決　札幌高判昭51（1976）・8・5

　自衛隊のミサイル基地建設のための保安林解除処分が基地建設に反対する地元住民らによって争われた事件。処分の違法性の原因として自衛隊が9条に違反する、と主張されたことについて、訴えの利益喪失を理由に原判決を取り消した札幌高裁は、傍論で、自衛隊の存置は高度の政治性を有する国の政策決定であり、一見明白に違憲・違法と認められない限り司法審査の対象にならない、と述べた。

考えてみよう 14-2

主な参照条文 76条、79条、80条

雇用パターンの多様化と経済情勢の悪化により、雇用関係をめぐる複雑な紛争が裁判所に持ち込まれる例が増えています。そこで裁判所の負担を軽減し、効率的な紛争解決のために労働問題を専門に扱う裁判所を新たに設置することは、憲法上許されるでしょうか。

1 裁判所の種類と裁判の仕組み

司法権は**最高裁判所**と**下級裁判所**に与えられています。（76条1項）下級裁判所には、**高等裁判所**（知的財産高等裁判所を含む）、**地方裁判所、家庭裁判所、簡易裁判所**が含まれます（裁判所法2条）。家庭裁判所は、家庭にかかわる問題（離婚・相続・養子縁組など）や、少年事件の審判などを専門に扱うために戦後新たに設けられた裁判所であり、簡易裁判所は、少額軽微な事件を簡易かつ迅速に裁判するための裁判所として全国各地に設置されています。事件は、下級審の判断に不服があれば当事者が上級審に上訴します（**三審制**）。ある事件についての上級審の判断は、下級審の裁判所を拘束します（裁判所法4条）。

裁判には、**民事裁判・刑事裁判・行政裁判**があります。民事裁判は、私法上の権利義務についての私人間の紛争についての裁判であり、一方当事者（原告）が相手方（被告）に対して請求の訴えを提起するものです。刑事裁判は、刑事法を適用して刑罰を科する裁判のことであり、検察官が被疑者（被告人）に対して公訴を提起します。行政裁判とは、行政庁によって法的利益を侵害された者（原告）が行政機関による処分の取消や無効確認の訴えを提起する裁判です。それぞれ民事訴訟法、刑事訴訟法、行政事件訴訟法にしたがい、公開の法廷での対審（民事裁判・行政裁判における口頭弁論手続、刑事裁判における公判手続）、審理を経て判決に至るのが一連の訴訟手続です。この他に、公開の法廷を開かずに行なわれる裁判の例として、簡易裁判所における軽微な刑事事件に関する略式手続や、家庭裁判所における家事審判・少年審判等があります。

2 特別裁判所の禁止・行政機関の終審禁止

明治憲法における司法権の範囲は民事裁判と刑事裁判のみであり、行政裁判は行政機関の中に置かれた行政裁判所に属するとされました。しかし、日本国憲法における司法権は全て通常の司法裁判所に帰属し、**特別裁判所の設置は禁止**されています（76条2項）。特別裁判所とは、特別な人や事件について裁判するために、通常裁判所の系列とは別に設けられる裁判機関です。前述の明治憲法下の**行政裁判所**や**軍法会議、皇室裁判所**がその例として知られています。少年事件と家事事件のみを扱う**家庭裁判所**や、知的財産権に関する紛争のみを扱う**知的財産高等裁判所**は、それぞれ最高裁判所の系列下にあるため、特別裁判所には該当しません。特別裁判所を禁止する理由は、全ての人に裁判の公平と平等をはかるためだと考えられています。なお、立法機関による議員の資格争訟の裁判（55条）と弾劾裁判所（64条）は憲法の定める例外です。

また、憲法は特に行政機関が終審として裁判を行なうことを禁止しています（76条2項）。もっとも、行政機関が前審として裁判をすることは否定されておらず、その専門技術的判断を準司法的に行なう例として、**海難審判所による審判**や、**特許庁や公正取引委員会による審判**などがあります（裁判所法3条2項）。いずれも前審として行なわれ、不服のある場合には通常の裁判所へ出訴する途が確保されています。

・・・・・・・・・・・・・・・・・
： **3　最高裁判所** ：
・・・・・・・・・・・・・・・・・

　最高裁判所は、内閣が指名し、**天皇が任命する最高裁判所長官1名と、内閣が任命する最高裁判所判事14名**から組織されます（79条1項）。最高裁判所の裁判官は、任命直後と10年経過後の衆議院選挙時の**国民審査**の対象となり（79条2項）、定年は70歳です（79条5項）。審理と裁判は、裁判官全員が属する**大法廷**と、5名ずつで所属する三つの**小法廷**で行なわれ（裁判所法9条）、いずれで扱うかは最高裁判所が決定します。ただ、法律・命令・規則または処分が憲法に適合しているかどうかを判断する場合や、以前の最高裁の判断を変更する場合（**先例変更**）など一定の場合には大法廷が必ず開かれます（裁判所法10条）。最高裁判所の判決には、その結論と理由を示す匿名の**多数意見**のほか、記名による**個別意見**がつく場合があります。下級裁判所の裁判官は、最高裁判所の指名に基づく名簿から内閣が任命し、その任期は10年であり、定年は65歳（簡裁は70歳）です（80条1項）。

最高裁判所外観・大法廷

（http://www.courts.go.jp/saik-osai/）

国民審査公報

https://www.pref.ishikawa.lg.jp/senkan/49shugi/documents/ishikawa49shugishinsakouhou_1.pdf

民事・刑事の裁判手続と審級関係図

（http://www.courts.go.jp/vcm_lf/navi2502.pdf）

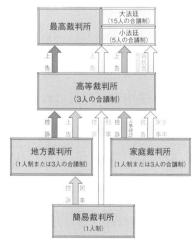

（http://www.courts.go.jp/vcm_lf/2013houtei_guide.pdf）

宮本判事補再任拒否事件

　1971（昭和46）年、最高裁の裁判官会議が青年法律家協会の会員であった熊本地裁の宮本康昭判事補の再任拒否を決定し、裁判官会議の非公開と人事の秘密を理由に再任拒否の理由は公開できないとした事件。

考えてみよう 14−3

主な参照条文 76条、77条、78条、79条、80条、82条、83条、84条、85条

　わいせつ行為やストーカー行為で有罪判決を受けた裁判官は自動的にやめさせられますか。やめさせるにはどうすればよいでしょうか。

1 司法権の独立とは

　紛争を公平・公正に解決し、人権保障を実現するために、裁判に対する外部からの干渉や圧力は排除しなければなりません。これを**司法権の独立**といいます。司法権の独立には、①司法権が立法権や行政権から独立していることと、②裁判官が裁判をするにあたって独立して職権を行使すること、という二つの意味があります。また、後者を支えるものとして**裁判官の身分保障**があります。

　司法権が立法権や行政権の影響を受けると、政治的多数者の意思が裁判に入りこみ、特に少数者にとって公正な裁判ができなくなることが問題です。司法権の独立が行政権による干渉によって脅かされた古い例として、ロシアとの関係悪化を恐れた日本政府が裁判所に圧力をかけた1891年の**大津事件**が知られています。

2 裁判官の職権の独立

　裁判官は、国会・内閣などの**外部機関からの干渉**だけでなく、上席裁判官や上級裁判所など**司法の内部からの干渉**も受けないことが必要です。前者に関しては、裁判所における親子心中事件の量刑が軽すぎるとして参議院法務委員会が国政調査権に基づく議決を行なったことが司法権の独立を脅かす、として批判された**浦和事件**（→12章）があります。また、法廷内で被告人らが朝鮮戦争戦死者に黙とうしたことを制止しなかった訴訟指揮をめぐって国会で弾劾訴追の動きが起こった**吹田黙祷事件**があります。後者については、前述の吹田黙祷事件で最高裁が通達によって間接的に訴訟指揮を批判した例や、長沼訴訟の担当裁判官に対して上司である裁判所長が私信で自衛隊の違憲判断を避けるように示唆した**平賀書簡事件**が有名です。

　なお、裁判官は「良心」に従って職権を行なうこととされます（76条3項）。この「良心」とは「裁判官としての良心」であり、個人的な信条より法の客観的解釈を優先すべきだと考えられています。

3 裁判官の身分保障

　裁判官が外部からの圧力に屈することなく、独立して職権を行使するために、その身分が保障されなければなりません。このため裁判官は、①裁判により、心身の故障のために職務を執ることができないと決定された場合（**分限裁判**）、②公の弾劾による場合（**弾劾裁判**）、③最高裁判所裁判官については**国民審査**によって投票者の過半数が裁判官の罷免を可とする場合、以外に罷免されることはありません。

　また、裁判官は「職務上の義務に違反し、若しくは職務を怠り、または品位を辱める行状があったとき」は、**裁判（分限裁判）により懲戒**に服するものと規定されています（裁判所法49条）。この懲戒処分を行政機関が行うことは禁止され、立法機関による懲戒も当然に禁じられていると考えられています（78条後段）。裁判所による懲戒処分は、戒告または一万円以下の過料であり、罷免は認められません（裁判官分限法2条）。また、最高裁による裁判官の意に反する転官・転所・停職・減棒も認められません（裁判所法48条）。経済面での身分保障として、裁判官は定期的に報酬を受け、在任中にこれを減額されることはありません（79条6項、80条2項）。

4 規則制定権

　最高裁判所は、「訴訟に関する手続、弁護士、裁判所の内部規律及び司法事務処理に関する事項」について規則を定めることができます（77

条1項)。規則は最高裁判所が裁判官会議で制定しますが、下級裁判所に関する規則の制定を下級裁判所に委任することもできます(77条3項)。検察官は最高裁判所の規則に従わなければなりません(77条2項)。

規則制定権は、権力分立の見地から司法の独立を確保すると共に、司法部内における最高裁判所の統制権と監督権を強化する他、技術的な見地から、実務に通じた裁判所に実際的な規則を定めさせるための権限とされます。規則で定めることができる事柄は、77条1項によって限定されますが、それらは同時に法律でも定めることができると考えられています。同じ事柄について法律と規則で定める内容が競合したり、矛盾したりした場合の効力関係については、国権の最高機関かつ唯一の立法機関としての国会による法律の効力が優越するという考え方が一般的です。しかし、規則制定権は国会を唯一の立法機関とする原則に対する憲法が認めた例外であるため、規則制定権の範囲内にある事柄の性質に応じて優劣関係を決める考え方もあります。

大津事件(1891年)

滋賀県大津で来日中のロシア皇太子に警備担当の巡査が切りつけて負傷させた事件。政府はロシアとの関係悪化を恐れ、「皇室に対する罪」を適用して巡査を死刑にしようとしたが、大審院院長(現最高裁長官に相当)の児島惟謙はこれに抵抗し、通常の謀殺未遂罪を適用させた。司法に対する政府の干渉が排除されて司法の独立が守られた側面と、大審院院長が事件の担当裁判官を説得し干渉した側面とを併せ持つ事件である。

平賀書簡事件(1969年)

長沼事件に関連して、当時の平賀健太札幌地裁所長が事件を担当する福島重雄裁判長に自衛隊の違憲判断を避けるべきと示唆する私信を送った事件。裁判への干渉に当たるとして札幌地裁裁判官会議が平賀所長を厳重注意処分に付した。また最高裁は、同所長を注意処分に付して東京高裁に転任させた。

寺西和史判事補懲戒処分事件 最大判平10(1998)·12·1

仙台地裁所属の現職裁判官が、通信傍受法に反対する集会に参加し、所長から事前に「処分する」と警告されたことに触れつつ、「法案に反対の立場で発言することは禁止されていな

いと思うが、パネリストとしての発言は辞退する」旨発言したところ、裁判所法52条1号で禁止された積極的政治活動に当たるとして仙台高裁による分限裁判を経て、戒告処分を受けた事件。最高裁は、裁判官が積極的政治活動を禁止されるのは裁判官の独立と中立・公正を確保するためであり、本件集会での言動は単なる個人の意見の表明の域を超える厳に避けるべきものである、として即時抗告を退け、戒告処分が確定した。

岡口裁判官ツイッター戒告事件 最大決平30(2018)·10·17

東京高裁(当時)の岡口基一裁判官が、拾われた犬の所有権を争った裁判をめぐり、ツイッターに「公園に放置された犬を保護したら、元の飼い主が名乗り出て『返して下さい』え?あなた?この犬を捨てたんでしょ?3か月も放置しながら」などと投稿したことが裁判所法の定める「品位を辱める行状」にあたるとして戒告処分を受けた事件。SNSでの発信を理由に裁判官が懲戒処分を受けた初めての例である。岡口氏は実名でツイートする裁判官として知られ、過去に二度投稿内容について厳重注意を受けていた。

司法の独立と砂川事件

砂川事件の裁判で、駐留米軍を違憲とした一審判決の後に当時の田中耕太郎最高裁長官がアメリカ側に一審を取り消す見通しを事前に伝えていたことを示す文書が2008年以降相次いで見つかった。このことから、事件で有罪となった元被告らが「公平な裁判を受ける権利」を侵害されたとして再審請求を行ったが、最高裁は請求を棄却する下級審の判断を支持した。(最決平30(2018)·7·18)。

最高裁裁判官国民審査の結果

氏名(出身)	罷免要求票数(率%)
深山卓也(裁判官)	4490554票(7.85%)
岡　正晶(弁護士)	3570697票(6.24%)
宇賀克也(学者)	3936444票(6.88%)
堺　徹(検察官)	3565907票(6.24%)
林　道晴(裁判官)	4415123票(7.72%)
岡村和美(行政官)	4169205票(7.29%)
三浦　守(検察官)	3838385票(6.71%)
草野耕一(弁護士)	3846600票(6.73%)
渡辺惠理子(弁護士)	3495810票(6.11%)
安浪亮介(裁判官)	3411965票(5.97%)
長嶺安政(行政官)	4157731票(7.27%)

※告示順、敬称略

(https://digital.asahi.com/articles/ASPC17L2GPBPUTIL047.htmlをもとに作成)

裁判官の不祥事と罷免の例

判決年月日	結果	訴追された事由
昭和23·11·27	不罷免	無断欠勤など
昭和25·2·3	不罷免	偽証教唆の疑いなど
昭和30·4·6	罷免	職務怠慢など
昭和32·9·30	罷免	民事紛争への介入
昭和52·3·23	罷免	にせ電話を新聞記者に聴かせた
昭和56·11·6	罷免	担当事件の破産管財人から利益供与
平成13·11·28	罷免	児童買春
平成20·12·24	罷免	ストーカー行為
平成25·4·10	罷免	電車内での盗撮

(http://www.dangai.go.jp/lib/lib1.htmlをもとに作成)

考えてみよう 14−4　[主な参照条文] 86条、98条

　民法の規定を違憲とする最高裁判所判決が大きく報道されました。違憲判決が出ると問題の規定は自動的に無効になり、翌年版の法令集から削除されるでしょうか。

1　違憲審査制とは

　国家の行為が憲法に違反していないかどうかを裁判所が判断する制度を**違憲審査制**といいます。この制度は、公権力による侵害から国民の人権を保護すると共に、政治権力の担い手が憲法を侵害することを阻止して憲法秩序を守ることを目的としています。

2　日本における違憲審査制

　日本国憲法は81条において、「最高裁判所は、一切の法律、命令、規則または処分が憲法に適合するかしないかを決定する権限を有する終審裁判所である」と定め、初めて違憲審査制を日本に導入しました。わが国の違憲審査制は、米国のそれと同様に、具体的な事件を処理するに必要な限度で違憲審査を行なうことができる、という考え方が一般的です（**付随的違憲審査**）。これに対して、ドイツなどヨーロッパ大陸諸国では、違憲審査のための特別の裁判所（憲法裁判所）を設置し、国家行為の合憲性を具体的な事件の解決とは無関係に抽象的に審査する形で行われています（**抽象的違憲審査制**）。

　違憲審査権は最高裁判所だけに与えられているように見えます。しかし、81条は最高裁による違憲審査権の独占を意図したものではなく、違憲の主張をめぐる争いを最高裁判所が最終的に判定することを意味するとされます。したがって、違憲審査権の主体は下級裁判所を含む司法権を行使する全ての裁判所であると考えられています。

　違憲審査制の対象は、「一切の法律、命令、規則、または処分」と規定されていますが、ここには列挙されていない条例なども含めた全ての国内法が対象になると考えられています。これに関して、**条約は違憲審査の対象になるか**が問題になります。条約は締結した国家を拘束する国際法であって国内法ではありませんが、国民の権利や義務に直接効力を及ぼすものもあります。したがって、憲法と条約は法体系が同一であり、憲法が条約よりも優位に立つため、条約も違憲審査の対象であるという考え方が一般的です。但し、条約が国家間の合意として政治的内容を含むことを理由に違憲審査を否定する考え方もあります（統治行為）。

　また、違憲審査制は国会の消極的行為（**立法不作為**）を対象とするかが問題になります。これについては、具体的な訴訟の前提問題となる限り、立法不作為に対しても違憲審査ができると考えられています。立法不作為に対する違憲審査は、不作為の無効を主張して認められるだけでは問題は解決しませんが、立法を義務づけることは三権分立に抵触するおそれがあります。そこで現行制度上、国家賠償法に基づく損害賠償請求の方法で提起されることになります。

3　違憲判断の方法と違憲判決の効果

　違憲判断には、事件に適用される法令の規定そのものを違憲とする場合（**法令違憲**）と、法令自体は合憲でもその法令が適用される事例に注目してその事例の当事者に適用される限りにおいて違憲とする場合（**適用違憲**）、そして法令の合憲性を前提に、裁判を含めた公権力の権限行使（処分）を違憲する場合（**処分違憲**）があります。適用違憲判決の効力はその事件にのみ及ぶものとされますが、**法令違憲の判決の効力**については、その事件に限って当事者に法令が適用されないとするのか、法令を一般的に無効にするのか、二つの考え方が対立しています。付随的違憲審査

制のもとでは具体的事件に限定して効力が及ぶと考えられますが、実際には違憲とされた法令がそれ以降、行政機関や裁判所によって適用・執行されることはなく、一般的に無効にする考え方と結論は同じになります。ただし、判決によって違憲とされた法令の規定を判決の趣旨にそって修正したり、削除したりするのは国会の権限であり、尊属殺人重罰規定のように違憲判決から立法措置までに 22 年の時間を要した例もあります（→ 4 章）。

> ┌─────────────┐
> │ **4　判例の拘束力と** │
> │ **　　変更** │
> └─────────────┘

判例という言葉は、広く裁判例という意味で使われることもあります。憲法判例の場合は終審である最高裁の判例を示します。より厳密には、判決文のうち、判決の結論を導く上で意味のある法的理由付け（判決理由）を判例、それ以外を傍論と呼びます。このような狭義の判例は、後に起こる別の事件で同じ法律問題が争われたときに、その裁判のよりどころとなる先例として扱われます。また、審級制の下で、上級審の判例は下級審のそれを拘束します。

判例の変更は十分な理由がある場合に可能と考えられています。すなわち①時間が経過し、大きな事情の変更があった場合、②経験に照らして変更が必要になった場合、③先例に誤りがある場合がそれに該当し、判例変更の際は大法廷による必要があります（→14章）。

ハンセン病訴訟　熊本地判平 13（2001）・5・11

ハンセン病患者に対する強制隔離等を定めた法律が必要なくなったにもかかわらず、改正、廃止しなかった立法不作為の違憲・違法性が争われた国家賠償請求事件。熊本地裁は人権被害の重大性と司法的救済の必要性から本件が立法不作為の違法性を認めて国家賠償請求を認容した。

在外邦人選挙権剥奪違法確認訴訟　最大判平 17（2005）・9・14

海外に在住住する日本国民が従来選挙権を認められてこなかったことについて、その違法性の確認と損害賠償を請求した事件。確認の訴えは不適法とされたが、立法不作為が憲法上の権利を侵害することが明白な場合や、憲法上の権利行使に必要不可欠であることが明白な立法措置を国会が正当な理由なく長期間怠った場合には、立法不作為が国家賠償法上違法の評価を受ける、として損害賠償を認容した。

司法消極主義と司法積極主義

政策決定をする国会や内閣の判断を尊重して違憲審査権の行使をできるだけ控えるべきとの考え方を司法消極主義という。これに対して、裁判所は変化し続ける社会的・経済的・政治的諸条件に合うように最高裁判所が憲法上の価値を実現し、これを政治部門からの侵害から保障する責務を負うため、そのために与えられている違憲審査権を積極的に行使しなければならないという考え方を司法積極主義という。

最高裁判所がこれまで下した違憲判決の数は諸外国と比べて大変少ないため、「司法消極主義」のあらわれだといわれてきた。しかし、違憲判決は裁判所に持ち込まれる事件の数と、そのうち憲法判断をする数を経て、違憲判決の数に集約される。また、民主主義の意思決定システムを採用している日本国憲法において、国会が作る法律は民主的多数の支持を得たものである。そのような法律その他の国家行為に対する違憲審査は、民主的なプロセス（＝選挙）によって選ばれていない裁判官によるものであるため、過度に行なわれることには問題がある。

尊属殺人重罰規定事件　最大判昭 48（1973）・4・4

1968 年、実父（53）による長年の性虐待から五児の出産を強いられた女性（29）が、就職先で出会った男性との結婚に反対されてこの実父を絞殺し、自首した事件。尊属殺人に関する当時の刑法 200 条では情状酌量による刑の減軽を経ても執行猶予を付けられず、実刑を免れなかった。最高裁多数意見は、尊属殺人罪を普通殺人罪と別途に設けること自体は違憲とせず、執行猶予が付けられないほどの重罰しか規定しないことを違憲と判断した。これに対し、少数意見は親を敬うことは道徳であり、法で強制されるべきではないとして尊属殺人罪の設置自体を違憲と判断した。判決後、同規定は死文化したが、そのまま刑法典に残り続け、1995 年の改正で刑法の規定を現代仮名遣いにする際に、同規定を含む尊属に対する処罰規定が全て削除された。削除までに時間を要したことの背景には、与党自民党内の保守的な家族観の影響があったとされる。

最高裁による法令違憲判決・決定→参照資料 P105

裁判員制度

◆ **制度のあらまし**

司法制度改革の一環として 2009 年に導入された裁判員制度では、地方裁判所での一部の刑事手続に、**衆議院議員選挙の有権者**（法改正により 2023 年からは 18 歳以上が対象）から選ばれた**原則 6 人の裁判員が参加し、3 人の裁判官と共**に裁判を行います。裁判員裁判の対象となるのは、**死刑や無期懲役にあたる重大な犯罪や故意の犯罪で被害者が死亡した事件**です。

裁判員になることは国民の義務ですが、**欠格事由**（裁判員法 14 条）・**就職禁止事由**（同 15 条）・**不適格事由**（同 17、18 条）に当てはまる者は裁判員になることができません。また、**辞退事由**があれば免除されます。裁判所は裁判員候補者に送付する通知票でこれらに該当するかどうかを確認し、事件毎にくじで選ばれた候補者を裁判所に呼び出して面談の上、選任します。

裁判員制度では裁判員を拘束する期間をなるべく短く限る必要があります。そのために、法廷での審理に先立って裁判官・検察官・弁護人の三者で事件の争点や証拠を整理し、審理計画を明確にするための**公判前整理手続**が行われます。

裁判員は、裁判官と共に公判に出席し、証拠として提出された凶器などの物や書類を取り調べたり、証人や被告人等に質問したりします。その上で、評議において裁判官と合議し、被告人が有罪か無罪か、有罪の場合はどのような刑にするのかを決めます。判決には裁判員も出頭しなければなりません。

裁判員には**守秘義務**があり、評議の秘密（どのような過程を経て結論に達したか、裁判員や裁判官の意見内容、評決における賛否の意見構成など）や、評議以外の裁判員としての職務遂行に際して知った秘密（記録から知った事件関係者のプライバシーにかかわる事柄、裁判員の氏名など）を他人に話すことは禁止されます。しかし、裁判員を務めた感想や、証人尋問の内容など公開の法廷で見聞きしたことは話して構わないとされます。裁判員に守秘義務を課しつつ、いかにしてこの制度の透明性を確保するかが課題です。

◆ **裁判を受ける権利**
  を侵害するか？

裁判を受ける権利は、その事件について管轄する裁判所の、権限ある裁判官による裁判を受ける権利を保障すると考えられてきました。裁判員制度はこの権利を侵害するのではないかとの議論があります。違憲論は憲法の条文が独立性や身分保障のある職業裁判官を予定しているとみられることを重視します。他方、合憲論は国民主権の見地から国民が主体的に刑事裁判に参加する点に意義を求め、裁判員制度の導入を禁じる規定がないことを重視します。

最高裁の裁判官の中には法曹資格を持たない者もあり、その事件限りで選任される裁判員が政治部門から影響を受ける心配は殆どなく、身分保障がなくても独立性は必ずしも害されない等から、裁判員制度は**裁判を受ける権利**を侵害しないと考えられます。最高裁は、憲法が国民の司法参加を許容しており、裁判員制度は公平な裁判所による適正な裁判を制度的に十分保障している他、裁判員の職務等は司法権の行使への国民参加という点で参政権と同様の権限を国民に付与するものであって 18 条の禁じる「苦役」には当たらない、として合憲と判断しました（最大判平 23（2011）・11・16）。さらに、最高裁平 24（2012）年 1 月 13 日判決は、裁判員制度による審理裁判を受ける

か否かについて被告人に選択権が認められていないからといって、同制度が 32 条・37 条に違反するものではない、と判断しました。

◆ 思想良心の自由・信教の自由を侵害するか？

宗教上の理由から裁判員となることが困難な場合はどうすればよいでしょうか。例えば、キリスト教の宗教団体である日本カトリック司教協議会は、聖職者が国家権力の行使に関わる公職につくことを禁じる等の宗教上の規律により、信者や聖職者が裁判員候補者に選ばれた場合には辞退を勧める方針を明らかにし、最高裁に文書で理解を求めています。他にも死刑反対や、人が人を裁くことへの懸念から、裁判員制度への参加に難色を示す宗教があります。

裁判員法や法務省の政令は、幅広い市民の意見を裁判に反映させるこの制度の趣旨から、思想・信条や宗教上の理由による辞退を明文化していません。しかし、政令第 6 号は**精神上の重大な不利益が生ずる場合**を辞退事由として定めており、裁判員となることがその人の信仰する宗教の教義に反し、精神的な矛盾や葛藤を生じさせる場合には、辞退が認められる可能性はあると考えられます。

◆ 裁判員の不安と負担

裁判員制度には、なぜ一般市民が参加しなければならないのか、との声があります。また、素人に被告人の生命にかかわる判断ができるか、専門家である裁判官と対等な議論ができるか等の心配もあります。さらに、裁判員の精神的負担に関して、2013 年に裁判員を務めた際に証拠として凄惨な殺害現場の写真等を見た後に体調不良を生じて急性ストレス障害と診断された女性が、国に対して慰謝料等の賠償を求める訴訟を起こしました。女性の請求を棄却する判決が 2016 年 10 月に最高裁で確定しましたが、この裁判をきっかけに、公判でこうした写真を示す場合には裁判員候補者に予告すること、不安から参加に支障があると判断される候補者の辞退を柔軟に認めること、審理や評議中に裁判官が裁判員の動揺に配慮して辞任の申し出を認めること、公判後も裁判官が裁判員の体調不良や不安に関する相談を受けて**メンタルヘルスサポート窓口**を紹介すること等の対応を東京地裁で申し合わせました。最高裁もこれを参考にするよう全国の裁判所に紹介しています。また、裁判員の安全確保に関連し、暴力団幹部を被告人とする事件を担当する裁判員に路上で「よろしくね」等と声がけした組関係者が裁判員法違反（威圧・請託）罪に問われ、2017 年に有罪判決が出ています。

刑事訴訟法改正が被害者の訴訟参加を認めたこともあり、裁判員裁判では被害者や遺族の感情が考慮されて量刑が重くなったとも言われます。他方、介護殺人未遂の事案で執行猶予付の温情判決が下されたり、若い被告人による強盗致傷の事案で法定刑よりも軽い判決が下されたりする例もあります。最近は裁判員裁判の判決が控訴審で覆される、破棄率が上昇傾向にあり、国民参加の意味を問う声も上がっています。また、法改正により、著しく長期化すると予想される事件は裁判員裁判の対象から除外され、裁判官だけで審理できるようになりました。2018 年までに 8 万人以上が裁判員となり、1 万人以上の被告人に対して判決が言い渡された裁判員制度ですが、辞退者の割合は当初の 53.1% ら 67%（2018）に増え、その後も高止まり傾向です。辞退を申し出ずに選任手続を欠席する人の割合も 3 割を超えています。裁判員経験者の満足度が高いにもかかわらず生じているこのような状況の背景には、審理の長期化や、雇用情勢の変化すなわち非正規労働者の増加、高齢化の影響等があるのではないかとされています。

第Ⅳ部　平和主義

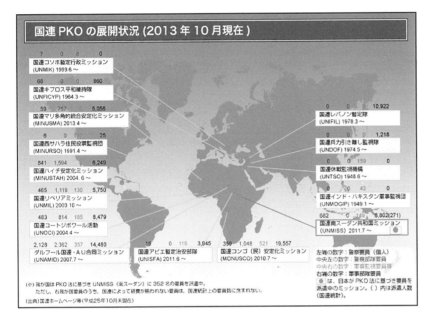

国連 PKO の展開状況
と日本の関わり

出典：外務省（https://
www.mofa.go.jp/mofaj/
press / pr / wakaru / top-
ics/vol104/index.html）

沖縄の在日米軍施設

出典：沖縄県のHP（https://www.pref.okinawa.jp/
site/kodomo/sugata/begunkichi.html）

沖縄にある
アメリカ軍の基地

「国の防衛について教育の場で取り上げる必要があることの考え」

出典：内閣府「自衛隊・防衛問題に関する世論調査（令和
4年11月調査）」（https://survey.gov-online.go.jp/
r04/r04-bouei/index.html）

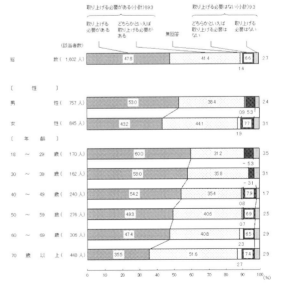

平和主義と国連の紛争解決の枠組み

　日本国憲法は、前文と9条に平和主義の規定をおいています。戦争を起こしたり巻き込まれたりすることなく平和に暮らしたいというのは、世界共通ののぞみです。国際社会は、そのために、さまざまな取り組みをしてきました。

1　侵略戦争の禁止のための国際的取り組み

　1928年の不戦条約（ケロッグ＝ブリアン条約）は、侵略戦争の放棄を宣言し、締約国が、相互に起こる紛争を、性質や原因を問わず平和的に解決するべきことを定めていました。ただし、この条約には具体的にどのように実施するのかについて定めておらず、違反した場合の制裁が規定されていませんでした。

　1919年の国際連盟条約は、武力行使をする前に平和的な手段を試み、一定の期間をおくことを締約国に義務づけていました。しかし、これらの条約は、「事実上の戦争」（戦意の表明をともなわない武力行使）や、自衛権の行使を名目とした武力行使を禁じていませんでした。国際連盟は、アメリカ・ソ連が加盟しなかったために弱体だったこともあり、第2次世界大戦を防げませんでした。

2　国際連合と紛争の平和的解決

　1945年に創設された国際連合は、「国際の平和及び安全の維持」を、第1の目的とし、世界のほとんどの国（2023年に193カ国）が加盟している組織です。国連憲章は、国連加盟国が紛争を平和的な手段で解決しなくてはならないと定め、武力による威嚇または武力行使を禁止しています（国連憲章2条3・4項）。今では、武力行使の禁止は、国際慣習法として確立していて、国連に加盟していない国にも適用されます。

　国連のしくみの中で、国際平和と安全の維持について主に責務を負っているのは、安全保障理事会（安保理）です。国連憲章第6章は、安保理による平和的な紛争解決の具体的な手段を定めています。第7章は、安保理が国際平和に対する脅威や平和の破壊、侵略行為を認定する権限を定め（同39条）、平和的手段で紛争が解決できなかった場合に、安保理が勧告を行い、暫定措置をとり、経済制裁等を実施することができるとしています（同41条）。また、経済制裁等では充分でなかった場合には、国連軍を組織し強制的な軍事措置をとることが定められています（同42条-47条）。

　加盟国が単独で武力行使をすることは原則として許されていませんが、51条は、武力行使を受けた場合に、安保理が必要な措置をとるまでの間、加盟国が個別的・集団的自衛権を行使してよいとしています。

3　安全保障理事会の機能不全と国際環境

　ところが、このような国連の枠組みは、うまく機能しないことが、冷戦期のアメリカと旧ソ連の対立を経て分かってきました。

　安保理は、15カ国から成り、そのうち、中国、フランス、ロシア、イギリス、アメリカが常任理事国です。これ以外の非常任理事国は2年ごとに選挙されます。

　安保理の国際紛争の解決をめぐる決定には、常任理事国を含む9カ国の賛同が必要で、常任理事国は拒否権を行使できますが（同27条）、常任理事国どうしが対立し、侵略行為などを認定すること（同39条）が事実上難しく、制裁措置の発動も困難です。経済制裁が行われたことはあります

が、国連軍が正式に組織されたことはなく、国連による集団安全保障体制を確立することはできませんでした。そのため、加盟国は、51条の集団的自衛権にたよって、安全を保持しなければならなくなりました。

　安保理の機能不全を解消するため、拒否権を廃止する、常任理事国を増やすなどの改革が提案されていますが、今のところ実現していません。どのように自国の安全を保持するかは、加盟国にとってのたいへん難しい課題となっています。さらに、2022年2月には、ロシアの侵攻により、ウクライナ戦争が勃発しました。ロシアは、欧米の介入に対し、核兵器の使用も示唆しました。安保理の常任理事国による侵略は、国連による安全保障の枠組みを破壊したとさえいわれています。

4	国連による平和 維持活動(PKO)

　国連の安全保障体制が必ずしも機能しないことがわかると、新しい安全保障の方法として、国連の平和維持活動(PKO，Peacekeeping Operations）が考え出されました。1950年の総会による決議に基づくもので、国連憲章には規定がありません。のちに国際司法裁判所（ICJ）が正当な活動だとし、憲章に違反しないと考えられて広く行われてきました。

　PKOは、停戦の合意がなされたあと、対立する武装勢力の間に平和維持部隊を置いて武力行使を防ぎ、停戦の確保を行い、事態が悪化しないようにします。あるいは、国内の治安維持のために警察活動を行います。PKOは関係国の合意に基づいて派遣されます。武器の使用は、原則として自衛目的の場合に限られ、戦闘を行いません。兵力は、紛争に関係のない中小国から提供されることが多く、部隊も小規模で、受け入れ国の内政に干渉せず、中立を維持することになっています。PKO活動が拡大したための財政負担などさまざまな問題はあるものの、当事国の武力行使が一時凍結されている間に平和的な紛争解決がはかられる余地を作り出し、国際紛争の解決に大きく役立ってきました。

　日本にも国連との関係で国際社会での役割を果たすことが期待され、1992年には国際平和協力法（PKO法）が成立して、自衛隊は、PKO活動に参加しています。1998年改正では、武力行使を含む国連平和維持軍（PKF，Peacekeeping　Forces）への参加凍結も解除されました。日本は、実質的に「武力行使を伴わない」活動を行うなどとしていました。しかし、2015年9月の安保関連法の成立で、国連職員や他国の部隊を武器をもって警護する「駆けつけ警護」等が認められました。これらの活動が9条に違反しないのかどうかは、疑問です（→15章）。

　こうした国際環境の中で、日本の平和主義、9条をどのように考えるべきなのでしょうか。

平和主義と国際環境

年月	できごと	年月	できごと
1945年8月	ポツダム宣言受諾	2003年3月	イラク戦争
1946年11月	日本国憲法成立	7月	イラク復興特別措置法成立（2009年7月失効）
1947年5月	日本国憲法施行	2008年1月	新テロ特措法成立（2010年1月失効）
1950年8月	警察予備隊設置	2009年6月	海賊対処法成立
1951年9月	サンフランシスコ講和条約・日米安全保障条約締結	2014年7月	集団的自衛権容認を閣議決定
		2015年9月	安保関連法成立
1952年10月	保安隊設立	2022年2月	ロシアのウクライナ侵攻
1954年7月	自衛隊設立		
1992年6月	PKO法成立		
1998年6月	PKO法改正（PKFへの参加凍結解除）		
1999年5月	ガイドライン関連法改正		
2001年9月	9.11.アメリカ同時多発テロ事件		
10月	対テロ特措法成立（2007年11月失効）		

考えてみよう 15−1

主な参照条文 前文、9条、13条

ウクライナでは、ロシアが発射した何千発もの弾道・巡航ミサイルによって多くの死傷者が出ています。日本周辺でも、北朝鮮の弾道ミサイル発射について報じられるなど、他国からのミサイル攻撃は現実の脅威となっています。

目下、教育実習で「公民」の授業を担当するＤさん。最近、生徒から次のような質問を受けました。「ミサイル防衛システムを強化するだけでは限界があると思う。さらなる攻撃を防ぐ意味でも、政府のいうように『有効な反撃を相手に加える能力』、つまり『反撃能力』をもつことが絶対必要だ。でも、それって、『戦力の不保持』と矛盾しないのかな」。返答に困っているＤさんに何かアドバイスしてあげてください。

1 世界史のなかの憲法9条

皆さんは、『あたらしい憲法のはなし』を覚えていますか。戦車や爆弾などが溶鉱炉に入れられ、かわりに新しく電車や消防車など、私たちの生活に役立つ物が作り出されていく挿絵が印象的でした。この本は戦後、文部省（当時）が社会科の副読本として作成したものです。新たに憲法に取り入れられた**戦争放棄**の考え方が、子ども達にも分かりやすく解説されていました。その頃と比べ国際情勢は大きく変わりました。ロシアによるウクライナへの軍事侵攻など、国民の多くが戦争に巻き込まれる危険性を感じている昨今、憲法の平和主義について再考する絶好の機会です。

日本国憲法は、第二次世界大戦の悲惨な結末とその反省のもと、「再び戦争の惨禍が起ることのないやうに」（前文）、**平和主義**を基本原則として採用しました。それを具体的なかたちで示したのが憲法9条です。9条は戦争の放棄や戦力の不保持を謳っています。徹底した平和主義は諸外国にも類を見ず、まさに「世界史的な意義をもつ規定」です。もちろん平和を実現するとしても、実際には多くの困難が立ちはだかります。学説の中には、9条は国家の理想を示した単なる政治的マニフェストにすぎないとして、その法的効力を否認する見解があります。それに対して、通説は9条に法的効力があることを前提に様々な解釈を行っています。

2 憲法9条をめぐる解釈

憲法9条をめぐって、成立当時から様々な解釈の対立がみられます。憲法9条は「占領の遺産の中でも最も人を迷わせるもの」（J．ダワー）となっています。ここでは二つの基本的な考え方に大別しておきましょう。

一つは、9条をあらゆる戦争、武力行使、武力による威嚇を放棄したものと解し、そのためにあらゆる戦力の不保持を定め、**交戦権**を否認したと捉える見解です。これによれば、現在の自衛隊は違憲の疑いが強いといえるでしょう。もう一つは、9条1項は侵略戦争だけを放棄したものと解し、続く2項はそのような「前項の目的を達するため」に戦力を保持しないこと、つまり自衛のための「実力」を持つことまでは禁じられていないとするものです。「前項の目的を達するため」という文句は憲法制定作業の終盤に挿入されたもので、一般に「芦田修正」と呼ばれています（→1章）。

3 自衛隊は「戦力」か

9条2項前段は「陸海空軍その他の戦力は、これを保持しない」と定めていますが、自衛隊は「戦力」にあたらないのでしょうか。戦力とは軍隊及び有事の際にそれに転化しうる程度の実力部隊をいうと解されます。政府見解では「**自衛のための必要最小限度の実力**」は戦力に該当せず、自衛隊は「戦力」でないとしています。

国際法上、規定の有無にかかわらず、自衛権は国家固有の権利です（国連憲章51条）。自衛権と

は、外国から武力攻撃があったときに、自国を防衛するため武力で反撃しうる権利のことです（**個別的自衛権**）。同盟関係にある他国が攻撃を受けた場合に、共同して防衛しうる権利のことを**集団的自衛権**といいますが、政府見解では認められないとされてきました。しかし2014年、集団的自衛権の行使が憲法上許される場合があるとして、解釈の変更が行われました。それをふまえて、国会で安全保障関連法案の審議が行われ、2015年9月末に与党の賛成多数で同法は可決・成立しました。新たな法制に対しては、憲法違反だとする批判も根強く残っています。

　自衛隊の合憲性について、**長沼事件**一審判決は自衛隊が憲法で禁じられた「戦力」に該当し、違憲であるとしました（札幌地判昭48（1973）・9・7）。それに対して、札幌高裁は憲法9条に違反するか否かの問題は**統治行為**に属し、裁判所が判断すべきでないとして一審判決を取消しました（札幌高判昭51（1976）・8・5）。現代では、偽情報の拡散等による情報戦の側面も大きく、攻撃用の兵器か防衛用の兵器かの区別自体も困難です。自衛隊が保有する装備の規模や目的、そして性質などを考慮しつつ、どこまでが自衛力とされるのか、慎重に検討を行っていく必要があります。

4　平和的生存権

　憲法前文は、「全世界の国民が、ひとしく恐怖と欠乏から免かれ、平和のうちに生存する権利を有する」（前文第2段）としました。**自衛隊裁判**のなかで、この理念が9条や13条と結びつけられ、具体的権利性をもつと主張されるようになりました。これが**平和的生存権**であり、**新しい人権**の一つとして唱えられています（→3章）。

　平和的生存権については21世紀の人権のあり方を先取りしたとして積極的に評価する見解がある一方、単なる理念を示したにすぎないとみる立場もあります。いつ誰がこの権利を主張し、どのような内容が含まれるのか等、さらなる理論的精緻化が求められます。

『あたらしい憲法のはなし』と戦争放棄の挿絵

集団的自衛権をめぐる政府見解の変更

　例えば、昭和56（1981）年5月29日の政府答弁書をみても、従来の政府見解は、日本が主権国家である以上、集団的自衛権を有していることは「当然である」が、「憲法第9条の下において許容されている自衛権の行使は、我が国を防衛するため必要最小限度の範囲にとどまるべき」で、「集団的自衛権を行使することはその範囲を超えるものであって、憲法上許されない」とするものであった。

　しかし、2014年7月1日の閣議決定において、一定の場合に集団的自衛権が許容される場合があると解釈の変更が行われた。つまり、「現在の安全保障環境に照らして慎重に検討した結果、我が国に対する武力攻撃が発生した場合のみならず、我が国と密接な関係にある他国に対する武力攻撃が発生し、これにより我が国の存立が脅かされ、国民の生命、自由及び幸福追求の権利が根底から覆される明白な危険がある場合において、これを排除し、我が国の存立を全うし、国民を守るために他に適当な手段がないときに、必要最小限度の実力を行使することは、従来の政府見解の基本的な論理に基づく自衛のための措置として、憲法上許容されると考えるべきである」とした。

各国の軍事費（ストックホルム国際平和研究所）

2022年度	国名	軍事費
1（1）	米国	8770
2（2）	中国	2920
3（5）	ロシア	864
4（3）	インド	814
5（8）	サウジアラビア	750
6（4）	イギリス	685
7（7）	ドイツ	558
8（6）	フランス	536
9（10）	韓国	464
10（9）	日本	460
11（36）	ウクライナ	440

＊単位は億ドル。カッコ内は前年度の順位

　国際平和研究所（SIPRI）の研究員は、日本の防衛政策が「大きな転換」のただ中にあり、「戦後日本が自らに課した防衛費及び防衛装備に対する制約は緩みつつあるよう」だと指摘する（(http：//www.sipri.org/)）。

考えてみよう 15-2

主な参照条文 前文、9 条

アメリカ軍普天間飛行場（沖縄県宜野湾市）の名護市辺野古への移設をめぐって、国と沖縄県との対立が続いています。2019 年には、基地建設に必要な埋め立ての賛否を問う県民投票が実施されました。投票結果は「賛成」18.99％、「反対」71.74％ で、「移設反対の民意」が示されました。その一方で、国はこれまで通りの方針を堅持しています。

「わが国における在日米軍施設・区域（専用施設）のうち、面積にして約70％ が沖縄に集中」（『令和4年版 防衛白書』）するなかで、上記のような国と県との対立について、さらに沖縄における基地負担の軽減について、私たちはどのように考えればよいのでしょうか。

> **1 国連の集団安全保障体制と自衛隊の海外活動**

私たちの生活は、国際社会の動静に大きく依拠しています。日本国憲法前文は、「平和を愛する諸国民の公正と信義に信頼して、われらの安全と生存を保持しようと決意した」と述べ、日本の安全保障について、国際連合による集団安全保障体制をもとにしています（→「平和主義と国連の紛争解決の枠組み」）。

このような考え方は、単に「自国の安全を他国に守ってもらう」といった消極的な意味で捉えられるべきでありません。むしろ、平和構想を提示したり、国際的な紛争・対立の緩和に向けて提言を行ったりするなど、平和を実現するために積極的行動をとることが求められています（芦部信喜）。

そのために、積極的に自衛隊を海外に派遣することは許されるでしょうか。その是非をめぐっては今なお議論が絶えません。現実には、湾岸戦争後のペルシャ湾掃海艇派遣（1991 年）を皮切りに、PKO や国際緊急援助活動など、これまで幾度となく海外で活動を行ってきました。最近の世論調査をみても、自衛隊の海外での活動に対して、肯定的に捉える回答が 8 割を越えています（内閣府「自衛隊・防衛問題に関する世論調査」令和 5 年 3 月）。

このうち、イラク復興支援特別措置法に基づく自衛隊の派遣及び活動の合憲性について、名古屋高裁は、現地での自衛隊の空輸活動が「戦闘地域」において他国による武力行使と一体化して行われていると述べ、憲法 9 条 1 項違反であると判断しました（名古屋高判平 20（2008）4・17）。

> **2 日本の安全保障**

第 2 次世界大戦後、日本は連合国の占領統治体制から独立を果たします。それと同時に、日本はアメリカとの間で**安全保障条約**（旧安保条約、その後 1960 年に改定され現在に至る）を締結しました。他国からの侵略に対しては、アメリカとの安全保障体制を基調として対処することが基軸とされたのです。安保条約とともに、**日米地域協定**及び**日米防衛協力のための指針（ガイドライン）**も重要です。日本に対する武力攻撃があった場合、日米両国が共同して危険に対処するものとされ（安保条約 5 条）、そのために米軍による日本の施設・区域の使用を認めています（同 6 条）。

安保条約をめぐっては、日本国憲法の平和主義との関連で様々な問題点が指摘されてきました。有名な**砂川事件**では、米軍駐留の合憲性が争われました（→14 章）。東京地裁は、駐留軍を憲法 9 条に違反するとしましたが（東京地判昭 34（1959）・3・30）、最高裁は、憲法 9 条が禁止する戦力とは日本の戦力のことであり、外国の軍隊はこれにあたらないと判断しました（最大判昭 34（1959）・12・16）。

2014 年の集団的自衛権に関する政府解釈の変更を経て、関連法制が整備されていきますが、それにより「アメリカの戦争に巻き込まれる危険」が高まったとされています。

2022年12月に、岸田文雄内閣は日本の安全保障政策に関する三文書を閣議決定しました。北朝鮮による弾道ミサイル発射や「台湾有事」を念頭に、国の基本文書にはじめて「**敵基地攻撃能力（反撃能力）**」が明記されました。従来の「専守防衛」の基本姿勢を維持しつつも、政府は相手国のミサイル基地を狙える巡航ミサイル「トマホーク」を取得・配備していく方針を示しています。

3　在日米軍の再編と沖縄の基地問題

在日米軍には、地域の平和と安定に寄与する抑止力としての機能があるとされますが、一方で駐留に伴う地域住民の生活への影響も無視できません。基地使用に伴う騒音や事故、米兵による住民への犯罪も繰り返されています。

住宅や学校などと隣接する普天間飛行場を名護市辺野古に移設する計画をめぐって、長年、国と沖縄県とが対立してきたことは知られています。2019年には、辺野古の基地建設に必要な埋め立ての賛否を問う「県民投票」も行われています。

国土の0.6％に過ぎない沖縄に、在日米軍施設の7割が集中している現状をどのように受けとめればよいのでしょう（→第Ⅳ部扉）。沖縄は地政学的にも重要な位置を占めているといわれます。アメリカの敵国からすると、沖縄の米軍基地は攻撃対象になるでしょう。日本の安全を守るために、特定の地域の人々に過度の負担を押し付けていないかどうか。この点についても十分に考えておかなければなりません。

4　日本国憲法と国際貢献

戦争による死者の6割以上が子どもであるともいわれます。戦争は次世代を担う人々にとって大きな脅威です。紛争や戦争の背景には、人種及び民族間対立のみならず、飢餓や貧困、水・食糧不足といった複雑かつ多様な要因が絡まり合っています。

そうしたなかで、多くの民間ボランティアやNGO（非政府組織）が、現地で医療活動支援や地雷除去、そしてインフラ整備等に携わっています。平和な国際社会を構築していくために、日本に相応しい国際貢献のあり方とはいかなるものか、日本国憲法の精神をふまえ、私たち一人ひとりが向き合うべき重要な課題です。

敵基地攻撃能力のイメージ図

統合防空ミサイル防衛（IAMD）のイメージ

情報収集（日米で情報共有）

人工衛星

早期警戒機
戦闘機

長距離ミサイルで敵基地攻撃

ミサイルを迎撃

イージス艦

ミサイル発射拠点など

敵　　　　　　日本

（朝日新聞2022年12月10日朝刊）

戦争に巻き込まれる？

2023年春に公表された内閣府世論調査によれば、日本が戦争に巻き込まれる危険性が高まっていると感じている者が少なくない。「あなたは、現在の世界の情勢から考えて、日本が戦争を仕掛けられたり、戦争に巻込まれたりする危険があると思いますか。」という問いに対して、「危険がある」（38.1％）「どちらかといえば危険がある」（48.1％）として、「どちらかといえば危険がない」（11.2％）「危険がない」（1.6％）を大きく上回っている（出典：内閣府「自衛隊・防衛問題に関する世論調査」（令和5年3月））。

安全保障政策に関する三文書

「北朝鮮の弾道ミサイルの問題や、一方的な現状変更及びその試みの継続、軍事バランスの急速な変化、宇宙・サイバーといった領域や経済安全保障上の課題、これらの現実から目を背けることなく、わが国の領土・領海・領空そして国民の生命と財産を守り抜く必要がある。……政府は、2022年12月、わが国の国家安全保障政策にかかる主要な文書として、『国家安全保障戦略（安保戦略）』、『国家防衛戦略（防衛戦略）』及び『防衛力整備計画（整備計画）』の三つの文書（三文書）を閣議決定した。」（防衛省『令和5年版日本の防衛』より）

エピローグ ──時代は変わる、憲法も変わる？

　いよいよ本書も終わりに近づきました。最後に、昨今の憲法改正論とのかかわりのなかで、日本国憲法の見直しについて考えてみましょう。

　この点について、一方ではいつまでも古い考え方に縛られずに、新しい時代に相応しい憲法を作るべきだとする指摘があります。他方で、時代が変わったとしても、変わらないもの変えてはならないものがあるのではないかという意見もあります。日本国憲法は、これまで一度も改正されていません。皆さんは憲法改正についてどう考えますか。

1 国民の憲法意識

　毎年、5月3日の憲法記念日の頃になると、各紙いっせいに、国民の憲法意識に対する調査結果を報じるのが常となっています。読売新聞社の調査によれば、憲法改正の賛否について「改正する方がよい」と答えた人は61%で、「改正しない方がよい」の33%を大きく上回っています（読売新聞2023年5月3日朝刊）。朝日新聞社の調査では、憲法全体を見て「変える必要がある」とした人52%に対し、「変える必要はない」とする人37%で（朝日新聞2023年5月3日朝刊）、調査主体や調査の方法、調査時期によっても回答の違いが見受けられます。

　憲法の改正によって新たに導入すべき権利として、例えば「行政機関の情報を知る権利」「個人情報やプラバシーの保護」、そして「良好な環境で生活する権利」などが挙げられます（上記、読売新聞を参照。）。さらに、多くの注目を集める憲法9条については、「変えない方がよい」（朝55%）「これまで通り、解釈や運用で対応する」（読37%）という意見がある一方で、「変える方がよい」（朝37%）、「解釈や運用で対応するのは限界なので、第9条を改正する」（読43%）という意見もみられます（朝は朝日新聞社、読は読売新聞社の略、それぞれ上記記事より引用。）。

　最近では、ロシアによるウクライナ侵攻、新型コロナウイルスの感染拡大という現実をふまえ、大規模災害や感染症拡大のような「緊急事態」における政府の責務及び権限について、憲法条文のかたちで明記しておくべきではないかとする指摘が目を引きます。

2 諸外国の憲法改正

　目を世界に転じて、諸外国の憲法改正の状況を簡単にみておきましょう。憲法改正をどのような手続で行うのか。それは国によって様々です。例えばドイツ連邦共和国では、「基本法の文言を明示的に変更又は補充する法律によってのみ、これを変更することができる」（ドイツ基本法79条1項）として、通常の法律の手続によって憲法改正を行っています。そこでは国民投票は行われません。

　また改正の頻度ですが、諸外国では、憲法改正（もしくは新たな憲法制定）をその都度必要に応じて行っています。日本国憲法と同時期に制定されたドイツの基本法（憲法）は、これまで50回以上の改正を経て現在に至っています。世界最古の憲法典であるアメリカ合衆国憲法も、これまでに27回の「修正」を施しました。日本国憲法のように、数十年にわたり一度も改正されたことが

ない憲法というのは、世界的にはむしろ珍しいといえます。

　これら諸外国の様子から確認できることは次の通りです。すなわち、憲法改正が困難だとそれは社会の変化に適応できず、反対に、容易に改正されるとなれば**憲法の安定性**が損なわれかねないということです。「あらゆる憲法改正は国民の憲法感情ともいうべきものの減退を意味する」（K.レーベンシュタイン）とも指摘されます。一見して矛盾するかのような二つの要請をいかに調和させることができるか。ここにこそ、憲法改正をめぐる最大の難問があります。

3 日本国憲法の改正

　憲法では、第９章で「改正」について言及しています。憲法が定める改正手続をみておくと、①国会による発議、②国民への提案、③国民投票による国民の承認、④天皇の公布、という流れになっています（96条１項）。国会の発議（憲法改正案の議決）には、両議院の総議員の三分の二以上の賛成が必要ですし、国民投票では過半数の賛成が必要となりますので、日本の場合、法律の改正とは比べものにならないくらい高いハードルが憲法改正にはあります。

　2007年５月14日、**日本国憲法の改正手続に関する法律**（いわゆる憲法改正国民投票法）が成立しました（施行は2010年５月18日）。長い間、この種の法律がないことが問題視されてきましたが、これにより、ひとまず形式的な不備は解消されたといえるでしょう。同年８月には、衆参両議院に憲法改正案の起草や審議を行う**憲法審査会**が設置されました。

　憲法改正国民投票法は、憲法改正案の賛否を問う国民投票の内容や手続について定めています。同法のポイントとして、ここでは次の三点を指摘しておきます。

　①　投票の期日

　　国民投票は衆参両議院の本会議で三分の二以上の賛成で憲法改正案を可決した後、「60日以後180日以内において、国会の議決した期日」（２条）に行われます。

　②　投票方法

　　投票は改正条項をすべて一括して賛否を問うのではなく、内容において関連する条項をひとまとめとして、そのまとまりごとに賛否を問う方式が採用されました（47条）。

　③　承認の要件

　　憲法改正が国民に承認されるには、投票総数の過半数を必要とします（98条２項）。

　以上のような国民投票の方式に関しては、例えば国会による改正の発議から投票日まで、少なくとも二年以上の熟慮期間をおくべきだとする意見や、投票総数との関係で最低投票率を設けるべきだとする意見が出されています。

　衆議院事務局の試算によれば、一回の国民投票に約850億円の経費がかかるということです。ちなみに、2021年の総選挙では、選挙にかかる費用として総額678億円余が見込まれていました（総務省「令和３年度総務省所管予算の概要」）。

4 憲法の変遷

　憲法の改正と関連して、**憲法の変遷**が説かれることがあります。それが意味するところは論者によって必ずしも一致していませんが、おおむね憲法違反の事態等が継続することで、憲法の改正手続を経ていないにもかかわらず、憲法改正と同様の法的効果が生じたと捉えるものです。

　例えば、憲法９条をめぐって、憲法の変遷があったとする見方があります。憲法９条について、①憲法制定後の国際情勢や日本のおかれた国際的地位の著しい変化によって、制定当初の９条解釈を変更する必要がある、②国民の憲法意識も変化し、現在では自衛のための戦力の保持を容認しているなどを理由として憲法の変遷を認めるという考え方です（９条変遷説）。この見解は、憲法９条の法規範性、法的拘束力に疑問を投げかけるもので、今日では少数説にとどまっています。

　通説的見解にならえば、違憲の憲法現実はあくまでも事実にしかすぎず、法的性格をもちえないと考えられます。たしかに、実効性が失われた憲法規範は、もはや「法」とはいえないのかもしれません。しかし、いかなる段階で実効性が消滅したといえるか、判断が難しい問題です。また、規範の実効性が傷つけられ、現実に遵守されていなくとも、法としての妥当性・拘束性の要素は消滅していないと説明することもできます。安易に憲法の変遷を説くことは法的安定性を揺るがしかねません。そのような場合には、むしろ真正面から憲法改正の手続に委ねるべきでしょう。

5 | 学校における憲法教育

　憲法改正国民投票法のなかで注目すべき点は、「日本国民で年齢満十八年以上の者」に投票権が付与されていることです（同法３条）。さらに、同法附則において、施行後速やかに選挙権年齢及び成人年齢の見直しを行うものとされました。

　2015年6月17日、選挙権年齢を引き下げる改正公職選挙法が、参議院本会議において全会一致で可決・成立しました（公布は6月19日）。新たに有権者となった18、19歳は約240万人（全有権者の約2%）で、2016年夏の参院選から一票を投じています。その後、民法も改正され、2022年4月1日より成年年齢が20歳から18歳に変わりました。

　これを受けて、高等学校では、2022年度からそれまでの「現代社会」に代えて、新たに「公共」が必修科目としてスタートしました。こうした動きをきっかけに、あらためて義務教育の段階、すなわち小・中学校における憲法学習・憲法教育のあり方についても、私たちは考えてみる必要がありそうです。教育学（社会科教育）の専門家からは、これまでの憲法教育が学習指導要領に基づいて画一的に実施されてきたこと、その結果として、「子どもたちがダイナミックにコミュニティの統治や行政の監視や政策作りに参加するタイプの学習は皆無に近」いとの指摘（江口勇治）がみられます。「社会の諸問題に着目させ、自ら考えようとする態度を育てる」（中学校学習指導要領・平成29年告示）ことは、社会科公民的分野の目標の一つです。こうした態度こそ、まさしく憲法改正国民投票の実施にあたって、私たちに必要とされるものでしょう。

　将来的に、憲法の改正案が発議されれば、主権者である私たちは、憲法改正の是非を判断・決定することになります。そのためには、ある程度、憲法全般に関する基礎知識も必要となるでしょう。単なる一時的な興味・関心にとどめることなく、自らの問題として「憲法とは何か」について考えておくことが大切です。

　皆さんは、本書を手がかりに憲法学習への「スタート」を切りました。これからも、一緒に憲法について学んでいきましょう。

日本国憲法改正国民投票の投票用紙

（総務省「国民投票の仕組」http://www.soumu.go.jp/senkyo/kokumin_touhyou/touhyou.html）

◆**付　録**◆

法律や判決を調べてみよう

　本書を読んで、個別のテーマについて興味を持ち、さらに調べてみたいと思った人もいると思います。以下では、法律や判例の探し方を簡単に紹介しますので、ぜひ挑戦してみてください。

(1)　日本では、法令の交付は官報によって行われています。以下のサイトで官報を調べることができます。

　①インターネット版官報（最新30日分）http：//kanpou.npb.go.jp/

(2)　法律は六法で調べることができますが、以下のサイトで手軽に調べることができます。

　②e-Gov 法令検索 elaws.e-gov.go.jp/

　③日本法令索引（国立国会図書館）http：//hourei.ndl.go.jp/

(3)　地方公共団体が作る条例は、以下のサイトで調べることができます。

　④条例 Web アーカイブデータベース https：//jorei.slis.doshisha.ac.jp/

(4)　行政においては、行政内部規範である通達が大きな役割を果たしています。以下のサイトで通達を調べることができます。

　⑤所管法令・告示・通達 https：//www.e-gov.go.jp/laws-and-secure-life/law-in-force.html

(5)　条約は以下のサイトで調べることができます。

　⑥条約データ検索（外務省）http：//www3.mofa.go.jp/mofaj/gaiko/treaty

(6)　以下のサイトで立法資料を調べることができ、法律が作られた背景などを知ることができます。

　⑦国会議事録検索システム http：//kokkai.ndl.go.jp/

(7)　様々な公文書を、以下のサイトで調べることができます。

　⑧国立公文書館デジタルアーカイブ http：//www.digital.archives.go.jp

(8)　以下のサイトで、外国の法律等の資料の調べ方・文書の入手方法を調べることができます。

　⑨リサーチナビ　外国法邦訳の調べ方 https：//rnavi.ndl.go.jp/jp/guides/gaikokuhou-houyaku.html

　⑩法政大学　外国の法令・判例を調べる https：//www.hosei.ac.jp/library/kensaku/support/shirabekata/gaikoku/?auth=9abbb458a78210eb174f4bdd385bcf54

(9)　裁判所の判決は、公式の判例集である最高裁判所（民事・刑事）判例集や、「判例時報」、「判例タイムズ」などの雑誌で読むことができますが、最高裁判所のHP などでも読むことができます。

　⑪最高裁判所 http：//www.courts.go.jp/saikosai/

　(10)　上に挙げたもののほか、次のような有料データベースを利用することで、法令や判例、判例解説などを調べることができます。大学によっては図書館などで自由に利用できる場合がありますので、確認してみてください。

　⑫法律判例文献情報

　⑬LEX/DB インターネット

　⑭新・判例解説 Watch

　⑮判例秘書

日本国憲法

日本国憲法公布記念式典の勅語

本日，日本国憲法を公布せしめた。

この憲法は，帝国憲法を全面的に改正したものであつて，国家再建の基礎を人類普遍の原理に求め，自由に表明された国民の総意によつて確定されたのである。即ち，日本国民は，みづから進んで戦争を放棄し，全世界に，正義と秩序とを基調とする永遠の平和が実現することを念願し，常に基本的人権を尊重し，民主主義に基いて国政を運営することを，ここに，明らかに定めたのである。

朕は，国民と共に，全力をあげ，相携へて，この憲法を正しく運用し，節度と責任とを重んじ，自由と平和とを愛する文化国家を建設するやうに努めたいと思ふ。

朕は，日本国民の総意に基いて，新日本建設の礎が，定まるに至つたことを，深くよろこび，枢密顧問の諮詢及び帝国憲法第七十三条による帝国議会の議決を経た帝国憲法の改正を裁可し，ここにこれを公布せしめる。

御 名 御 璽

昭和21年11月3日

内閣総理大臣兼		吉田　茂
外　務　大　臣		
国　務　大　臣	男爵	幣原喜重郎
司　法　大　臣		木村篤太郎
内　務　大　臣		大村　清一
文　部　大　臣		田中耕太郎
農　林　大　臣		和田　博雄
国　務　大　臣		斎藤　隆夫
逓　信　大　臣		一松　定吉
商　工　大　臣		星島　二郎
厚　生　大　臣		河合　良成
国　務　大　臣		植原悦二郎
運　輸　大　臣		平塚常次郎
大　蔵　大　臣		石橋　湛山
国　務　大　臣		金森徳次郎
国　務　大　臣		膳　桂之助

日本国憲法

日本国民は，正当に選挙された国会における代表者を通じて行動し，われらとわれらの子孫のために，諸国民との協和による成果と，わが国全土にわたつて自由のもたらす恵沢を確保し，政府の行為によつて再び戦争の惨禍が起ることのないやうにすることを決意し，ここに主権が国民に存することを宣言し，この憲法を確定する。そもそも国政は，国民の厳粛な信託によるものであつて，その権威は国民に由来し，その権力は国民の代表者がこれを行使し，その福利は国民がこれを享受する。これは人類普遍の原理であり，この憲法は，かかる原理に基くものである。われらは，これに反する一切の憲法，法令及び詔勅を排除する。

日本国民は，恒久の平和を念願し，人間相互の関係を支配する崇高な理想を深く自覚するのであつて，平和を愛する諸国民の公正と信義に信頼して，われらの安全と生存を保持しようと決意した。われらは，平和を維持し，専制と隷従，圧迫と偏狭を地上から永遠に除去しようと努めてゐる国際社会において，名誉ある地位を占めたいと思ふ。われらは，全世界の国民が，ひとしく恐怖と欠乏から免かれ，平和のうちに生存する権利を有することを確認する。

われらは，いづれの国家も，自国のことのみに専念して他国を無視してはならないのであつて，政治道徳の法則は，普遍的なものであり，この法則に従ふことは，自国の主権を維持し，他国と対等関係に立たうとする各国の責務であると信ずる。

日本国民は，国家の名誉にかけ，全力をあげてこの崇高な理想と目的を達成することを誓ふ。

第1章　天　皇

第1条〔天皇の地位，国民主権〕　天皇は，日本国の象徴であり日本国民統合の象徴であつて，この地位は，主権の存する日本国民の総意に基く。

第2条〔皇位の継承〕　皇位は，世襲のものであつて，国会の議決した皇室典範の定めるところにより，これを継承する。

第3条〔天皇の国事行為に対する内閣の助言と承認〕　天皇の国事に関するすべての行為には，内閣の助言と承認を必要とし，内閣が，その責任を負ふ。

第4条〔天皇の権能の限界，天皇の国事行為の委任〕　① 天皇は，この憲法の定める国事に関する行為のみを行ひ，国政に関する権能を有しない。

② 天皇は，法律の定めるところにより，その国事に関する行為を委任することができる。

第5条〔摂政〕　皇室典範の定めるところにより摂政を置くときは，摂政は，天皇の名でその国事に関する行為を行ふ。この場合には，前条第一項の規定を準用する。

第6条〔天皇の任命権〕① 天皇は，国会の指名に基いて，内閣総理大臣を任命する。

② 天皇は，内閣の指名に基いて，最高裁判所の長たる裁判官を任命する。

第7条〔天皇の国事行為〕　天皇は，内閣の助言と承認により，国民のために，左の国事に関する行為を行ふ。

1　憲法改正，法律，政令及び条約を公布すること。

2　国会を召集すること。

3　衆議院を解散すること。

4　国会議員の総選挙の施行を公示すること。

5　国務大臣及び法律の定めるその他の官吏の任免並びに全権委任状及び大使及び公使の信任状を認証すること。

6　大赦，特赦，減刑，刑の執行の免除及び復権を認証すること。

7　栄典を授与すること。

8　批准書及び法律の定めるその他の外交文書を認証すること。

9　外国の大使及び公使を接受すること。

10　儀式を行ふこと。

第8条〔皇室の財産授受〕　皇室に財産を譲り渡し，又は皇室が，財産を譲り受け，若しくは賜与することは，国会の議決に基かなければならない。

第2章　戦争の放棄

第9条〔戦争の放棄・戦力及び交戦権の否認〕① 日本国民は，正義と秩序を基調とする国際平和を誠実に希求し，国権の発動たる戦争と，武力による威嚇又は武力の行使は，国際紛争を解決する手段としては，永久にこれを放棄する。

② 前項の目的を達するため，陸海空軍その他の戦力は，これを保持しない。国の交戦権は，これを認めない。

第3章　国民の権利及び義務

第10条〔国民の要件〕　日本国民たる要件は，法律でこれを定める。

第11条〔基本的人権の享有〕　国民は，すべての基本的人権の享有を妨げられない。この憲法が国民に保障する基本的人権は，侵すことのできない永久の権利とし

て，現在及び将来の国民に与へられる。

第12条〔自由，権利の保持の責任とその濫用の禁止〕
この憲法が国民に保障する自由及び権利は，国民の不断の努力によつて，これを保持しなければならない。又，国民は，これを濫用してはならないのであつて，常に公共の福祉のためにこれを利用する責任を負ふ。

第13条〔個人の尊重・幸福追求権・公共の福祉〕すべて国民は，個人として尊重される。生命，自由及び幸福追求に対する国民の権利については，公共の福祉に反しない限り，立法その他の国政の上で，最大の尊重を必要とする。

第14条〔法の下の平等・貴族の禁止・栄典〕① すべて国民は，法の下に平等であつて，人種，信条，性別，社会的身分又は門地により，政治的，経済的又は社会的関係において，差別されない。

② 華族その他の貴族の制度は，これを認めない。

③ 栄誉，勲章その他の栄典の授与は，いかなる特権も伴はない。栄典の授与は，現にこれを有し，又は将来これを受ける者の一代に限り，その効力を有する。

第15条〔公務員の選定及び罷免権・公務員の本質・普通選挙の保障・秘密投票の保障〕① 公務員を選定し，及びこれを罷免することは，国民固有の権利である。

② すべて公務員は，全体の奉仕者であつて，一部の奉仕者ではない。

③ 公務員の選挙については，成年者による普通選挙を保障する。

④ すべて選挙における投票の秘密は，これを侵してはならない。選挙人は，その選択に関し公的にも私的にも責任を問はれない。

第16条〔請願権〕何人も，損害の救済，公務員の罷免，法律，命令又は規則の制定，廃止又は改正その他の事項に関し，平穏に請願する権利を有し，何人も，かかる請願をしたためにいかなる差別待遇も受けない。

第17条〔国及び公共団体の賠償責任〕何人も，公務員の不法行為により，損害を受けたときは，法律の定めるところにより，国又は公共団体に，その賠償を求めることができる。

第18条〔奴隷的拘束及び苦役からの自由〕何人も，いかなる奴隷的拘束も受けない。又，犯罪に因る処罰の場合を除いては，その意に反する苦役に服させられない。

第19条〔思想及び良心の自由〕思想及び良心の自由は，これを侵してはならない。

第20条〔信教の自由〕① 信教の自由は，何人に対してもこれを保障する。いかなる宗教団体も，国から特権を受け，又は政治上の権力を行使してはならない。

② 何人も，宗教上の行為，祝典，儀式又は行事に参加することを強制されない。

③ 国及びその機関は，宗教教育その他いかなる宗教的活動もしてはならない。

第21条〔集会・結社・表現の自由，通信の秘密〕① 集会，結社及び言論，出版その他一切の表現の自由は，これを保障する。

② 検閲は，これをしてはならない。通信の秘密は，これを侵してはならない。

第22条〔居住，移転及び職業選択の自由・外国移住・国籍離脱の自由〕① 何人も，公共の福祉に反しない限り，居住，移転及び職業選択の自由を有する。

② 何人も，外国に移住し，又は国籍を離脱する自由を侵されない。

第23条〔学問の自由〕学問の自由は，これを保障する。

第24条〔家族生活における個人の尊厳と両性の平等〕① 婚姻は，両性の合意のみに基いて成立し，夫婦が同等の権利を有することを基本として，相互の協力により，維持されなければならない。

② 配偶者の選択，財産権，相続，住居の選定，離婚並びに婚姻及び家族に関するその他の事項に関しては，法律は，個人の尊厳と両性の本質的平等に立脚して，制定されなければならない。

第25条〔生存権，国の社会的使命〕① すべて国民は，健康で文化的な最低限度の生活を営む権利を有する。

② 国は，すべての生活部面について，社会福祉，社会保障及び公衆衛生の向上及び増進に努めなければならない。

第26条〔教育を受ける権利，教育の義務〕① すべて国民は，法律の定めるところにより，その能力に応じて，ひとしく教育を受ける権利を有する。

② すべて国民は，法律の定めるところにより，その保護する子女に普通教育を受けさせる義務を負ふ。義務教育は，これを無償とする。

第27条〔勤労の権利及び義務，勤労条件の基準，児童酷使の禁止〕① すべて国民は，勤労の権利を有し，義務を負ふ。

② 賃金，就業時間，休息その他の勤労条件に関する基準は，法律でこれを定める。

③ 児童は，これを酷使してはならない。

第28条〔勤労者の団結権〕勤労者の団結する権利及び団体交渉その他の団体行動をする権利は，これを保障する。

第29条〔財産権〕① 財産権は，これを侵してはならない。

② 財産権の内容は，公共の福祉に適合するやうに，法律でこれを定める。

③ 私有財産は，正当な補償の下に，これを公共のために用ひることができる。

第30条〔納税の義務〕国民は，法律の定めるところにより，納税の義務を負ふ。

第31条〔法定の手続の保障〕何人も，法律の定める手続によらなければ，その生命若しくは自由を奪はれ，又はその他の刑罰を科せられない。

第32条〔裁判を受ける権利〕何人も，裁判所において，裁判を受ける権利を奪はれない。

第33条〔逮捕の要件〕何人も，現行犯として逮捕される場合を除いては，権限を有する司法官憲が発し，且つ理由となつてゐる犯罪を明示する令状によらなければ，逮捕されない。

第34条〔抑留・拘禁の要件，不法拘禁に対する保障〕何人も，理由を直ちに告げられ，且つ，直ちに弁護人に依頼する権利を与へられなければ，抑留又は拘禁されない。又，何人も，正当な理由がなければ，拘禁されず，要求があれば，その理由は，直ちに本人及びその弁護人の出席する公開の法廷で示されなければならない。

第35条〔住居の不可侵〕① 何人も，その住居，書類及び所持品について，侵入，捜索及び押収を受けることのない権利は，第三十三条の場合を除いては，正当な理由に基いて発せられ，且つ捜索する場所及び押収する物を明示する令状がなければ，侵されない。

② 捜索又は押収は，権限を有する司法官憲が発する各別の令状により，これを行ふ。

第36条〔拷問及び残虐刑の禁止〕公務員による拷問及び残虐な刑罰は，絶対にこれを禁ずる。

第37条〔刑事被告人の権利〕① すべて刑事事件においては，被告人は，公平な裁判所の迅速な公開裁判を受ける権利を有する。

② 刑事被告人は，すべての証人に対して審問する機会を充分に与へられ，又，公費で自己のために強制的手続により証人を求める権利を有する。

③ 刑事被告人は，いかなる場合にも，資格を有する弁護人を依頼することができる。被告人が自らこれを依頼することができないときは，国でこれを附する。

第38条〔自己に不利益な供述，自白の証拠能力〕① 何人も，自己に不利益な供述を強要されない。

② 強制，拷問若しくは脅迫による自白又は不当に長く抑留若しくは拘禁された後の自白は，これを証拠とすることができない。

③ 何人も，自己に不利益な唯一の証拠が本人の自白である場合には，有罪とされ，又は刑罰を科せられない。

第39条 〔遡及処罰の禁止・一事不再理〕 何人も，実行の時に適法であつた行為又は既に無罪とされた行為については，刑事上の責任を問はれない。又，同一の犯罪について，重ねて刑事上の責任を問はれない。

第40条 〔刑事補償〕何人も，抑留又は拘禁された後，無罪の裁判を受けたときは，法律の定めるところにより，国にその補償を求めることができる。

第４章 国 会

第41条 〔国会の地位・立法権〕 国会は，国権の最高機関であつて，国の唯一の立法機関である。

第42条 〔両院制〕 国会は，衆議院及び参議院の両議院でこれを構成する。

第43条 〔両議院の組織・代表〕 ① 両議院は，全国民を代表する選挙された議員でこれを組織する。

② 両議院の議員の定数は，法律でこれを定める。

第44条 〔議員及び選挙人の資格〕 両議院の議員及びその選挙人の資格は，法律でこれを定める。但し，人種，信条，性別，社会的身分，門地，教育，財産又は収入によつて差別してはならない。

第45条 〔衆議院議員の任期〕 衆議院議員の任期は，四年とする。但し，衆議院解散の場合には，その期間満了前に終了する。

第46条 〔参議院議員の任期〕 参議院議員の任期は，六年とし，三年ごとに議員の半数を改選する。

第47条 〔選挙に関する事項〕 選挙区，投票の方法その他両議院の議員の選挙に関する事項は，法律でこれを定める。

第48条 〔両議院議員兼職の禁止〕 何人も，同時に両議院の議員たることはできない。

第49条 〔議員の歳費〕 両議院の議員は，法律の定めるところにより，国庫から相当額の歳費を受ける。

第50条 〔議員の不逮捕特権〕 両議院の議員は，法律の定める場合を除いては，国会の会期中逮捕されず，会期前に逮捕された議員は，その議院の要求があれば，会期中これを釈放しなければならない。

第51条 〔議員の発言・表決の無責任〕 両議院の議員は，議院で行つた演説，討論又は表決について，院外で責任を問はれない。

第52条 〔常会〕 国会の常会は，毎年一回これを召集する。

第53条 〔臨時会〕 内閣は，国会の臨時会の召集を決定することができる。いづれかの議院の総議員の四分の一以上の要求があれば，内閣は，その召集を決定しなければならない。

第54条 〔衆議院の解散・特別会，参議院の緊急集会〕 ① 衆議院が解散されたときは，解散の日から四十日以内に，衆議院議員の総選挙を行ひ，その選挙の日から三十日以内に，国会を召集しなければならない。

② 衆議院が解散されたときは，参議院は，同時に閉会となる。但し，内閣は，国に緊急の必要があるときは，参議院の緊急集会を求めることができる。

③ 前項但書の緊急集会において採られた措置は，臨時のものであつて，次の国会開会の後十日以内に，衆議院の同意がない場合には，その効力を失ふ。

第55条 〔資格争訟の裁判〕 両議院は，各ミその議員の資格に関する争訟を裁判する。但し，議員の議席を失はせるには，出席議員の三分の二以上の多数による議決を必要とする。

第56条 〔定足数，表決〕 ① 両議院は，各ミその総議員の三分の一以上の出席がなければ，議事を開き議決することができない。

② 両議院の議事は，この憲法に特別の定のある場合を除いては，出席議員の過半数でこれを決し，可否同数のときは，議長の決するところによる。

第57条 〔会議の公開，会議録，表決の記載〕 ① 両議院の会議は，公開とする。但し，出席議員の三分の二以上の多数で議決したときは，秘密会を開くことができる。

② 両議院は，各ミその会議の記録を保存し，秘密会の記録の中で特に秘密を要すると認められるもの以外は，これを公表し，且つ一般に頒布しなければならない。

③ 出席議員の五分の一以上の要求があれば，各議員の表決は，これを会議録に記載しなければならない。

第58条 〔役員の選任，議院規則・懲罰〕 ① 両議院は，各ミその議長その他の役員を選任する。

② 両議院は，各ミその会議その他の手続及び内部の規律に関する規則を定め，又，院内の秩序をみだした議員を懲罰することができる。但し，議員を除名するには，出席議員の三分の二以上の多数による議決を必要とする。

第59条 〔法律案の議決，衆議院の優越〕 ① 法律案は，この憲法に特別の定のある場合を除いては，両議院で可決したとき法律となる。

② 衆議院で可決し，参議院でこれと異なつた議決をした法律案は，衆議院で出席議員の三分の二以上の多数で再び可決したときは，法律となる。

③ 前項の規定は，法律の定めるところにより，衆議院が，両議院の協議会を開くことを求めることを妨げない。

④ 参議院が，衆議院の可決した法律案を受け取つた後，国会休会中の期間を除いて六十日以内に，議決しないときは，衆議院は，参議院がその法律案を否決したものとみなすことができる。

第60条 〔衆議院の予算先議，予算議決に関する衆議院の優越〕 ① 予算は，さきに衆議院に提出しなければならない。

② 予算について，参議院で衆議院と異なつた議決をした場合に，法律の定めるところにより，両議院の協議会を開いても意見が一致しないとき，又は参議院が，衆議院の可決した予算を受け取つた後，国会休会中の期間を除いて三十日以内に，議決しないときは，衆議院の議決を国会の議決とする。

第61条 〔条約の承認に関する衆議院の優越〕 条約の締結に必要な国会の承認については，前条第二項の規定を準用する。

第62条 〔議院の国政調査権〕 両議院は，各ミ国政に関する調査を行ひ，これに関して，証人の出頭及び証言並びに記録の提出を要求することができる。

第63条 〔閣僚の議院出席の権利と義務〕 内閣総理大臣その他の国務大臣は，両議院の一に議席を有すると有しないとにかかはらず，何時でも議案について発言するため議院に出席することができる。又，答弁又は説明のため出席を求められたときは，出席しなければならない。

第64条 〔弾劾裁判所〕 ① 国会は，罷免の訴追を受けた裁判官を裁判するため，両議院の議員で組織する弾劾裁判所を設ける。

② 弾劾に関する事項は，法律でこれを定める。

第５章 内 閣

第65条 〔行政権〕 行政権は，内閣に属する。

第66条 〔内閣の組織，国会に対する連帯責任〕 ① 内閣は，法律の定めるところにより，その首長たる内閣総理大臣及びその他の国務大臣でこれを組織する。

② 内閣総理大臣その他の国務大臣は，文民でなければならない。

③ 内閣は，行政権の行使について，国会に対し連帯して責任を負ふ。

第67条〔内閣総理大臣の指名，衆議院の優越〕①　内閣総理大臣は，国会議員の中から国会の議決で，これを指名する。この指名は，他のすべての案件に先だつて，これを行ふ。

②　衆議院と参議院とが異なつた指名の議決をした場合に，法律の定めるところにより，両議院の協議会を開いても意見が一致しないとき，又は衆議院が指名の議決をした後，国会休会中の期間を除いて十日以内に，参議院が，指名の議決をしないときは，衆議院の議決を国会の議決とする。

第68条〔国務大臣の任命及び罷免〕　内閣総理大臣は，国務大臣を任命する。但し，その過半数は，国会議員の中から選ばれなければならない。

②　内閣総理大臣は，任意に国務大臣を罷免することができる。

第69条〔内閣不信任決議の効果〕　内閣は，衆議院で不信任の決議案を可決し，又は信任の決議案を否決したときは，十日以内に衆議院が解散されない限り，総辞職をしなければならない。

第70条〔内閣総理大臣の欠缺・新国会の召集と内閣の総辞職〕　内閣総理大臣が欠けたとき，又は衆議院議員総選挙の後に初めて国会の召集があつたときは，内閣は，総辞職をしなければならない。

第71条〔総辞職後の内閣〕　前二条の場合には，内閣は，あらたに内閣総理大臣が任命されるまで引き続きその職務を行ふ。

第72条〔内閣総理大臣の職務〕　内閣総理大臣は，内閣を代表して議案を国会に提出し，一般国務及び外交関係について国会に報告し，並びに行政各部を指揮監督する。

第73条〔内閣の職務〕　内閣は，他の一般行政事務の外，左の事務を行ふ。

1　法律を誠実に執行し，国務を総理すること。

2　外交関係を処理すること。

3　条約を締結すること。但し，事前に，時宜によつては事後に，国会の承認を経ることを必要とする。

4　法律の定める基準に従ひ，官吏に関する事務を掌理すること。

5　予算を作成して国会に提出すること。

6　この憲法及び法律の規定を実施するために，政令を制定すること。但し，政令には，特にその法律の委任がある場合を除いては，罰則を設けることができない。

7　大赦，特赦，減刑，刑の執行の免除及び復権を決定すること。

第74条〔法律・政令の署名〕　法律及び政令には，すべて主任の国務大臣が署名し，内閣総理大臣が連署することを必要とする。

第75条〔国務大臣の特典〕　国務大臣は，その在任中，内閣総理大臣の同意がなければ，訴追されない。但し，これがため，訴追の権利は，害されない。

第6章　司　法

第76条〔司法権・裁判所，特別裁判所の禁止，裁判官の独立〕①　すべて司法権は，最高裁判所及び法律の定めるところにより設置する下級裁判所に属する。

②　特別裁判所は，これを設置することができない。行政機関は，終審として裁判を行ふことができない。

③　すべて裁判官は，その良心に従ひ独立してその職権を行ひ，この憲法及び法律にのみ拘束される。

第77条〔最高裁判所の規則制定権〕①　最高裁判所は，訴訟に関する手続，弁護士，裁判所の内部規律及び司法事務処理に関する事項について，規則を定める権限を有する。

②　検察官は，最高裁判所の定める規則に従はなければならない。

③　最高裁判所は，下級裁判所に関する規則を定める権限を，下級裁判所に委任することができる。

第78条〔裁判官の身分の保障〕　裁判官は，裁判により，心身の故障のために職務を執ることができないと決定された場合を除いては，公の弾劾によらなければ罷免されない。裁判官の懲戒処分は，行政機関がこれを行ふことはできない。

第79条〔最高裁判所の裁判官，国民審査，定年，報酬〕①　最高裁判所は，その長たる裁判官及び法律の定める員数のその他の裁判官でこれを構成し，その長たる裁判官以外の裁判官は，内閣でこれを任命する。

②　最高裁判所の裁判官の任命は，その任命後初めて行はれる衆議院議員総選挙の際国民の審査に付し，その後十年を経過した後初めて行はれる衆議院議員総選挙の際更に審査に付し，その後も同様とする。

③　前項の場合において，投票者の多数が裁判官の罷免を可とするときは，その裁判官は，罷免される。

④　審査に関する事項は，法律でこれを定める。

⑤　最高裁判所の裁判官は，法律の定める年齢に達した時に退官する。

⑥　最高裁判所の裁判官は，すべて定期に相当額の報酬を受ける。この報酬は，在任中，これを減額することができない。

第80条〔下級裁判所の裁判官・任期・定年，報酬〕①　下級裁判所の裁判官は，最高裁判所の指名した者の名簿によつて，内閣でこれを任命する。その裁判官は，任期を十年とし，再任されることができる。但し，法律の定める年齢に達した時には退官する。

②　下級裁判所の裁判官は，すべて定期に相当額の報酬を受ける。この報酬は，在任中，これを減額することができない。

第81条〔法令審査権と最高裁判所〕　最高裁判所は，一切の法律，命令，規則又は処分が憲法に適合するかしないかを決定する権限を有する終審裁判所である。

第82条〔裁判の公開〕①　裁判の対審及び判決は，公開法廷でこれを行ふ。

②　裁判所が，裁判官の全員一致で，公の秩序又は善良の風俗を害する虞があると決した場合には，対審は，公開しないでこれを行ふことができる。但し，政治犯罪，出版に関する犯罪又はこの憲法第三章で保障する国民の権利が問題となつてゐる事件の対審は，常にこれを公開しなければならない。

第7章　財　政

第83条〔財政処理の基本原則〕　国の財政を処理する権限は，国会の議決に基いて，これを行使しなければならない。

第84条〔課税〕　あらたに租税を課し，又は現行の租税を変更するには，法律又は法律の定める条件によることを必要とする。

第85条〔国費の支出及び国の債務負担〕　国費を支出し，又は国が債務を負担するには，国会の議決に基くことを必要とする。

第86条〔予算〕　内閣は，毎会計年度の予算を作成し，国会に提出して，その審議を受け議決を経なければならない。

第87条〔予備費〕①　予見し難い予算の不足に充てるため，国会の議決に基いて予備費を設け，内閣の責任でこれを支出することができる。

②　すべて予備費の支出については，内閣は，事後に国会の承諾を得なければならない。

第88条〔皇室財産・皇室の費用〕　すべて皇室財産は，国に属する。すべて皇室の費用は，予算に計上して国会の議決を経なければならない。

第89条〔公の財産の支出又は利用の制限〕　公金その他の公の財産は，宗教上の組織若しくは団体の使用，便益若しくは維持のため，又は公の支配に属しない慈善，教育若しくは博愛の事業に対し，これを支出し，又はその利用に供してはならない。

第90条〔決算検査，会計検査院〕①　国の収入支出の

決算は，すべて毎年会計検査院がこれを検査し，内閣
は，次の年度に，その検査報告とともに，これを国会
に提出しなければならない。

② 会計検査院の組織及び権限は，法律でこれを定め
る。

第91条 〔財政状況の報告〕 内閣は，国会及び国民に対
し，定期に，少くとも毎年一回，国の財政状況につい
て報告しなければならない。

第8章 地方自治

第92条 〔地方自治の基本原則〕 地方公共団体の組織及
び運営に関する事項は，地方自治の本旨に基いて，法
律でこれを定める。

第93条 〔地方公共団体の機関，その直接選挙〕① 地
方公共団体には，法律の定めるところにより，その議
事機関として議会を設置する。

② 地方公共団体の長，その議会の議員及び法律の定め
るその他の吏員は，その地方公共団体の住民が，直接
これを選挙する。

第94条 〔地方公共団体の権能〕 地方公共団体は，その
財産を管理し，事務を処理し，及び行政を執行する権
能を有し，法律の範囲内で条例を制定することができ
る。

第95条 〔特別法の住民投票〕 一の地方公共団体のみに
適用される特別法は，法律の定めるところにより，そ
の地方公共団体の住民の投票においてその過半数の同
意を得なければ，国会は，これを制定することができ
ない。

第9章 改 正

第96条 〔改正の手続，その公布〕① この憲法の改正
は，各議院の総議員の三分の二以上の賛成で，国会
が，これを発議し，国民に提案してその承認を経なけ
ればならない。この承認には，特別の国民投票又は国
会の定める選挙の際行はれる投票において，その過半
数の賛成を必要とする。

② 憲法改正について前項の承認を経たときは，天皇
は，国民の名で，この憲法と一体を成すものとして，
直ちにこれを公布する。

第10章 最高法規

第97条 〔基本的人権の本質〕 この憲法が日本国民に保
障する基本的人権は，人類の多年にわたる自由獲得の
努力の成果であつて，これらの権利は，過去幾多の試
錬に堪へ，現在及び将来の国民に対し，侵すことので
きない永久の権利として信託されたものである。

第98条 〔最高法規，条約及び国際法規の遵守〕① こ
の憲法は，国の最高法規であつて，その条規に反する
法律，命令，詔勅及び国務に関するその他の行為の全
部又は一部は，その効力を有しない。

② 日本国が締結した条約及び確立された国際法規は，
これを誠実に遵守することを必要とする。

第99条 〔憲法尊重擁護の義務〕 天皇又は摂政及び国務
大臣，国会議員，裁判官その他の公務員は，この憲法
を尊重し擁護する義務を負ふ。

第11章 補 則

第100条 〔憲法施行期日，準備手続〕① この憲法は，
公布の日から起算して六箇月を経過した日（昭和22
年5月3日）から，これを施行する。

② この憲法を施行するために必要な法律の制定，参議
院議員の選挙及び国会召集の手続並びにこの憲法を施
行するために必要な準備手続は，前項の期日よりも前
に，これを行ふことができる。

第101条 〔経過規定－参議院未成立の間の国会〕 この憲
法施行の際，参議院がまだ成立してゐないときは，そ
の成立するまでの間，衆議院は，国会としての権限を
行ふ。

第102条 〔同前－第一期の参議院議員の任期〕 この憲法
による第一期の参議院議員のうち，その半数の者の任
期は，これを三年とする。その議員は，法律の定める
ところにより，これを定める。

第103条 〔同前－公務員の地位〕 この憲法施行の際現に
在職する国務大臣，衆議院議員及び裁判官並びにその
他の公務員で，その地位に相応する地位がこの憲法で
認められてゐる者は，法律で特別の定をした場合を除
いては，この憲法施行のため，当然にはその地位を失
ふことはない。但し，この憲法によつて，後任者が選
挙又は任命されたときは，当然その地位を失ふ。

大日本帝国憲法

告文

皇朕レ謹ミ畏ミ
皇祖
皇宗ノ神霊ニ誥ケ白サク皇朕レ天壌無窮ノ宏謨ニ循ヒ惟神ノ宝祚ヲ承継シ旧図ヲ保持シテ敢テ失墜スルコト無シ顧ミルニ世局ノ進運ニ膺リ人文ノ発達ニ随ヒ宜ク
皇宗ノ遺訓ヲ明徴ニシ典憲ヲ成立シ条章ヲ昭示シ内ハ以テ子孫ノ率由スル所ト為シ外ハ以テ臣民翼賛ノ道ヲ広メ永遠ニ遵行セシメ益〻国家ノ丕基ヲ鞏固ニシ八洲民生ノ慶福ヲ増進スヘシ茲ニ皇室典範及憲法ヲ制定ス惟フニ此レ皆
皇祖
皇宗ノ後裔ニ胎シタマヘル統治ノ洪範ヲ紹述スルニ外ナラス而シテ朕カ躬ニ逮テ時ト倶ニ挙行スルコトヲ得ルハ洵ニ
皇祖
皇宗及我カ
皇考ノ威霊ニ倚藉スルニ由ラサルハ無シ皇朕レ仰テ
皇祖
皇宗及
皇考ノ神祐ヲ禱リ伴セテ朕カ現在及将来ニ臣民ニ率先シ此ノ憲章ヲ履行シテ愆ラサラムコトヲ誓フ庶幾クハ神霊此レヲ鑒ミタマヘ

憲法発布勅語

朕国家ノ隆昌ト臣民ノ慶福トヲ以テ中心ノ欣栄トシ朕カ祖宗ニ承クルノ大権ニ依リ現在及将来ノ臣民ニ対シ此ノ不磨ノ大典ヲ宣布ス
惟フニ我カ祖我カ宗ハ我カ臣民祖先ノ協力輔翼ニ倚リ我カ帝国ヲ肇造シ以テ無窮ニ垂レタリ此レ我カ神聖ナル祖宗ノ威徳ト並ニ臣民ノ忠実勇武ニシテ国ヲ愛シ公ニ殉ヒ以テ此ノ光輝アル国史ノ成跡ヲ貽シタルナリ朕我カ臣民ハ即チ祖宗ノ忠良ナル臣民ノ子孫ナルヲ回想シ其ノ朕カ意ヲ奉体シ朕カ事ヲ奨順シ相与ニ和衷協同シ益〻我カ帝国ノ光栄ヲ中外ニ宣揚シ祖宗ノ遺業ヲ永久ニ鞏固ナラシムルノ希望ヲ同クシ此ノ負担ヲ分ツニ堪フルコトヲ疑ハサルナリ

朕祖宗ノ遺烈ヲ承ケ万世一系ノ帝位ヲ践ミ朕カ親愛スル所ノ臣民ハ即チ朕カ祖宗ノ恵撫慈養シタマヒシ所ノ臣民ナルヲ念ヒ其ノ康福ヲ増進シ其ノ懿徳良能ヲ発達セシメムコトヲ願ヒ又其ノ翼賛ニ依リ与倶ニ国家ノ進運ヲ扶持セムコトヲ望ミ乃チ明治14年10月12日ノ詔命ヲ履践シ茲ニ大憲ヲ制定シ朕カ率由スル所ヲ示シ朕カ後嗣及臣民及臣民ノ子孫タル者ヲシテ永遠ニ循行スル所ヲ知ラシム
国家統治ノ大権ハ朕カ之ヲ祖宗ニ承ケテ之ヲ子孫ニ伝フル所ナリ朕及朕カ子孫ハ将来此ノ憲法ノ条章ニ循ヒ之ヲ

行フコトヲ愆ラサルヘシ
朕ハ我カ臣民ノ権利及財産ノ安全ヲ貴重シ及之ヲ保護シ此ノ憲法及法律ノ範囲内ニ於テ其ノ享有ヲ完全ナラシムヘキコトヲ宣言ス
帝国議会ハ明治23年ヲ以テ之ヲ召集シ議会開会ノ時ヲ以テ此ノ憲法ヲシテ有効ナラシムルノ期トスヘシ
将来若此ノ憲法ノ或ル条章ヲ改定スルノ必要ナル時宜ヲ見ルニ至ラハ朕及朕カ継統ノ子孫ハ発議ノ権ヲ執リ之ヲ議会ニ付シ議会ハ此ノ憲法ニ定メタル要件ニ依リ之ヲ議決スルノ外朕カ子孫及臣民ハ敢テ之カ紛更ヲ試ミルコトヲ得サルヘシ
朕カ在廷ノ大臣ハ朕カ為ニ此ノ憲法ヲ施行スルノ責ニ任スヘク朕カ現在及将来ノ臣民ハ此ノ憲法ニ対シ永遠ニ従順ノ義務ヲ負フヘシ

御名御璽
明治22年2月11日

内閣総理大臣	伯爵	黒田清隆
枢密院議長	伯爵	伊藤博文
外務大臣	伯爵	大隈重信
海軍大臣	伯爵	西郷従道
農商務大臣	伯爵	井上馨
司法大臣	伯爵	山田顕義
大蔵大臣 兼内務大臣	伯爵	松方正義
陸軍大臣	伯爵	大山巌
文部大臣	子爵	森有礼
逓信大臣	子爵	榎本武揚

大日本帝国憲法

第1章　天　皇

第1条　大日本帝国ハ万世一系ノ天皇之ヲ統治ス

第2条　皇位ハ皇室典範ノ定ムル所ニ依リ皇男子孫之ヲ継承ス

第3条　天皇ハ神聖ニシテ侵スヘカラス

第4条　天皇ハ国ノ元首ニシテ統治権ヲ総攬シ此ノ憲法ノ条規ニ依リ之ヲ行フ

第5条　天皇ハ帝国議会ノ協賛ヲ以テ立法権ヲ行フ

第6条　天皇ハ法律ヲ裁可シ其ノ公布及執行ヲ命ス

第7条　天皇ハ帝国議会ヲ召集シ其ノ開会閉会停会及衆議院ノ解散ヲ命ス

第8条　①天皇ハ公共ノ安全ヲ保持シ又ハ其ノ災厄ヲ避クル為緊急ノ必要ニ由リ帝国議会閉会ノ場合ニ於テ法律ニ代ルヘキ勅令ヲ発ス
②此ノ勅令ハ次ノ会期ニ於テ帝国議会ニ提出スヘシ若議会ニ於テ承諾セサルトキハ政府ハ将来ニ向テ其ノ効力ヲ失フコトヲ公布スヘシ

第9条　天皇ハ法律ヲ執行スル為ニ又ハ公共ノ安寧秩序ヲ保持シ及臣民ノ幸福ヲ増進スル為ニ必要ナル命令ヲ発シ又ハ発セシム但シ命令ヲ以テ法律ヲ変更スルコトヲ得ス

第10条　天皇ハ行政各部ノ官制及文武官ノ俸給ヲ定メ及文武官ヲ任免ス但シ此ノ憲法又ハ他ノ法律ニ特例ヲ掲ケタルモノハ各々其ノ条項ニ依ル

第11条　天皇ハ陸海軍ヲ統帥ス

第12条　天皇ハ陸海軍ノ編制及常備兵額ヲ定ム

第13条　天皇ハ戦ヲ宣シ和ヲ講シ及諸般ノ条約ヲ締結ス

第14条　①天皇ハ戒厳ヲ宣告ス
②戒厳ノ要件及効力ハ法律ヲ以テ之ヲ定ム

第15条　天皇ハ爵位勲章及其ノ他ノ栄典ヲ授与ス

第16条　天皇ハ大赦特赦減刑及復権ヲ命ス

第17条　①摂政ヲ置クハ皇室典範ノ定ムル所ニ依ル
②摂政ハ天皇ノ名ニ於テ大権ヲ行フ

第2章　臣民権利義務

第18条　日本臣民タルノ要件ハ法律ノ定ムル所ニ依ル

第19条　日本臣民ハ法律命令ノ定ムル所ノ資格ニ応シ均ク文武官ニ任セラレ及其ノ他ノ公務ニ就クコトヲ得

第20条　日本臣民ハ法律ノ定ムル所ニ従ヒ兵役ノ義務ヲ有ス

第21条　日本臣民ハ法律ノ定ムル所ニ従ヒ納税ノ義務ヲ有ス

第22条　日本臣民ハ法律ノ範囲内ニ於テ居住及移転ノ自由ヲ有ス

第23条　日本臣民ハ法律ニ依ルニ非スシテ逮捕監禁審問処罰ヲ受クルコトナシ

第24条　日本臣民ハ法律ニ定メタル裁判官ノ裁判ヲ受クルノ権ヲ奪ハルヽコトナシ

第25条　日本臣民ハ法律ニ定メタル場合ヲ除ク外其ノ許諾ナクシテ住所ニ侵入セラレ及捜索セラルヽコトナシ

第26条　日本臣民ハ法律ニ定メタル場合ヲ除ク外信書ノ秘密ヲ侵サルヽコトナシ

第27条　①日本臣民ハ其ノ所有権ヲ侵サルヽコトナシ
②公益ノ為必要ナル処分ハ法律ノ定ムル所ニ依ル

第28条　日本臣民ハ安寧秩序ヲ妨ケス及臣民タルノ義務ニ背カサル限ニ於テ信教ノ自由ヲ有ス

第29条　日本臣民ハ法律ノ範囲内ニ於テ言論著作印行集会及結社ノ自由ヲ有ス

第30条　日本臣民ハ相当ノ敬礼ヲ守リ別ニ定ムル所ノ規程ニ従ヒ請願ヲ為スコトヲ得

第31条　本章ニ掲ケタル条規ハ戦時又ハ国家事変ノ場合ニ於テ天皇大権ノ施行ヲ妨クルコトナシ

第32条　本章ニ掲ケタル条規ハ陸海軍ノ法令又ハ紀律ニ牴触セサルモノニ限リ軍人ニ準行ス

第3章　帝国議会

第33条　帝国議会ハ貴族院衆議院ノ両院ヲ以テ成立ス

第34条　貴族院ハ貴族院令ノ定ムル所ニ依リ皇族華族及勅任セラレタル議員ヲ以テ組織ス

第35条　衆議院ハ選挙法ノ定ムル所ニ依リ公選セラレタル議員ヲ以テ組織ス

第36条　何人モ同時ニ両議院ノ議員タルコトヲ得ス

第37条　凡テ法律ハ帝国議会ノ協賛ヲ経ルヲ要ス

第38条　両議院ハ政府ノ提出スル法律案ヲ議決シ及各々法律案ヲ提出スルコトヲ得

第39条　両議院ノ一ニ於テ否決シタル法律案ハ同会期中ニ於テ再ヒ提出スルコトヲ得ス

第40条　両議院ハ法律又ハ其ノ他ノ事件ニ付各々其ノ意見ヲ政府ニ建議スルコトヲ得但シ其ノ採納ヲ得サルモノハ同会期中ニ於テ再ヒ建議スルコトヲ得ス

第41条　帝国議会ハ毎年之ヲ召集ス

第42条　帝国議会ハ三箇月ヲ以テ会期トス必要アル場合ニ於テハ勅命ヲ以テ之ヲ延長スルコトアルヘシ

第43条　①臨時緊急ノ必要アル場合ニ於テ常会ノ外臨時会ヲ召集スヘシ
②臨時会ノ会期ヲ定ムルハ勅命ニ依ル

第44条　①帝国議会ノ開会閉会会期ノ延長及停会ハ両院同時ニ之ヲ行フヘシ
②衆議院解散ヲ命セラレタルトキハ貴族院ハ同時ニ停会セラルヘシ

第45条　衆議院解散ヲ命セラレタルトキハ勅命ヲ以テ新ニ議員ヲ選挙セシメ解散ノ日ヨリ五箇月以内ニ之ヲ召集スヘシ

第46条　両議院ハ各々其ノ総議員三分ノ一以上出席スルニ非サレハ議事ヲ開キ議決ヲ為スコトヲ得ス

第47条　両議院ノ議事ハ過半数ヲ以テ決ス可否同数ナルトキハ議長ノ決スル所ニ依ル

第48条　両議院ノ会議ハ公開ス但シ政府ノ要求又ハ其ノ院ノ決議ニ依リ秘密会ト為スコトヲ得

第49条　両議院ハ各々天皇ニ上奏スルコトヲ得

第50条　両議院ハ臣民ヨリ呈出スル請願書ヲ受クルコトヲ得

第51条　両議院ハ此ノ憲法及議院法ニ掲クルモノヽ外内部ノ整理ニ必要ナル諸規則ヲ定ムルコトヲ得

第52条　両議院ノ議員ハ議院ニ於テ発言シタル意見及表決ニ付院外ニ於テ責ヲ負フコトナシ但シ議員自ラ其ノ言論ヲ演説刊行筆記又ハ其ノ他ノ方法ヲ以テ公布シタルトキハ一般ノ法律ニ依リ処分セラルヘシ

第53条　両議院ノ議員ハ現行犯罪又ハ内乱外患ニ関ル罪ヲ除ク外会期中其ノ院ノ許諾ナクシテ逮捕セラルヽコトナシ

第54条　国務大臣及政府委員ハ何時タリトモ各議院ニ出席シ及発言スルコトヲ得

第4章　国務大臣及枢密顧問

第55条　①国務各大臣ハ天皇ヲ輔弼シ其ノ責ニ任ス
②凡テ法律勅令其ノ他国務ニ関ル詔勅ハ国務大臣ノ副署ヲ要ス

第56条　枢密顧問ハ枢密院官制ノ定ムル所ニ依リ天皇ノ諮詢ニ応ヘ重要ノ国務ヲ審議ス

第5章　司　法

第57条　①司法権ハ天皇ノ名ニ於テ法律ニ依リ裁判所之ヲ行フ
②裁判所ノ構成ハ法律ヲ以テ之ヲ定ム

第58条　①裁判官ハ法律ニ定メタル資格ヲ具フル者ヲ以テ之ニ任ス
②裁判官ハ刑法ノ宣告又ハ懲戒ノ処分ニ由ルノ外其ノ職ヲ免セラルヽコトナシ
③懲戒ノ条規ハ法律ヲ以テ之ヲ定ム

第59条　裁判ノ対審判決ハ之ヲ公開ス但シ安寧秩序又ハ風俗ヲ害スルノ虞アルトキハ法律ニ依リ又ハ裁判所ノ決議ヲ以テ対審ノ公開ヲ停ムルコトヲ得

第60条　特別裁判所ノ管轄ニ属スヘキモノハ別ニ法律ヲ以テ之ヲ定ム

第61条　行政官庁ノ違法処分ニ由リ権利ヲ傷害セラレタ
　　　　リトスルノ訴訟ニシテ別ニ法律ヲ以テ定メタル行政裁
　　　　判所ノ裁判ニ属スヘキモノハ司法裁判所ニ於テ受理ス
　　　　ルノ限ニ在ラス

第6章　会　計

第62条　①新ニ租税ヲ課シ及税率ヲ変更スルハ法律ヲ以
　　　　テ之ヲ定ムヘシ
②但シ報償ニ属スル行政上ノ手数料及其ノ他ノ収納金ハ
　　　　前項ノ限ニ在ラス
③国債ヲ起シ及予算ニ定メタルモノヲ除ク外国庫ノ負担
　　　　トナルヘキ契約ヲ為スハ帝国議会ノ協賛ヲ経ヘシ
第63条　現行ノ租税ハ更ニ法律ヲ以テ之ヲ改メサル限ハ
　　　　旧ニ依リ之ヲ徴収ス
第64条　①国家ノ歳出歳入ハ毎年予算ヲ以テ帝国議会ノ
　　　　協賛ヲ経ヘシ
②予算ノ款項ニ超過シ又ハ予算ノ外ニ生シタル支出アル
　　　　トキハ後日帝国議会ノ承諾ヲ求ムルヲ要ス
第65条　予算ハ前ニ衆議院ニ提出スヘシ
第66条　皇室経費ハ現在ノ定額ニ依リ毎年国庫ヨリ之ヲ
　　　　支出シ将来増額ヲ要スル場合ヲ除ク外帝国議会ノ協賛
　　　　ヲ要セス
第67条　憲法上ノ大権ニ基ツケル既定ノ歳出及法律ノ結
　　　　果ニ由リ又ハ法律上政府ノ義務ニ属スル歳出ハ政府ノ
　　　　同意ナクシテ帝国議会之ヲ廃除シ又ハ削減スルコトヲ
　　　　得ス
第68条　特別ノ須要ニ因リ政府ハ予メ年限ヲ定メ継続費
　　　　トシテ帝国議会ノ協賛ヲ求ムルコトヲ得
第69条　避クヘカラサル予算ノ不足ヲ補フ為ニ又ハ予算
　　　　ノ外ニ生シタル必要ノ費用ニ充ツル為ニ予備費ヲ設ク
　　　　ヘシ
第70条　①公共ノ安全ヲ保持スル為緊急ノ需用アル場合
　　　　ニ於テ内外ノ情形ニ因リ政府ハ帝国議会ヲ召集スルコ
　　　　ト能ハサルトキハ勅令ニ依リ財政上必要ノ処分ヲ為ス
　　　　コトヲ得
②前項ノ場合ニ於テハ次ノ会期ニ於テ帝国議会ニ提出シ
　　　　其ノ承諾ヲ求ムルヲ要ス
第71条　帝国議会ニ於テ予算ヲ議定セス又ハ予算成立ニ
　　　　至ラサルトキハ政府ハ前年度ノ予算ヲ施行スヘシ
第72条　①国家ノ歳出歳入ノ決算ハ会計検査院之ヲ検査
　　　　確定シ政府ハ其ノ検査報告ト倶ニ之ヲ帝国議会ニ提出
　　　　スヘシ
②会計検査院ノ組織及職権ハ法律ヲ以テ之ヲ定ム

第7章　補　則

第73条　①将来此ノ憲法ノ条項ヲ改正スルノ必要アルト
　　　　キハ勅命ヲ以テ議案ヲ帝国議会ノ議ニ付スヘシ
②此ノ場合ニ於テ両議院ハ各〻其ノ総員三分ノ二以上
　　　　出席スルニ非サレハ議事ヲ開クコトヲ得ス出席議員三
　　　　分ノ二以上ノ多数ヲ得ルニ非サレハ改正ノ議決ヲ為ス
　　　　コトヲ得ス
第74条　①皇室典範ノ改正ハ帝国議会ノ議ヲ経ルヲ要セ
　　　　ス
②皇室典範ヲ以テ此ノ憲法ノ条規ヲ変更スルコトヲ得ス
第75条　憲法及皇室典範ハ摂政ヲ置クノ間之ヲ変更スル
　　　　コトヲ得ス
第76条　①法律規則命令又ハ何等ノ名称ヲ用キタルニ拘
　　　　ラス此ノ憲法ニ矛盾セサル現行ノ法令ハ総テ遵由ノ効
　　　　力ヲ有ス
②歳出上政府ノ義務ニ係ル現在ノ契約又ハ命令ハ総テ第
　　　　六十七条ノ例ニ依ル

●参考文献

憲法の基本書

芦部信喜（高橋和之補訂）
『憲法　第八版』（岩波書店　2023 年）
市川正人　『基本講義　憲法　第 2 版』（新世社 2022 年）
伊藤正己　『憲法　第 3 版』（弘文堂　1995 年）
浦部法穂　『憲法学教室　第 3 版』（日本評論社 2016 年）
大石　眞　『憲法講義概説Ⅰ・Ⅱ』（有斐閣　2021 年）
奥平康弘　『憲法Ⅲ　憲法が保障する権利』（有斐閣 1993 年）
小嶋和司　『憲法概説』（良書普及会　1987 年）
阪本昌成　『憲法理論Ⅰ・Ⅱ・Ⅲ〔補訂第 3 版〕』（成文堂　1993〜2000 年）
佐々木惣一『改訂日本国憲法論』（有斐閣　1952 年）
佐藤幸治　『日本国憲法論〔第 2 版〕』（成文堂 2020 年）
初宿正典　『憲法 1・2〔第 3 版〕』（成文堂　2002 年、2010 年）
渋谷秀樹　『憲法〔第 3 版〕』（有斐閣　2017 年）
杉原泰雄　『憲法Ⅰ憲法総論』『憲法Ⅱ統治の機構』（有斐閣 1987 年、1989 年）
高橋和之　『立憲主義と日本国憲法〔第 5 版〕』（有斐閣　2020 年）
辻村みよ子『憲法　第 7 版』（日本評論社　2021 年）
戸波江二　『憲法　新版』（ぎょうせい　1998 年）
戸松秀典　『憲法』（弘文堂　2015 年）
野中俊彦＝中村睦男＝高橋和之＝高見勝利
『憲法Ⅰ・Ⅱ　第 5 版』（有斐閣　2012 年）
長谷部恭男『憲法　第 8 版』（新世社　2022 年）
樋口陽一　『憲法　第四版』（創文社　2021 年）
松井茂記　『日本国憲法　第 4 版』（有斐閣　2022 年）
宮沢俊義　『憲法　改訂版』（有斐閣 1962 年）
渡辺康行＝宍戸常寿＝松本和彦＝工藤達朗
『憲法Ⅰ〔第 2 版〕・Ⅱ』（日本評論社　2023 年、2020 年）

●さらに深く学ぶために●

第 1 章　日本国憲法の成立と基本原理

大石　眞　『日本憲法史』（講談社学術文庫　2020 年）
奥平康弘　『「萬世一系」の研究（上）（下）』（岩波現代文庫　2017 年）
ベアテ・シロタ・ゴードン（平岡磨紀子訳）
『1945 年のクリスマス』（朝日文庫 2016 年）
佐藤達夫　『日本国憲法誕生記』（中央文庫　1999 年）
高柳賢三ほか『日本国憲法制定の過程Ⅰ』（有斐閣 1972年）
ビデオ　　『日本国憲法を生んだ密室の 9 日間』（ドキュメンタリー工房　1995 年）

第 2 章　人権享有主体

岡口基一　『最高裁に告ぐ』（岩波書店　2019 年）
佐藤幸治　『現代国家と人権』（有斐閣　2008 年）第三章
近藤　敦　『移民の人権』（明石書店　2021 年）

樋口陽一　『六訂憲法入門』（頸草書房　2017 年）
米沢広一　『憲法と教育 15 講　第 4 版』（北樹出版 2016 年）

第 3 章　幸福追求権

石崎学ほか　『リアル憲法学　第 2 版』（法律文化社 2013 年）
棟居快行ほか『基本的人権の事件簿　第 7 版』（有斐閣 2024 年）
柳田邦男　『20 世紀は人間を幸福にしたか』（講談社文庫　2002 年）
山田卓生　『私事と自己決定』（日本評論社　1987 年）
山本龍彦編『AI と憲法』（日本経済新聞社　2018 年）
吉田仁美編『人権保障の現在』（ナカニシヤ出版 2013年）

第 4 章　法の下の平等と家族生活

阿部照哉・野中俊彦
『平等の権利』（法律文化社　1984 年）
辻村みよ子・齊藤笑美子
『ジェンダー平等を実現する法と政治——フランスのパリテ法から学ぶ日本の課題』（花伝社　2023 年）
戸松秀典　『平等原則と司法審査』（有斐閣　1990 年）
西原博史　『平等取扱の権利』（成文堂　2003 年）
ジェームス・M・バーダマン（水谷八也訳）
『黒人差別とアメリカ公民権運動』（集英社新書　2007 年）
中村睦男　『アイヌ民族法制と憲法』（北海道大学出版会　2018 年）
吉田仁美　『平等権のパラドクス』（ナカニシヤ出版 2015 年）

第 5 章　思想良心の自由、学問の自由、信教の自由、政教分離

大石眞ほか『憲法 20 条　その今日的意義を問う』（第三文明社　2000 年）
大泉実成　『説得——エホバの証人と輸血拒否事件』（講談社文庫　1992 年）
西原博史　『良心の自由　増補版』（成文堂　2001 年）
西原博史　『良心の自由と子どもたち』（岩波新書 2006 年）
福岡陽子　『音楽は心で奏でたい』（岩波ブックレット 2005 年）
千田謙蔵　『ポポロ事件全史』（日本評論社　2008 年）

第 6 章　表現の自由・集会結社の自由

市川正人　『表現の自由の法理』（日本評論社 2003 年）
内野正幸　『差別的表現』（有斐閣　1990 年）
阪口正二郎ほか編
『なぜ表現の自由か——理論的視座と現況への問い』（法律文化社　2017 年）
桧垣伸次　『ヘイト・スピーチ規制の憲法学的考察——表現の自由のジレンマ——』（法律文化社　2017 年）
松井茂記　『表現の自由に守る価値はあるのか』（有斐閣　2020 年）

毛利　透　　『表現の自由──その公共性ともろさについて』（岩波書店　2008 年）

第 7 章　表現の自由の制限

芦部信喜　　『憲法判例を読む』（岩波書店　1987 年）
成原　慧　　『表現の自由とアーキテクチャ──情報社会における自由と規制の再構成』（勁草書房　2016 年）
曽我部真裕ほか
　　　　　　『情報法　第 2 版』（弘文堂　2019 年）
水谷瑛嗣郎編
　　　　　　『リーディング　メディア法・情報法』（法律文化社　2022 年）
松井茂記　　『インターネットと憲法学　新版』（岩波書店　2014 年）

第 8 章　経済的自由

中島　徹　　『財産権の領分』（日本評論社　2007 年）
岡田与好　　『経済的自由主義』（東京大学出版会　1987 年）
川本　明　　『規制改革』（中公新書　1998 年）
森村　進　　『財産権の理論』（弘文堂　1995 年）
棟居快行　　『人権論の新構成　改新装版』（信山社　2008 年）

第 9 章　人身の自由

チェーザレ・ベッカリーア（小谷眞男訳）
　　　　　　『犯罪と刑罰』（東京大学出版会　2011 年）
渥美東洋　　『レッスン刑事訴訟法（上）・（中）・（下）』（中央大学出版会　1986 - 1988 年）
椎橋隆幸編　『プライマリー刑事訴訟法　第 6 版』（不磨書房　2017 年）
田口守一＝佐藤博史＝白取祐司
　　　　　　『目で見る刑事訴訟法教材　第 3 版』（有斐閣　2018 年）
今村　核　　『冤罪と裁判』（講談社　2012 年）
吉弘光男＝宗岡嗣郎編
　　　　　　『犯罪の証明なき有罪判決──23 件の暗黒裁判』（九州大学出版会　2022 年）
団藤重光　　『死刑廃止論　第 6 版』（有斐閣　2000 年）
高山佳奈子　『共謀罪の何が問題か』（岩波書店　2017 年）

第 10 章　社会権

樋口陽一編　『講座憲法学 4』（日本評論社　1994 年）
菊池馨実＝中川　純＝川島　聡編
　　　　　　『障害法　第 2 版』（成文堂　2021 年）
尾形健編　　『福祉権保障の現代的展開』（日本評論社　2018 年）
茂木俊彦　　『障害児教育を考える』（岩波新書　2007年）
堀尾輝久　　『現代社会と教育』（岩波新書　1997 年）
水町勇一郎　『労働法　第 9 版』（有斐閣　2022 年）

第 11 章　国民主権と選挙

大石　眞　　『立憲民主制』（信山社　1996 年）
佐藤幸治　　『日本国憲法と「法の支配」』（有斐閣　2002年）
選挙制度研究会編　『実務と研修のためのわかりやすい公職選挙法　第 16 次改訂版』（ぎょうせい　2021 年）
吉田栄司　　「政党」『岩波講座　現代の法 3　政治過程と法』（岩波書店　1997）
加藤秀治郎　『日本の選挙』（中公新書　2003 年）

第 12 章　国会

芦部信喜　　『憲法と議会政』（東京大学出版会　1971 年）
芦部信喜　　『人権と議会政』（有斐閣　1996 年）
大山礼子　　『国会学入門　第 2 版』（三省堂　2003 年）
大石　眞　　『議院自律権の構造』（成文堂　1988 年）
大石　眞　　『議会法』（有斐閣　2001 年）
堀江　湛　　『統治システムと国会』（信山社　1999 年）
笹田栄司＝原田一明＝山崎友也＝遠藤美奈
　　　　　　『トピックからはじめる統治制度　第 2 版』（有斐閣　2019 年）

第 13 章　内閣

佐藤幸治　　『日本国憲法と「法の支配」』（有斐閣　2002 年）
佐藤幸治　　『世界史の中の日本国憲法』（左右社 2015年）
1997 年（平成 9 年）12 月 3 日の行政改革会議の最終報告書（http://www.kantei.go.jp/jp/gyokaku/report-final/）
PHP「統治機構改革」研究会
　　　　　　『統治機構改革 1.5&2.0』（2019 年）
　　　　　　https://thinktank.php.co.jp/wp-content/uploads/2018/05/20190320.pdf
上田健介　　『首相権限と憲法』（成文堂　2013 年）

第 14 章　裁判所

芦部信喜　　『憲法訴訟の理論』（有斐閣　1973 年）
市川正人ほか『現代の裁判　第 8 版』（有斐閣　2022 年）
木佐茂男ほか『テキストブック現代司法　第 6 版』（日本評論社　2015 年）
戸松秀典　　『憲法訴訟　第 2 版』（有斐閣　2008 年）
福島重雄ほか『長沼訴訟 平賀書簡』（日本評論社 2009年）
コリン・P・A・ジョーンズ
　　　　　　『アメリカ人弁護士が見た裁判員制度』（平凡社新書　2008 年）
谷口優子　　『尊属殺人罪が消えた日』（筑摩書房 1987年）

第 15 章　憲法 9 条と平和主義

香西　茂　　『国連の平和維持活動』（有斐閣　1991 年）
加藤博章　　『自衛隊海外派遣』（ちくま新書　2023 年）
佐々木高雄　『戦争放棄条項の成立経緯』（成文堂 1997年）
下村恭民ほか『国際協力　第 3 版』（有斐閣　2016 年）
杉山隆男　　『兵士に聞け』（小学館文庫　2007 年）
中村　明　　『戦後政治にゆれた憲法九条　第 3 版』（西海出版　2009 年）
サビーネ・フリューシュトゥック（花田知恵訳）『不安な兵士たち』（原書房　2008 年）

事項索引

判例索引

編著者紹介

吉田　仁美（よしだ　ひとみ）　関東学院大学法学部教授
　◆プロローグ、基本的人権総論、第12章、平和主義と国連の紛争解決の枠組み、コラム3

著者紹介

浅田　訓永（あさだ　のりひさ）　中部学院大学スポーツ健康科学部准教授
　◆第2章、第13章

池田　晴奈（いけだ　はるな）　近畿大学法学部教授
　◆第4章

織原　保尚（おりはら　やすひさ）　別府大学文学部教授
　◆第10章、第11章

中村　良隆（なかむら　よしたか）　大東文化大学非常勤講師
　◆第9章

桧垣　伸次（ひがき　しんじ）　同志社大学法学部教授
　◆第6章、第7章、付録・法律や判決を調べてみよう

森本　直子（もりもと　なおこ）　昭和女子大学全学共通教育センター准教授
　◆日本国憲法の成立と基本原理、第1章、第5章、第8章、第14章、コラム2、コラム4

渡辺　暁彦（わたなべ　あきひこ）　滋賀大学教育学部教授
　◆第3章、統治機構総論、第15章、エピローグ、コラム1

（50音順）

スタート憲法［第4版］　　定価（本体1600円＋税）

2010年 4 月 1 日　初　版第 1 刷発行
2014年 4 月 1 日　第 2 版第 1 刷発行
2016年 3 月20日　第 2 版補訂版第 1 刷発行
2020年 5 月20日　第 3 版第 1 刷発行
2024年 3 月20日　第 4 版第 1 刷発行

編　者　吉　田　仁　美

発行者　阿　部　成　一

〒162-0041　東京都新宿区早稲田鶴巻町514
発行所　株式会社　成　文　堂
電話03（3203）9201（代）　Fax 03（3203）9206
http：/www.seibundoh.co.jp

印刷・製本：藤原印刷

ISBN 978-4-7923-0727-1　　C3032